VOCABULARIO KIRGUÍS
palabras más usadas

Los vocabularios de T&P Books buscan ayudar al aprendiz a aprender, memorizar y repasar palabras de idiomas extranjeros. Los vocabularios contienen más de 9000 palabras comúnmente usadas y organizadas de manera temática.

- El vocabulario contiene las palabras corrientes más usadas.
- Se recomienda como ayuda adicional a cualquier curso de idiomas.
- Capta las necesidades de aprendices de nivel principiante y avanzado.
- Es conveniente para uso cotidiano, prácticas de revisión y actividades de auto-evaluación.
- Facilita la evaluación del vocabulario.

Aspectos claves del vocabulario

- Las palabras se organizan según el significado, no según el orden alfabético.
- Las palabras se presentan en tres columnas para facilitar los procesos de repaso y auto-evaluación.
- Los grupos de palabras se dividen en pequeñas secciones para facilitar el proceso de aprendizaje.
- El vocabulario ofrece una transcripción sencilla y conveniente de cada palabra extranjera.

El vocabulario contiene 256 temas que incluyen lo siguiente:

Conceptos básicos, números, colores, meses, estaciones, unidades de medidas, ropa y accesorios, comida y nutrición, restaurantes, familia nuclear, familia extendida, características de personalidad, sentimientos, emociones, enfermedades, la ciudad y el pueblo, exploración del paisaje, compras, finanzas, la casa, el hogar, la oficina, el trabajo en oficina, importación y exportación, promociones, búsqueda de trabajo, deportes, educación, computación, la red, herramientas, la naturaleza, los países, las nacionalidades y más ...

TABLA DE CONTENIDO

KIRGUÍS
VOCABULARIO

ESPAÑOL-
KIRGUÍS

Las palabras más útiles
Para expandir su vocabulario y refinar
sus habilidades lingüísticas

9000 palabras

Vocabulario Español-Kirguís - 9000 palabras más usadas

por Andrey Taranov

Los vocabularios de T&P Books buscan ayudar en el aprendizaje, la memorización y la revisión de palabras de idiomas extranjeros. El diccionario se divide por temas, cubriendo toda la esfera de las actividades cotidianas, de negocios, ciencias, cultura, etc.

El proceso de aprendizaje de palabras utilizando los diccionarios temáticos de T&P Books le proporcionará a usted las siguientes ventajas:

- La información del idioma secundario está organizada claramente y predetermina el éxito para las etapas subsiguientes en la memorización de palabras.
- Las palabras derivadas de la misma raíz se agrupan, lo cual permite la memorización de grupos de palabras en vez de palabras aisladas.
- Las unidades pequeñas de palabras facilitan el proceso de reconocimiento de enlaces de asociación que se necesitan para la cohesión del vocabulario.
- De este modo, se puede estimar el número de palabras aprendidas y así también el nivel de conocimiento del idioma.

T&P Books Publishing
www.tpbooks.com

ISBN: 978-1-78767-000-6

Este libro está disponible en formato electrónico o de E-Book también. Visite www.tpbooks.com o las librerías electrónicas más destacadas en la Red.

GUÍA DE PRONUNCIACIÓN

T&P alfabeto fonético	Ejemplo kirguís	Ejemplo español
[a]	манжа [mandʒa]	radio
[e]	келечек [keletʃek]	verano
[i]	жигит [dʒigit]	ilegal
[ı]	кубаныч [kubanıtʃ]	abismo
[o]	мактоо [maktoo]	bordado
[u]	узундук [uzunduk]	mundo
[ʉ]	алюминий [alʉminij]	ciudad
[y]	түнкү [tynky]	pluma
[b]	ашкабак [aʃkabak]	en barco
[d]	адам [adam]	desierto
[dʒ]	жыгач [dʒıgatʃ]	jazz
[f]	флейта [flejta]	golf
[g]	тегерек [tegerek]	jugada
[j]	бөйрөк [bøjrøk]	asiento
[k]	карапа [karapa]	charco
[l]	алтын [altın]	lira
[m]	бешмант [beʃmant]	nombre
[n]	найза [najza]	número
[ŋ]	булуң [buluŋ]	rincón
[p]	пайдубал [pajdubal]	precio
[r]	рахмат [raχmat]	era, alfombra
[s]	сагызган [sagızgan]	salva
[ʃ]	бурулуш [buruluʃ]	shopping
[t]	түтүн [tytyn]	torre
[χ]	пахтадан [paχtadan]	reloj, ojo
[ts]	шприц [ʃprits]	tsunami
[tʃ]	биринчи [birintʃi]	mapache
[v]	квартал [kvartal]	travieso
[z]	казуу [kazuu]	desde
[ˡ]	руль, актёр [rulˡ, aktˡor]	signo de palatalización
[ʰ]	объектив [obʰjektiv]	signo duro

ABREVIATURAS
usadas en el vocabulario

Abreviatura en español

adj	-	adjetivo
adv	-	adverbio
anim.	-	animado
conj	-	conjunción
etc.	-	etcétera
f	-	sustantivo femenino
f pl	-	femenino plural
fam.	-	uso familiar
fem.	-	femenino
form.	-	uso formal
inanim.	-	inanimado
innum.	-	innumerable
m	-	sustantivo masculino
m pl	-	masculino plural
m, f	-	masculino, femenino
masc.	-	masculino
mat	-	matemáticas
mil.	-	militar
num.	-	numerable
p.ej.	-	por ejemplo
pl	-	plural
pron	-	pronombre
sg	-	singular
v aux	-	verbo auxiliar
vi	-	verbo intransitivo
vi, vt	-	verbo intransitivo, verbo transitivo
vr	-	verbo reflexivo
vt	-	verbo transitivo

CONCEPTOS BÁSICOS

Conceptos básicos. Unidad 1

1. Los pronombres

yo	мен, мага	men, maga
tú	сен	sen
él, ella, ello	ал	al
ellos, ellas	алар	alar

2. Saludos. Salutaciones. Despedidas

¡Hola! (fam.)	Салам!	salam!
¡Hola! (form.)	Саламатсызбы!	salamatsızbı!
¡Buenos días!	Кутман таңыңыз менен!	kutman taŋıŋız menen!
¡Buenas tardes!	Кутман күнүңүз менен!	kutman kynyŋyz menen!
¡Buenas noches!	Кутман кечиңиз менен!	kutman ketʃiŋiz menen!

decir hola	учурашуу	utʃuraʃuu
¡Hola! (a un amigo)	Кандай!	kandaj!
saludo (m)	салам	salam
saludar (vt)	саламдашуу	salamdaʃuu
¿Cómo estás?	Иштериң кандай?	iʃteriŋ kandaj?
¿Cómo estáis?	Иштериңиз кандай?	iʃteriŋiz kandaj?
¿Cómo estás?	Иштер кандай?	iʃter kandaj?
¿Qué hay de nuevo?	Эмне жаңылык?	emne dʒaŋılık?

¡Chau! ¡Adiós!	Көрүшкөнчө!	køryʃkøntʃø!
¡Hasta pronto!	Эмки жолукканга чейин!	emki dʒolukkanga tʃejin!
¡Adiós! (fam.)	Кош бол!	koʃ bol!
¡Adiós! (form.)	Кош болуңуз!	koʃ boluŋuz!
despedirse (vr)	коштошуу	koʃtoʃuu
¡Hasta luego!	Жакшы кал!	dʒakʃı kal!

¡Gracias!	Рахмат!	raxmat!
¡Muchas gracias!	Чоң рахмат!	tʃoŋ raxmat!
De nada	Эч нерсе эмес	etʃ nerse emes
No hay de qué	Алкышка арзыбайт	alkıʃka arzıbajt
De nada	Эчтеке эмес.	etʃteke emes

¡Disculpa!	Кечир!	ketʃir!
¡Disculpe!	Кечирип коюнузчу!	ketʃirip kojʉŋuztʃu!
disculpar (vt)	кечирүү	ketʃiryy

disculparse (vr)	кечирим суроо	ketʃirim suroo
Mis disculpas	Кечирим сурайм.	ketʃirim surajm

¡Perdóneme!	Кечиресиз!	ketʃiresiz!
perdonar (vt)	кечирүү	ketʃiryy
¡No pasa nada!	Эч капачылык жок.	etʃ kapatʃılık dʒok
por favor	суранам	suranam

¡No se le olvide!	Унутуп калбаңыз!	unutup kalbaŋız!
¡Ciertamente!	Албетте!	albette!
¡Claro que no!	Албетте жок!	albette dʒok!
¡De acuerdo!	Макул!	makul!
¡Basta!	Жетишет!	dʒetiʃet!

3. Modos del trato: Como dirigirse a otras personas

¡Perdóneme!	Кечиресиз!	ketʃiresiz!
señor	мырза	mırza
señora	айым	ajım
señorita	чоң кыз	tʃoŋ kız
joven	чоң жигит	tʃoŋ dʒigit
niño	жаш бала	dʒaʃ bala
niña	кызым	kızım

4. Números cardinales. Unidad 1

cero	нөл	nøl
uno	бир	bir
dos	эки	eki
tres	үч	ytʃ
cuatro	төрт	tørt

cinco	беш	beʃ
seis	алты	altı
siete	жети	dʒeti
ocho	сегиз	segiz
nueve	тогуз	toguz

diez	он	on
once	он бир	on bir
doce	он эки	on eki
trece	он үч	on ytʃ
catorce	он төрт	on tørt

quince	он беш	on beʃ
dieciséis	он алты	on altı
diecisiete	он жети	on dʒeti
dieciocho	он сегиз	on segiz
diecinueve	он тогуз	on toguz

veinte	жыйырма	dʒıjırma
veintiuno	жыйырма бир	dʒıjırma bir
veintidós	жыйырма эки	dʒıjırma eki
veintitrés	жыйырма үч	dʒıjırma ytʃ
treinta	отуз	otuz

treinta y uno	отуз бир	otuz bir
treinta y dos	отуз эки	otuz eki
treinta y tres	отуз үч	otuz ytʃ
cuarenta	кырк	kırk
cuarenta y dos	кырк эки	kırk eki
cuarenta y tres	кырк үч	kırk ytʃ
cincuenta	элүү	elyy
cincuenta y uno	элүү бир	elyy bir
cincuenta y dos	элүү эки	elyy eki
cincuenta y tres	элүү үч	elyy ytʃ
sesenta	алтымыш	altımıʃ
sesenta y uno	алтымыш бир	altımıʃ bir
sesenta y dos	алтымыш эки	altımıʃ eki
sesenta y tres	алтымыш үч	altımıʃ ytʃ
setenta	жетимиш	dʒetimiʃ
setenta y uno	жетимиш бир	dʒetimiʃ bir
setenta y dos	жетимиш эки	dʒetimiʃ eki
setenta y tres	жетимиш үч	dʒetimiʃ ytʃ
ochenta	сексен	seksen
ochenta y uno	сексен бир	seksen bir
ochenta y dos	сексен эки	seksen eki
ochenta y tres	сексен үч	seksen ytʃ
noventa	токсон	tokson
noventa y uno	токсон бир	tokson bir
noventa y dos	токсон эки	tokson eki
noventa y tres	токсон үч	tokson ytʃ

5. Números cardinales. Unidad 2

cien	бир жүз	bir dʒyz
doscientos	эки жүз	eki dʒyz
trescientos	үч жүз	ytʃ dʒyz
cuatrocientos	төрт жүз	tørt dʒyz
quinientos	беш жүз	beʃ dʒyz
seiscientos	алты жүз	altı dʒyz
setecientos	жети жүз	dʒeti dʒyz
ochocientos	сегиз жүз	segiz dʒyz
novecientos	тогуз жүз	toguz dʒyz
mil	бир миң	bir miŋ
dos mil	эки миң	eki miŋ
tres mil	үч миң	ytʃ miŋ
diez mil	он миң	on miŋ
cien mil	жүз миң	dʒyz miŋ
millón (m)	миллион	million
mil millones	миллиард	milliard

6. Números ordinales

primero (adj)	биринчи	birintʃi
segundo (adj)	экинчи	ekintʃi
tercero (adj)	үчүнчү	ytʃyntʃy
cuarto (adj)	төртүнчү	tørtyntʃy
quinto (adj)	бешинчи	beʃintʃi
sexto (adj)	алтынчы	altɪntʃɪ
séptimo (adj)	жетинчи	dʒetintʃi
octavo (adj)	сегизинчи	segizintʃi
noveno (adj)	тогузунчу	toguzuntʃu
décimo (adj)	онунчу	onuntʃu

7. Números. Fracciones

fracción (f)	бөлчөк	bøltʃøk
un medio	экиден бир	ekiden bir
un tercio	үчтөн бир	ytʃtøn bir
un cuarto	төрттөн бир	tørttøn bir
un octavo	сегизден бир	segizden bir
un décimo	тогуздан бир	toguzdan bir
dos tercios	үчтөн эки	ytʃtøn eki
tres cuartos	төрттөн үч	tørttøn ytʃ

8. Números. Operaciones básicas

sustracción (f)	кемитүү	kemityy
sustraer (vt)	кемитүү	kemityy
división (f)	бөлүү	bølyy
dividir (vt)	бөлүү	bølyy
adición (f)	кошуу	koʃuu
sumar (totalizar)	кошуу	koʃuu
adicionar (vt)	кошуу	koʃuu
multiplicación (f)	көбөйтүү	købøjtyy
multiplicar (vt)	көбөйтүү	købøjtyy

9. Números. Miscelánea

cifra (f)	санарип	sanarip
número (m) (~ cardinal)	сан	san
numeral (m)	сан атооч	san atootʃ
menos (m)	кемитүү	kemityy
más (m)	плюс	plus
fórmula (f)	формула	formula
cálculo (m)	эсептөө	eseptøø
contar (vt)	саноо	sanoo

| calcular (vt) | эсептөө | eseptøø |
| comparar (vt) | салыштыруу | salıʃtıruu |

¿Cuánto?	Канча?	kantʃa?
suma (f)	жыйынтык	dʒıjıntık
resultado (m)	натыйжа	natıjdʒa
resto (m)	калдык	kaldık

algunos, algunas ...	бир нече	bir netʃe
poco (adv)	биртике	bir az
poco (innum.)	кичине	kitʃine
poco (num.)	бир аз	bir az
resto (m)	калганы	kalganı
uno y medio	бир жарым	bir dʒarım
docena (f)	он эки даана	on eki daana

en dos	тең экиге	teŋ ekige
en partes iguales	тең	teŋ
mitad (f)	жарым	dʒarım
vez (f)	бир жолу	bir dʒolu

10. Los verbos más importantes. Unidad 1

abrir (vt)	ачуу	atʃuu
acabar, terminar (vt)	бүтүрүү	bytyryy
aconsejar (vt)	кеңеш берүү	keŋeʃ beryy
adivinar (vt)	жандырмагын табуу	dʒandırmagın tabuu
advertir (vt)	эскертүү	eskertyy
alabarse, jactarse (vr)	мактануу	maktanuu

almorzar (vi)	түштөнүү	tyʃtønyy
alquilar (~ una casa)	батирге алуу	batirge aluu
amenazar (vt)	коркутуу	korkutuu
arrepentirse (vr)	өкүнүү	økynyy
ayudar (vt)	жардам берүү	dʒardam beryy
bañarse (vr)	сууга түшүү	suuga tyʃyy

bromear (vi)	тамашалоо	tamaʃaloo
buscar (vt)	... издөө	... izdøø
caer (vi)	жыгылуу	dʒıgıluu
callarse (vr)	унчукпоо	untʃukpoo
cambiar (vt)	өзгөртүү	øzgørtyy
castigar, punir (vt)	жазалоо	dʒazaloo

cavar (vt)	казуу	kazuu
cazar (vi, vt)	аңчылык кылуу	aŋtʃılık kıluu
cenar (vi)	кечки тамакты ичүү	ketʃki tamaktı itʃyy
cesar (vt)	токтотуу	toktotuu
coger (vt)	кармоо	karmoo
comenzar (vt)	баштоо	baʃtoo

comparar (vt)	салыштыруу	salıʃtıruu
comprender (vt)	түшүнүү	tyʃynyy
confiar (vt)	ишенүү	iʃenyy

confundir (vt)	адаштыруу	adaʃtıruu
conocer (~ a alguien)	таануу	taanuu
contar (vt) (enumerar)	саноо	sanoo

contar con ...	... ишенүү	... iʃenyy
continuar (vt)	улантуу	ulantuu
controlar (vt)	башкаруу	baʃkaruu
correr (vi)	чуркоо	ʧurkoo
costar (vt)	туруу	turuu
crear (vt)	жаратуу	dʒaratuu

11. Los verbos más importantes. Unidad 2

dar (vt)	берүү	beryy
dar una pista	четин чыгаруу	ʧetin ʧıgaruu
decir (vt)	айтуу	ajtuu
decorar (para la fiesta)	кооздоо	koozdoo

defender (vt)	коргоо	korgoo
dejar caer	түшүрүп алуу	tyʃyryp aluu
desayunar (vi)	эртең менен тамактануу	erteŋ menen tamaktanuu
descender (vi)	ылдый түшүү	ıldıj tyʃyy

dirigir (administrar)	башкаруу	baʃkaruu
disculpar (vt)	кечирүү	keʧiryy
disculparse (vr)	кечирим суроо	keʧirim suroo
discutir (vt)	талкуулоо	talkuuloo
dudar (vt)	күмөн саноо	kymøn sanoo

encontrar (hallar)	таап алуу	taap aluu
engañar (vi, vt)	алдоо	aldoo
entrar (vi)	кирүү	kiryy
enviar (vt)	жөнөтүү	dʒønøtyy

equivocarse (vr)	ката кетирүү	kata ketiryy
escoger (vt)	тандоо	tandoo
esconder (vt)	жашыруу	dʒaʃıruu
escribir (vt)	жазуу	dʒazuu
esperar (aguardar)	күтүү	kytyy

esperar (tener esperanza)	үмүттөнүү	ymyttønyy
estar de acuerdo	макул болуу	makul boluu
estudiar (vt)	окуу	okuu

exigir (vt)	талап кылуу	talap kıluu
existir (vi)	чыгуу	ʧıguu
explicar (vt)	түшүндүрүү	tyʃyndyryy
faltar (a las clases)	калтыруу	kaltıruu
firmar (~ el contrato)	кол коюу	kol kojʉu

girar (~ a la izquierda)	бурулуу	buruluu
gritar (vi)	кыйкыруу	kıjkıruu
guardar (conservar)	сактоо	saktoo
gustar (vi)	жактыруу	dʒaktıruu

hablar (vi, vt)	сүйлөө	syjløø
hacer (vt)	кылуу	kıluu
informar (vt)	маалымат берүү	maalımat beryy
insistir (vi)	көшөрүү	køʃøryy
insultar (vt)	кемсинтүү	kemsintyy
interesarse (vr)	... кызыгуу	... kızıguu
invitar (vt)	чакыруу	tʃakıruu
ir (a pie)	жөө басуу	dʒøø basuu
jugar (divertirse)	ойноо	ojnoo

12. Los verbos más importantes. Unidad 3

leer (vi, vt)	окуу	okuu
liberar (ciudad, etc.)	бошотуу	boʃotuu
llamar (por ayuda)	чакыруу	tʃakıruu
llegar (vi)	келүү	kelyy
llorar (vi)	ыйлоо	ıjloo
matar (vt)	өлтүрүү	øltyryy
mencionar (vt)	айтып өтүү	ajtıp øtyy
mostrar (vt)	көрсөтүү	kørsøtyy
nadar (vi)	сүзүү	syzyy
negarse (vr)	баш тартуу	baʃ tartuu
objetar (vt)	каршы болуу	karʃı boluu
observar (vt)	байкоо салуу	bajkoo
oír (vt)	угуу	uguu
olvidar (vt)	унутуу	unutuu
orar (vi)	дуба кылуу	duba kıluu
ordenar (mil.)	буйрук кылуу	bujruk kıluu
pagar (vi, vt)	төлөө	tøløø
pararse (vr)	токтоо	toktoo
participar (vi)	катышуу	katıʃuu
pedir (ayuda, etc.)	суроо	suroo
pedir (en restaurante)	буйрутма кылуу	bujrutma kıluu
pensar (vi, vt)	ойлоо	ojloo
percibir (ver)	байкоо	bajkoo
perdonar (vt)	кечирүү	ketʃiryy
permitir (vt)	уруксат берүү	uruksat beryy
pertenecer a ...	таандык болуу	taandık boluu
planear (vt)	пландаштыруу	plandaʃtıruu
poder (v aux)	жасай алуу	dʒasaj aluu
poseer (vt)	ээ болуу	ee boluu
preferir (vt)	артык көрүү	artık køryy
preguntar (vt)	суроо	suroo
preparar (la cena)	тамак бышыруу	tamak bıʃıruu
prever (vt)	күтүү	kytyy
probar, tentar (vt)	аракет кылуу	araket kıluu

| prometer (vt) | убада берүү | ubada beryy |
| pronunciar (vt) | айтуу | ajtuu |

proponer (vt)	сунуштоо	sunuʃtoo
quebrar (vt)	сындыруу	sındıruu
quejarse (vr)	арыздануу	arızdanuu
querer (amar)	сүйүү	syjyy
querer (desear)	каалоо	kaaloo

13. Los verbos más importantes. Unidad 4

recomendar (vt)	сунуштоо	sunuʃtoo
regañar, reprender (vt)	урушуу	uruʃuu
reírse (vr)	күлүү	kylyy
repetir (vt)	кайталоо	kajtaloo
reservar (~ una mesa)	камдык буйрутмалоо	kamdık bujrutmaloo
responder (vi, vt)	жооп берүү	dʒoop beryy

robar (vt)	уурдоо	uurdoo
saber (~ algo mas)	билүү	bilyy
salir (vi)	чыгуу	tʃıguu
salvar (vt)	куткаруу	kutkaruu
seguir ...	... ээрчүү	... eertʃyy
sentarse (vr)	отуруу	oturuu
ser necesario	керек болуу	kerek boluu
ser, estar (vi)	болуу	boluu
significar (vt)	билдирүү	bildiryy
sonreír (vi)	жылмаюу	dʒılmadʒuu
sorprenderse (vr)	таң калуу	taŋ kaluu

subestimar (vt)	баалабоо	baalaboo
tener (vt)	бар болуу	bar boluu
tener hambre	ачка болуу	atʃka boluu
tener miedo	жазкануу	dʒazkanuu
tener prisa	шашуу	ʃaʃuu
tener sed	суусап калуу	suusap kaluu
tirar, disparar (vi)	атуу	atuu
tocar (con las manos)	тийүү	tijyy
tomar (vt)	алуу	aluu
tomar nota	кагазга түшүрүү	kagazga tyʃyryy

trabajar (vi)	иштее	iʃtøø
traducir (vt)	которуу	kotoruu
unir (vt)	бириктирүү	biriktiryy
vender (vt)	сатуу	satuu
ver (vt)	көрүү	køryy
volar (pájaro, avión)	учуу	utʃuu

14. Los colores

| color (m) | түс | tys |
| matiz (m) | кошумча түс | koʃumtʃa tys |

| tono (m) | кубулуу | kubuluu |
| arco (m) iris | күндүн кулагы | kyndyn kulagı |

blanco (adj)	ак	ak
negro (adj)	кара	kara
gris (adj)	боз	boz

verde (adj)	жашыл	dʒaʃıl
amarillo (adj)	сары	sarı
rojo (adj)	кызыл	kızıl

azul (adj)	көк	køk
azul claro (adj)	көгүлтүр	køgyltyr
rosa (adj)	мала	mala
naranja (adj)	кызгылт сары	kızgılt sarı
violeta (adj)	сыя көк	sıja køk
marrón (adj)	күрөң	kyrøŋ

| dorado (adj) | алтын түстүү | altın tystyy |
| argentado (adj) | күмүш өңдүү | kymyʃ øŋdyy |

beige (adj)	сары боз	sarı boz
crema (adj)	саргылт	sargılt
turquesa (adj)	бирюза	birɥza
rojo cereza (adj)	кочкул кызыл	kotʃkul kızıl
lila (adj)	кызгылт көгүш	kızgılt køgyʃ
carmesí (adj)	ачык кызыл	atʃık kızıl

claro (adj)	ачык	atʃık
oscuro (adj)	күңүрт	kyŋyrt
vivo (adj)	ачык	atʃık

de color (lápiz ~)	түстүү	tystyy
en colores (película ~)	түстүү	tystyy
blanco y negro (adj)	ак-кара	ak-kara
unicolor (adj)	бир өңчөй түсте	bir øŋtʃøj tystø
multicolor (adj)	ар түрдүү түсте	ar tyrdyy tystø

15. Las preguntas

¿Quién?	Ким?	kim?
¿Qué?	Эмне?	emne?
¿Dónde?	Каерде?	kaerde?
¿Adónde?	Каяка?	kajaka?
¿De dónde?	Каяктан?	kajaktan?
¿Cuándo?	Качан?	katʃan?
¿Para qué?	Эмне үчүн?	emne ytʃyn?
¿Por qué?	Эмнеге?	emnege?

¿Por qué razón?	Кайсы керекке?	kajsı kerekke?
¿Cómo?	Кандай?	kandaj?
¿Qué ...? (~ color)	Кайсы?	kajsı?
¿Cuál?	Кайсынысы?	kajsınısı?
¿A quién?	Кимге?	kimge?

21

¿De quién? (~ hablan ...)	Ким жөнүндө?	kim dʒønyndø?
¿De qué?	Эмне жөнүндө?	emne dʒønyndø?
¿Con quién?	Ким менен?	kim menen?

¿Cuánto?	Канча?	kantʃa?
¿De quién? (~ es este ...)	Кимдики?	kimdiki?
¿De quién? (fem.)	Кимдики?	kimdiki?
¿De quién? (pl)	Кимдердики?	kimderdiki?

16. Las preposiciones

con ... (~ algn)	менен	menen
sin ... (~ azúcar)	-сыз, -сиз	-sız, -siz
a ... (p.ej. voy a México)	... көздөй	.., køzdøj
de ... (hablar ~)	... жөнүндө	... dʒønyndø
antes de ...	... астында	... astında
delante de ...	... алдында	... aldında

debajo de ...	... астында	... astında
sobre ..., encima de ...	... өйдө	... øjdø
en, sobre (~ la mesa)	... үстүндө	... ystyndø
de (origen)	-дан	-dan
de (fabricado de)	-дан	-dan

| dentro de ... | ... ичинде | ... itʃinde |
| encima de ... | ... үстүнөн | ... ystynøn |

17. Las palabras útiles. Los adverbios. Unidad 1

¿Dónde?	Каерде?	kaerde?
aquí (adv)	бул жерде	bul dʒerde
allí (adv)	тээтигил жакта	teetigil dʒakta

| en alguna parte | бир жерде | bir dʒerde |
| en ninguna parte | эч жакта | etʃ dʒakta |

| junto a ... | ... жанында | ... dʒanında |
| junto a la ventana | терезенин жанында | terezenin dʒanında |

¿A dónde?	Каяка?	kajaka?
aquí (venga ~)	бери	beri
allí (vendré ~)	нары	narı
de aquí (adv)	бул жерден	bul dʒerden
de allí (adv)	тигил жерден	tigil dʒerden

| cerca (no lejos) | жакын | dʒakın |
| lejos (adv) | алыс | alıs |

cerca de ...	... тегерегинде	... tegereginde
al lado (de ...)	жакын арада	dʒakın arada
no lejos (adv)	алыс эмес	alıs emes
izquierdo (adj)	сол	sol

a la izquierda (situado ~)	сол жакта	sol dʒakta
a la izquierda (girar ~)	солго	solgo
derecho (adj)	оң	oŋ
a la derecha (situado ~)	оң жакта	oŋ dʒakta
a la derecha (girar)	оңго	oŋgo
delante (yo voy ~)	астыда	astıda
delantero (adj)	алдыңкы	aldıŋkı
adelante (movimiento)	алдыга	aldıga
detrás de …	артында	artında
desde atrás	артынан	artınan
atrás (da un paso ~)	артка	artka
centro (m), medio (m)	ортосу	ortosu
en medio (adv)	ортосунда	ortosunda
de lado (adv)	капталында	kaptalında
en todas partes	бүт жерде	byt dʒerde
alrededor (adv)	айланасында	ajlanasında
de dentro (adv)	ичинде	itʃinde
a alguna parte	бир жерде	bir dʒerde
todo derecho (adv)	түз	tyz
atrás (muévelo para ~)	кайра	kajra
de alguna parte (adv)	бир жерден	bir dʒerden
no se sabe de dónde	бир жактан	bir dʒaktan
primero (adv)	биринчиден	birintʃiden
segundo (adv)	экинчиден	ekintʃiden
tercero (adv)	үчүнчүдөн	ytʃyntʃydøn
de súbito (adv)	күтпөгөн жерден	kytpøgøn dʒerden
al principio (adv)	башында	baʃında
por primera vez	биринчи жолу	birintʃi dʒolu
mucho tiempo antes …	… алдында	… aldında
de nuevo (adv)	башынан	baʃınan
para siempre (adv)	түбөлүккө	tybølykkø
jamás, nunca (adv)	эч качан	etʃ katʃan
de nuevo (adv)	кайра	kajra
ahora (adv)	эми	emi
frecuentemente (adv)	көпчүлүк учурда	køptʃylyk utʃurda
entonces (adv)	анда	anda
urgentemente (adv)	тезинен	tezinen
usualmente (adv)	көбүнчө	købyntʃø
a propósito, …	баса, …	basa, …
es probable	мүмкүн	mymkyn
probablemente (adv)	балким	balkim
tal vez	ыктымал	ıktımal
además …	андан тышкары, …	andan tıʃkarı, …
por eso …	ошондуктан …	oʃonduktan …
a pesar de …	… карабастан	… karabastan

23

gracias a ...	... күчү менен	... kytʃy menen
qué (pron)	эмне	emne
que (conj)	эмне	emne
algo (~ le ha pasado)	бир нерсе	bir nerse
algo (~ así)	бир нерсе	bir nerse
nada (f)	эч нерсе	etʃ nerse

quien	ким	kim
alguien (viene ~)	кимдир бирөө	kimdir birøø
alguien (¿ha llamado ~?)	бирөө жарым	birøø dʒarım

nadie	эч ким	etʃ kim
a ninguna parte	эч жака	etʃ dʒaka
de nadie	эч кимдики	etʃ kimdiki
de alguien	бирөөнүкү	birøønyky

tan, tanto (adv)	эми	emi
también (~ habla francés)	ошондой эле	oʃondoj ele
también (p.ej. Yo ~)	дагы	dagı

18. Las palabras útiles. Los adverbios. Unidad 2

¿Por qué?	Эмнеге?	emnege?
no se sabe porqué	эмнегедир	emnegedir
porque ...	... себептен	... sebepten
por cualquier razón (adv)	эмне үчүндүр	emne ytʃyndyr

y (p.ej. uno y medio)	жана	dʒana
o (p.ej. té o café)	же	dʒe
pero (p.ej. me gusta, ~)	бирок	birok
para (p.ej. es para ti)	үчүн	ytʃyn

demasiado (adv)	өтө эле	øtø ele
sólo, solamente (adv)	азыр эле	azır ele
exactamente (adv)	так	tak
unos ...,	болжол менен	boldʒol menen
cerca de ... (~ 10 kg)		

aproximadamente	болжол менен	boldʒol menen
aproximado (adj)	болжолдуу	boldʒolduu
casi (adv)	дээрлик	deerlik
resto (m)	калганы	kalganı

el otro (adj)	башка	baʃka
otro (p.ej. el otro día)	башка бөлөк	baʃka bøløk
cada (adj)	ар бири	ar biri
cualquier (adj)	баардык	baardık
mucho (adv)	көп	køp
muchos (mucha gente)	көбү	køby
todos	баары	baarı

a cambio de ...	... алмашуу	... almaʃuu
en cambio (adv)	ордуна	orduna
a mano (hecho ~)	колго	kolgo

poco probable	ишенүүгө болбойт	iʃenyygø bolbojt
probablemente	балким	balkim
a propósito (adv)	атайын	atajın
por accidente (adv)	кокустан	kokustan
muy (adv)	аябай	ajabaj
por ejemplo (adv)	мисалы	misalı
entre (~ nosotros)	ортосунда	ortosunda
entre (~ otras cosas)	арасында	arasında
tanto (~ gente)	ошончо	oʃontʃo
especialmente (adv)	өзгөчө	øzgøtʃø

Conceptos básicos. Unidad 2

19. Los días de la semana

lunes (m)	дүйшөмбү	dyjʃømby
martes (m)	шейшемби	ʃejʃembi
miércoles (m)	шаршемби	ʃarʃembi
jueves (m)	бейшемби	bejʃembi
viernes (m)	жума	dʒuma
sábado (m)	ишенби	iʃenbi
domingo (m)	жекшемби	dʒekʃembi

hoy (adv)	бүгүн	bygyn
mañana (adv)	эртең	erteŋ
pasado mañana	бирсүгүнү	birsygyny
ayer (adv)	кечээ	ketʃee
anteayer (adv)	мурда күнү	murda kyny

día (m)	күн	kyn
día (m) de trabajo	иш күнү	iʃ kyny
día (m) de fiesta	майрам күнү	majram kyny
día (m) de descanso	дем алыш күн	dem alıʃ kyn
fin (m) de semana	дем алыш күндөр	dem alıʃ kyndør

todo el día	күнү бою	kyny bojʉ
al día siguiente	кийинки күнү	kijinki kyny
dos días atrás	эки күн мурун	eki kyn murun
en vísperas (adv)	жакында	dʒakında
diario (adj)	күндө	kyndø
cada día (adv)	күн сайын	kyn sajın

semana (f)	жума	dʒuma
semana (f) pasada	өткөн жумада	øtkøn dʒumada
semana (f) que viene	келаткан жумада	kelatkan dʒumada
semanal (adj)	жума сайын	dʒuma sajın
cada semana (adv)	жума сайын	dʒuma sajın
2 veces por semana	жумасына эки жолу	dʒumasına eki dʒolu
todos los martes	ар шейшемби	ar ʃejʃembi

20. Las horas. El día y la noche

mañana (f)	таң	taŋ
por la mañana	эртең менен	erteŋ menen
mediodía (m)	жарым күн	dʒarım kyn
por la tarde	түштөн кийин	tyʃtøn kijin

noche (f)	кеч	ketʃ
por la noche	кечинде	ketʃinde

26

noche (f) (p.ej. 2:00 a.m.)	түн	tyn
por la noche	түндө	tyndø
medianoche (f)	жарым түн	dʒarım tyn
segundo (m)	секунда	sekunda
minuto (m)	мүнөт	mynøt
hora (f)	саат	saat
media hora (f)	жарым саат	dʒarım saat
cuarto (m) de hora	чейрек саат	tʃejrek saat
quince minutos	он беш мүнөт	on beʃ mynøt
veinticuatro horas	сутка	sutka
salida (f) del sol	күндүн чыгышы	kyndyn tʃıgıʃı
amanecer (m)	таң агаруу	taŋ agaruu
madrugada (f)	таң эрте	taŋ erte
puesta (f) del sol	күн батуу	kyn batuu
de madrugada	таң эрте	taŋ erte
esta mañana	бүгүн эртең менен	bygyn erteŋ menen
mañana por la mañana	эртең эртең менен	erteŋ erteŋ menen
esta tarde	күндүзү	kyndyzy
por la tarde	түштөн кийин	tyʃtøn kijin
mañana por la tarde	эртең түштөн кийин	erteŋ tyʃtøn kijin
esta noche (p.ej. 8:00 p.m.)	бүгүн кечинде	bygyn ketʃinde
mañana por la noche	эртең кечинде	erteŋ ketʃinde
a las tres en punto	туура саат үчтө	tuura saat ytʃtø
a eso de las cuatro	болжол менен төрт саат	boldʒol menen tørt saat
para las doce	саат он экиде	saat on ekide
dentro de veinte minutos	жыйырма мүнөттөн кийин	dʒıjırma mynøttøn kijin
dentro de una hora	бир сааттан кийин	bir saattan kijin
a tiempo (adv)	өз убагында	øz ubagında
... menos cuarto	... он беш мүнөт калды	... on beʃ mynøt kaldı
durante una hora	бир сааттын ичинде	bir saattın itʃinde
cada quince minutos	он беш мүнөт сайын	on beʃ mynøt sajın
día y noche	бир сутка бою	bir sutka boju

21. Los meses. Las estaciones

enero (m)	январь	janvarʲ
febrero (m)	февраль	fevralʲ
marzo (m)	март	mart
abril (m)	апрель	aprelʲ
mayo (m)	май	maj
junio (m)	июнь	ijʉnʲ
julio (m)	июль	ijʉlʲ
agosto (m)	август	avgust
septiembre (m)	сентябрь	sentʲabrʲ
octubre (m)	октябрь	oktʲabrʲ
noviembre (m)	ноябрь	nojabrʲ
diciembre (m)	декабрь	dekabrʲ

primavera (f)	жаз	dʒaz
en primavera	жазында	dʒazında
de primavera (adj)	жазгы	dʒazgı

verano (m)	жай	dʒaj
en verano	жайында	dʒajında
de verano (adj)	жайкы	dʒajkı

otoño (m)	күз	kyz
en otoño	күзүндө	kyzyndø
de otoño (adj)	күздүк	kyzdyk

invierno (m)	кыш	kıʃ
en invierno	кышында	kıʃında
de invierno (adj)	кышкы	kıʃkı

mes (m)	ай	aj
este mes	ушул айда	uʃul ajda
al mes siguiente	кийинки айда	kijinki ajda
el mes pasado	өткөн айда	øtkøn ajda

hace un mes	бир ай мурун	bir aj murun
dentro de un mes	бир айдан кийин	bir ajdan kijin
dentro de dos meses	эки айдан кийин	eki ajdan kijin
todo el mes	ай бою	aj bojʉ
todo un mes	толук бир ай	toluk bir aj

mensual (adj)	ай сайын	aj sajın
mensualmente (adv)	ай сайын	aj sajın
cada mes	ар бир айда	ar bir ajda
dos veces por mes	айына эки жолу	ajına eki dʒolu

año (m)	жыл	dʒıl
este año	бул жылы	bul dʒılı
el próximo año	келаткан жылы	kelatkan dʒılı
el año pasado	өткөн жылы	øtkøn dʒılı

hace un año	бир жыл мурун	bir dʒıl murun
dentro de un año	бир жылдан кийин	bir dʒıldan kijin
dentro de dos años	эки жылдан кийин	eki dʒıldan kijin
todo el año	жыл бою	dʒıl bodʒʉ
todo un año	толук бир жыл	toluk bir dʒıl

cada año	ар жыл сайын	ar dʒıl sajın
anual (adj)	жыл сайын	dʒıl sajın
anualmente (adv)	жыл сайын	dʒıl sajın
cuatro veces por año	жылына төрт жолу	dʒılına tørt dʒolu

fecha (f) (la ~ de hoy es ...)	число	tʃıslo
fecha (f) (~ de entrega)	күн	kyn
calendario (m)	календарь	kalendarʲ

medio año (m)	жарым жыл	dʒarım dʒıl
seis meses	жарым чейрек	dʒarım tʃejrek
estación (f)	мезгил	mezgil
siglo (m)	кылым	kılım

22. La hora. Miscelánea

tiempo (m)	убакыт	ubakıt
momento (m)	учур	utʃur
instante (m)	көз ирмемде	køz irmemde
instantáneo (adj)	көз ирмемде	køz irmemde
lapso (m) de tiempo	убакыттын бир бөлүгү	ubakıttın bir bølygy
vida (f)	жашоо	dʒaʃoo
eternidad (f)	түбөлүк	tybølyk

época (f)	доор	door
era (f)	заман	zaman
ciclo (m)	мерчим	mertʃim
período (m)	мезгил	mezgil
plazo (m) (~ de tres meses)	мөөнөт	møønøt

futuro (m)	келечек	keletʃek
futuro (adj)	келечек	keletʃek
la próxima vez	кийинки жолу	kijinki dʒolu
pasado (m)	өткөн	øtkøn
pasado (adj)	өткөн	øtkøn
la última vez	өткөндө	øtkøndø

más tarde (adv)	кийнчерээк	kijntʃereek
después	кийин	kijin
actualmente (adv)	азыр, учурда	azır, utʃurda
ahora (adv)	азыр	azır
inmediatamente	тез арада	tez arada
pronto (adv)	жакында	dʒakında
de antemano (adv)	алдын ала	aldın ala

hace mucho tiempo	көп убакыт мурун	køp ubakıt murun
hace poco (adv)	жакындан бери	dʒakından beri
destino (m)	тагдыр	tagdır
recuerdos (m pl)	эсте калганы	este kalganı
archivo (m)	архив	arxiv

durante ...	... убагында	... ubagında
mucho tiempo (adv)	узак	uzak
poco tiempo (adv)	узак эмес	uzak emes
temprano (adv)	эрте	erte
tarde (adv)	кеч	ketʃ

para siempre (adv)	түбөлүк	tybølyk
comenzar (vt)	баштоо	baʃtoo
aplazar (vt)	жылдыруу	dʒıldıruu

simultáneamente	бир учурда	bir utʃurda
permanentemente	үзгүлтүксүз	yzgyltyksyz
constante (ruido, etc.)	үзгүлтүксүз	yzgyltyksyz
temporal (adj)	убактылуу	ubaktıluu

a veces (adv)	кедээ	kedee
raramente (adv)	чанда	tʃanda
frecuentemente	көпчүлүк учурда	køptʃylyk utʃurda

23. Los opuestos

| rico (adj) | бай | baj |
| pobre (adj) | кедей | kedej |

| enfermo (adj) | оорулуу | ooruluu |
| sano (adj) | дени сак | deni sak |

| grande (adj) | чоң | ʧoŋ |
| pequeño (adj) | кичине | kiʧine |

| rápidamente (adv) | тез | tez |
| lentamente (adv) | жай | ʤaj |

| rápido (adj) | тез | tez |
| lento (adj) | жай | ʤaj |

| alegre (adj) | шайыр | ʃajır |
| triste (adj) | муңдуу | muŋduu |

| juntos (adv) | бирге | birge |
| separadamente | өзүнчө | øzynʧø |

| en voz alta | үн чыгарып | yn ʧıgarıp |
| en silencio | үн чыгарбай | yn ʧıgarbaj |

| alto (adj) | бийик | bijik |
| bajo (adj) | жапыз | ʤapız |

| profundo (adj) | терең | tereŋ |
| poco profundo (adj) | тайыз | tajız |

| sí | ооба | ooba |
| no | жок | ʤok |

| lejano (adj) | алыс | alıs |
| cercano (adj) | жакын | ʤakın |

| lejos (adv) | алыс | alıs |
| cerco (adv) | жакын арада | ʤakın arada |

| largo (adj) | узун | uzun |
| corto (adj) | кыска | kıska |

| bueno (de buen corazón) | кайрымдуу | kajrımduu |
| malvado (adj) | каардуу | kaarduu |

| casado (adj) | аялы бар | ajalı bar |
| soltero (adj) | бойдок | bojdok |

| prohibir (vt) | тыюу салуу | tıjɥu saluu |
| permitir (vt) | уруксат берүү | uruksat beryy |

| fin (m) | аягы | ajagı |
| principio (m) | башталыш | baʃtalıʃ |

izquierdo (adj)	сол	sol
derecho (adj)	оң	oŋ
primero (adj)	биринчи	birintʃi
último (adj)	акыркы	akırkı
crimen (m)	кылмыш	kılmıʃ
castigo (m)	жаза	dʒaza
ordenar (vt)	буйрук кылуу	bujruk kıluu
obedecer (vi, vt)	баш ийүү	baʃ ijyy
recto (adj)	түз	tyz
curvo (adj)	кыйшак	kıjʃak
paraíso (m)	бейиш	bejiʃ
infierno (m)	тозок	tozok
nacer (vi)	төрөлүү	tørølyy
morir (vi)	өлүү	ølyy
fuerte (adj)	күчтүү	kytʃtyy
débil (adj)	алсыз	alsız
viejo (adj)	эски	eski
joven (adj)	жаш	dʒaʃ
viejo (adj)	эски	eski
nuevo (adj)	жаңы	dʒaŋı
duro (adj)	катуу	katuu
blando (adj)	жумшак	dʒumʃak
tibio (adj)	жылуу	dʒıluu
frío (adj)	муздак	muzdak
gordo (adj)	семиз	semiz
delgado (adj)	арык	arık
estrecho (adj)	тар	tar
ancho (adj)	кең	keŋ
bueno (adj)	жакшы	dʒakʃı
malo (adj)	жаман	dʒaman
valiente (adj)	кайраттуу	kajrattuu
cobarde (adj)	суу жүрөк	suu dʒyrøk

24. Las líneas y las formas

cuadrado (m)	чарчы	tʃartʃı
cuadrado (adj)	чарчы	tʃartʃı
círculo (m)	тегерек	tegerek
redondo (adj)	тегерек	tegerek

triángulo (m)	үч бурчтук	ytʃ burtʃtuk
triangular (adj)	үч бурчтуу	ytʃ burtʃtuu
óvalo (m)	жумуру	dʒumuru
oval (adj)	жумуру	dʒumuru
rectángulo (m)	тик бурчтук	tik burtʃtuk
rectangular (adj)	тик бурчтуу	tik burtʃtuu
pirámide (f)	пирамида	piramida
rombo (m)	ромб	romb
trapecio (m)	трапеция	trapetsija
cubo (m)	куб	kub
prisma (m)	призма	prizma
circunferencia (f)	айлана	ajlana
esfera (f)	сфера	sfera
globo (m)	шар	ʃar
diámetro (m)	диаметр	diametr
radio (f)	радиус	radius
perímetro (m)	периметр	perimetr
centro (m)	борбор	borbor
horizontal (adj)	туурасынан	tuurasınan
vertical (adj)	тикесинен	tikesinen
paralela (f)	параллель	parallelʲ
paralelo (adj)	параллель	parallelʲ
línea (f)	сызык	sızık
trazo (m)	сызык	sızık
recta (f)	түз сызык	tyz sızık
curva (f)	кыйшык сызык	kıjʃık sızık
fino (la ~a línea)	ичке	itʃke
contorno (m)	караан	karaan
intersección (f)	кесилиш	kesiliʃ
ángulo (m) recto	тик бурч	tik burtʃ
segmento (m)	сегмент	segment
sector (m)	сектор	sektor
lado (m)	каптал	kaptal
ángulo (m)	бурч	burtʃ

25. Las unidades de medida

peso (m)	салмак	salmak
longitud (f)	узундук	uzunduk
anchura (f)	жазылык	dʒazılık
altura (f)	бийиктик	bijiktik
profundidad (f)	терендик	terendik
volumen (m)	көлөм	køløm
área (f)	аянт	ajant
gramo (m)	грамм	gramm
miligramo (m)	миллиграмм	milligramm

kilogramo (m)	килограмм	kilogramm
tonelada (f)	тонна	tonna
libra (f)	фунт	funt
onza (f)	унция	untsija

metro (m)	метр	metr
milímetro (m)	миллиметр	millimetr
centímetro (m)	сантиметр	santimetr
kilómetro (m)	километр	kilometr
milla (f)	миля	milʲa

pulgada (f)	дюйм	dʉjm
pie (m)	фут	fut
yarda (f)	ярд	jard

metro (m) cuadrado	квадраттык метр	kvadrattık metr
hectárea (f)	гектар	gektar

litro (m)	литр	litr
grado (m)	градус	gradus
voltio (m)	вольт	volʲt
amperio (m)	ампер	amper
caballo (m) de fuerza	ат күчү	at kytʃy

cantidad (f)	саны	sanı
un poco de ...	... бир аз	... bir az
mitad (f)	жарым	dʒarım
docena (f)	он эки даана	on eki daana
pieza (f)	даана	daana

dimensión (f)	чоңдук	tʃoŋduk
escala (f) (del mapa)	өлчөмчен	øltʃømtʃen

mínimo (adj)	минималдуу	minimalduu
el más pequeño (adj)	эң кичинекей	eŋ kitʃinekej
medio (adj)	орточо	ortotʃo
máximo (adj)	максималдуу	maksimalduu
el más grande (adj)	эң чоң	eŋ tʃoŋ

26. Contenedores

tarro (m) de vidrio	банка	banka
lata (f) de hojalata	банка	banka
cubo (m)	чака	tʃaka
barril (m)	бочка	botʃka

palangana (f)	дагара	dagara
tanque (m)	бак	bak
petaca (f) (de alcohol)	фляжка	flʲadʒka
bidón (m) de gasolina	канистра	kanistra
cisterna (f)	цистерна	tsısterna

taza (f) (mug de cerámica)	кружка	krudʒka
taza (f) (~ de café)	чөйчөк	tʃøjtʃøk

platillo (m)	табак	tabak
vaso (m) (~ de agua)	ыстакан	ıstakan
copa (f) (~ de vino)	бокал	bokal
olla (f)	мискей	miskej

| botella (f) | бөтөлкө | bøtølkø |
| cuello (m) de botella | оозу | oozu |

garrafa (f)	графин	grafin
jarro (m) (~ de agua)	кумура	kumura
recipiente (m)	идиш	idiʃ
tarro (m)	карапа	karapa
florero (m)	ваза	vaza

frasco (m) (~ de perfume)	флакон	flakon
frasquito (m)	кичине бөтөлкө	kitʃine bøtølkø
tubo (m)	тюбик	tubik

saco (m) (~ de azúcar)	кап	kap
bolsa (f) (~ plástica)	пакет	paket
paquete (m) (~ de cigarrillos)	пачке	patʃke

caja (f)	куту	kutu
cajón (m) (~ de madera)	үкөк	ykøk
cesta (f)	себет	sebet

27. Materiales

material (f)	материал	material
madera (f)	жыгач	dʒıgatʃ
de madera (adj)	жыгач	dʒıgatʃ

| vidrio (m) | айнек | ajnek |
| de vidrio (adj) | айнек | ajnek |

| piedra (f) | таш | taʃ |
| de piedra (adj) | таш | taʃ |

| plástico (m) | пластик | plastik |
| de plástico (adj) | пластик | plastik |

| goma (f) | резина | rezina |
| de goma (adj) | резина | rezina |

| tela (m) | кездеме | kezdeme |
| de tela (adj) | кездеме | kezdeme |

| papel (m) | кагаз | kagaz |
| de papel (adj) | кагаз | kagaz |

cartón (m)	картон	karton
de cartón (adj)	картон	karton
polietileno (m)	полиэтилен	polietilen
celofán (m)	целлофан	tsellofan

| linóleo (m) | линолеум | linoleum |
| contrachapado (m) | фанера | fanera |

porcelana (f)	фарфор	farfor
de porcelana (adj)	фарфор	farfor
arcilla (f), barro (m)	чопо	tʃopo
de barro (adj)	чопо	tʃopo
cerámica (f)	карапа	karapa
de cerámica (adj)	карапа	karapa

28. Los metales

metal (m)	металл	metall
metálico (adj)	металл	metall
aleación (f)	эритме	eritme

oro (m)	алтын	altın
de oro (adj)	алтын	altın
plata (f)	күмүш	kymyʃ
de plata (adj)	күмүш	kymyʃ

hierro (m)	темир	temir
de hierro (adj)	темир	temir
acero (m)	болот	bolot
de acero (adj)	болот	bolot
cobre (m)	жез	dʒez
de cobre (adj)	жез	dʒez

aluminio (m)	алюминий	alʉminij
de aluminio (adj)	алюминий	alʉminij
bronce (m)	коло	kolo
de bronce (adj)	коло	kolo

latón (m)	латунь	latunʲ
níquel (m)	никель	nikelʲ
platino (m)	платина	platina
mercurio (m)	сымап	sımap
estaño (m)	калай	kalaj
plomo (m)	коргошун	korgoʃun
zinc (m)	цинк	tsınk

EL SER HUMANO

El ser humano. El cuerpo

29. El ser humano. Conceptos básicos

ser (m) humano	адам	adam
hombre (m) (varón)	эркек	erkek
mujer (f)	аял	ajal
niño -a (m, f)	бала	bala
niña (f)	кыз бала	kız bala
niño (m)	бала	bala
adolescente (m)	өспүрүм	øspyrym
viejo, anciano (m)	абышка	abıʃka
vieja, anciana (f)	кемпир	kempir

30. La anatomía humana

organismo (m)	организм	organizm
corazón (m)	жүрөк	dʒyrøk
sangre (f)	кан	kan
arteria (f)	артерия	arterija
vena (f)	вена	vena
cerebro (m)	мээ	mee
nervio (m)	нерв	nerv
nervios (m pl)	нервдер	nervder
vértebra (f)	омуртка	omurtka
columna (f) vertebral	кыр арка	kır arka
estómago (m)	ашказан	aʃkazan
intestinos (m pl)	ичеги-карын	itʃegi-karın
intestino (m)	ичеги	itʃegi
hígado (m)	боор	boor
riñón (m)	бөйрөк	bøjrøk
hueso (m)	сөөк	søøk
esqueleto (m)	скелет	skelet
costilla (f)	кабырга	kabırga
cráneo (m)	баш сөөгү	baʃ søøgy
músculo (m)	булчуң	bultʃuŋ
bíceps (m)	бицепс	bitseps
tríceps (m)	трицепс	tritseps
tendón (m)	тарамыш	taramıʃ
articulación (f)	муундар	muundar

pulmones (m pl)	өпкө	øpkø
genitales (m pl)	жан жер	dʒan dʒer
piel (f)	тери	teri

31. La cabeza

cabeza (f)	баш	baʃ
cara (f)	бет	bet
nariz (f)	мурун	murun
boca (f)	ооз	ooz

ojo (m)	көз	køz
ojos (m pl)	көздөр	køzdør
pupila (f)	карек	karek
ceja (f)	каш	kaʃ
pestaña (f)	кирпик	kirpik
párpado (m)	кабак	kabak

lengua (f)	тил	til
diente (m)	тиш	tiʃ
labios (m pl)	эриндер	erinder
pómulos (m pl)	бет сөөгү	bet søøgy
encía (f)	тиш эти	tiʃ eti
paladar (m)	таңдай	taŋdaj

ventanas (f pl)	мурун тешиги	murun teʃigi
mentón (m)	ээк	eek
mandíbula (f)	жаак	dʒaak
mejilla (f)	бет	bet

frente (f)	чеке	tʃeke
sien (f)	чыкый	tʃɪkɪj
oreja (f)	кулак	kulak
nuca (f)	желке	dʒelke
cuello (m)	моюн	mojʉn
garganta (f)	тамак	tamak

pelo, cabello (m)	чач	tʃatʃ
peinado (m)	чач жасоо	tʃatʃ dʒasoo
corte (m) de pelo	чач кыркуу	tʃatʃ kɪrkuu
peluca (f)	парик	parik

bigote (m)	мурут	murut
barba (f)	сакал	sakal
tener (~ la barba)	мурут коюу	murut kojʉu
trenza (f)	өрүм чач	ørym tʃatʃ
patillas (f pl)	бакенбарда	bakenbarda

pelirrojo (adj)	сары	sarɪ
gris, canoso (adj)	ак чачтуу	ak tʃatʃtuu
calvo (adj)	таз	taz
calva (f)	кашка	kaʃka
cola (f) de caballo	куйрук	kujruk
flequillo (m)	көкүл	køkyl

32. El cuerpo

mano (f)	беш манжа	beʃ mandʒa
brazo (m)	кол	kol
dedo (m)	манжа	mandʒa
dedo (m) del pie	манжа	mandʒa
dedo (m) pulgar	бармак	barmak
dedo (m) meñique	чыпалак	tʃɪpalak
uña (f)	тырмак	tɪrmak
puño (m)	муштум	muʃtum
palma (f)	алакан	alakan
muñeca (f)	билек	bilek
antebrazo (m)	каруу	karuu
codo (m)	чыканак	tʃɪkanak
hombro (m)	ийин	ijin
pierna (f)	бут	but
planta (f)	таман	taman
rodilla (f)	тизе	tize
pantorrilla (f)	балтыр	baltɪr
cadera (f)	сан	san
talón (m)	согончок	sogontʃok
cuerpo (m)	дене	dene
vientre (m)	курсак	kursak
pecho (m)	төш	tøʃ
seno (m)	эмчек	emtʃek
lado (m), costado (m)	каптал	kaptal
espalda (f)	арка жон	arka dʒon
zona (f) lumbar	бел	bel
cintura (f), talle (m)	бел	bel
ombligo (m)	киндик	kindik
nalgas (f pl)	жамбаш	dʒambaʃ
trasero (m)	көчүк	køtʃyk
lunar (m)	мең	meŋ
marca (f) de nacimiento	кал	kal
tatuaje (m)	татуировка	tatuirovka
cicatriz (f)	тырык	tɪrɪk

La ropa y los accesorios

33. La ropa exterior. Los abrigos

ropa (f), vestido (m)	кийим	kijim
ropa (f) de calle	үстүңкү кийим	ystyŋky kijim
ropa (f) de invierno	кышкы кийим	kıʃkı kijim
abrigo (m)	пальто	palʲto
abrigo (m) de piel	тон	ton
abrigo (m) corto de piel	чолок тон	ʧolok ton
plumón (m)	мамык олпок	mamık olpok
cazadora (f)	күрмө	kyrmø
impermeable (m)	плащ	plaʃʧ
impermeable (adj)	суу өткүс	suu øtkys

34. Ropa de hombre y mujer

camisa (f)	көйнөк	køjnøk
pantalones (m pl)	шым	ʃım
jeans, vaqueros (m pl)	джинсы	dʒinsı
chaqueta (f), saco (m)	бешмант	beʃmant
traje (m)	костюм	kostʉm
vestido (m)	көйнөк	køjnøk
falda (f)	юбка	jʉbka
blusa (f)	блузка	bluzka
rebeca (f),	кофта	kofta
chaqueta (f) de punto		
chaqueta (f)	кыска бешмант	kıska beʃmant
camiseta (f) (T-shirt)	футболка	futbolka
shorts (m pl)	чолок шым	ʧolok ʃım
traje (m) deportivo	спорт кийими	sport kijimi
bata (f) de baño	халат	χalat
pijama (f)	пижама	pidʒama
jersey (m), suéter (m)	свитер	sviter
pulóver (m)	пуловер	pulover
chaleco (m)	жилет	dʒilet
frac (m)	фрак	frak
esmoquin (m)	смокинг	smoking
uniforme (m)	форма	forma
ropa (f) de trabajo	жумуш кийим	dʒumuʃ kijim
mono (m)	комбинезон	kombinezon
bata (f) (p. ej. ~ blanca)	халат	χalat

35. La ropa. La ropa interior

ropa (f) interior	ич кийим	itʃ kijim
bóxer (m)	эркектер чолок дамбалы	erkekter tʃolok dambalı
bragas (f pl)	аялдар трусиги	ajaldar trusigi
camiseta (f) interior	майка	majka
calcetines (m pl)	байпак	bajpak
camisón (m)	жатаарда кийүүчү көйнөк	dʒataarda kijyytʃy køjnøk
sostén (m)	бюстгальтер	bʉstgalʲter
calcetines (m pl) altos	гольфы	golʲfı
pantimedias (f pl)	колготки	kolgotki
medias (f pl)	байпак	bajpak
traje (m) de baño	купальник	kupalʲnik

36. Gorras

gorro (m)	топу	topu
sombrero (m) de fieltro	шляпа	ʃlʲapa
gorra (f) de béisbol	бейсболка	bejsbolka
gorra (f) plana	кепка	kepka
boina (f)	берет	beret
capuchón (m)	капюшон	kapʉʃon
panamá (m)	панамка	panamka
gorro (m) de punto	токулган шапка	tokulgan ʃapka
pañuelo (m)	жоолук	dʒooluk
sombrero (m) de mujer	шляпа	ʃlʲapa
casco (m) (~ protector)	каска	kaska
gorro (m) de campaña	пилотка	pilotka
casco (m) (~ de moto)	шлем	ʃlem
bombín (m)	котелок	kotelok
sombrero (m) de copa	цилиндр	tsılindr

37. El calzado

calzado (m)	бут кийим	but kijim
botas (f pl)	ботинка	botinka
zapatos (m pl)	туфли	tufli
(~ de tacón bajo)		
botas (f pl) altas	өтүк	øtyk
zapatillas (f pl)	тапочка	tapotʃka
tenis (m pl)	кроссовка	krossovka
zapatillas (f pl) de lona	кеды	kedı
sandalias (f pl)	сандалии	sandalii
zapatero (m)	өтүкчү	øtyktʃy
tacón (m)	така	taka

par (m)	түгөй	tygøj
cordón (m)	боо	boo
encordonar (vt)	боолоо	booloo
calzador (m)	кашык	kaʃık
betún (m)	өтүк май	øtyk maj

38. Los textiles. Las telas

algodón (m)	пахта	paχta
de algodón (adj)	пахтадан	paχtadan
lino (m)	зыгыр	zıgır
de lino (adj)	зыгырдан	zıgırdan

seda (f)	жибек	dʒibek
de seda (adj)	жибек	dʒibek
lana (f)	жүн	dʒyn
de lana (adj)	жүндөн	dʒyndøn

terciopelo (m)	баркыт	barkıt
gamuza (f)	күдөрү	kydøry
pana (f)	чий баркыт	tʃij barkıt

nilón (m)	нейлон	nejlon
de nilón (adj)	нейлон	nejlon
poliéster (m)	полиэстер	poliester
de poliéster (adj)	полиэстер	poliester

piel (f) (cuero)	булгаары	bulgaarı
de piel (de cuero)	булгаары	bulgaarı
piel (f) (~ de zorro, etc.)	тери	teri
de piel (abrigo ~)	тери	teri

39. Accesorios personales

guantes (m pl)	колкап	kolkap
manoplas (f pl)	мээлей	meelej
bufanda (f)	моюн орогуч	mojьn orogutʃ

gafas (f pl)	көз айнек	køz ajnek
montura (f)	алкак	alkak
paraguas (m)	чатырча	tʃatırtʃa
bastón (m)	аса таяк	asa tajak
cepillo (m) de pelo	тарак	tarak
abanico (m)	желпингич	dʒelpingitʃ

corbata (f)	галстук	galstuk
pajarita (f)	галстук-бабочка	galstuk-babotʃka
tirantes (m pl)	шым тарткыч	ʃım tartkıtʃ
moquero (m)	бетаарчы	betaartʃı

| peine (m) | тарак | tarak |
| pasador (m) de pelo | чачсайгы | tʃatʃsajgı |

41

horquilla (f)	шпилька	ʃpilʲka
hebilla (f)	таралга	taralga
cinturón (m)	кайыш кур	kajıʃ kur
correa (f) (de bolso)	илгич	ilgitʃ
bolsa (f)	колбаштык	kolbaʃtık
bolso (m)	кичине колбаштык	kitʃine kolbaʃtık
mochila (f)	жонбаштык	dʒonbaʃtık

40. La ropa. Miscelánea

moda (f)	мода	moda
de moda (adj)	саркеч	sarketʃ
diseñador (m) de moda	модельер	modeljer
cuello (m)	жака	dʒaka
bolsillo (m)	чөнтөк	tʃøntøk
de bolsillo (adj)	чөнтөк	tʃøntøk
manga (f)	жең	dʒeŋ
presilla (f)	илгич	ilgitʃ
bragueta (f)	ширинка	ʃirinka
cremallera (f)	молния	molnija
cierre (m)	топчулук	toptʃuluk
botón (m)	топчу	toptʃu
ojal (m)	илмек	ilmek
saltar (un botón)	үзүлүү	yzylyy
coser (vi, vt)	тигүү	tigyy
bordar (vt)	сайма саюу	sajma sajʉu
bordado (m)	сайма	sajma
aguja (f)	ийне	ijne
hilo (m)	жип	dʒip
costura (f)	тигиш	tigiʃ
ensuciarse (vr)	булгап алуу	bulgap aluu
mancha (f)	так	tak
arrugarse (vr)	бырышып калуу	bırıʃıp kaluu
rasgar (vt)	айрылуу	ajrıluu
polilla (f)	күбө	kybø

41. Productos personales. Cosméticos

pasta (f) de dientes	тиш пастасы	tiʃ pastası
cepillo (m) de dientes	тиш щёткасы	tiʃ ʃtʃotkası
limpiarse los dientes	тиш жуу	tiʃ dʒuu
maquinilla (f) de afeitar	устара	ustara
crema (f) de afeitar	кырынуу үчүн көбүк	kırınuu ytʃyn købyk
afeitarse (vr)	кырынуу	kırınuu
jabón (m)	самын	samın

champú (m)	шампунь	ʃampunʲ
tijeras (f pl)	кайчы	kajtʃı
lima (f) de uñas	тырмак өгөө	tırmak øgøø
cortaúñas (m pl)	тырмак кычкачы	tırmak kıtʃkatʃı
pinzas (f pl)	искек	iskek

cosméticos (m pl)	упа-эндик	upa-endik
mascarilla (f)	маска	maska
manicura (f)	маникюр	manikʉr
hacer la manicura	маникюр жасоо	manikdʒʉr dʒasoo
pedicura (f)	педикюр	pedikʉr

neceser (m) de maquillaje	косметичка	kosmetitʃka
polvos (m pl)	упа	upa
polvera (f)	упа кутусу	upa kutusu
colorete (m), rubor (m)	эндик	endik

perfume (m)	атыр	atır
agua (f) perfumada	туалет атыр суусу	tualet atır suusu
loción (f)	лосьон	losʲon
agua (f) de colonia	одеколон	odekolon

sombra (f) de ojos	көз боёгу	køz bojogu
lápiz (m) de ojos	көз карандашы	køz karandaʃı
rímel (m)	кирпик үчүн боек	kirpik ʉtʃyn boek

pintalabios (m)	эрин помадасы	erin pomadası
esmalte (m) de uñas	тырмак үчүн лак	tırmak ʉtʃyn lak
fijador (m) (para el pelo)	чач үчүн лак	tʃatʃ ʉtʃyn lak
desodorante (m)	дезодорант	dezodorant

crema (f)	крем	krem
crema (f) de belleza	бетмай	betmaj
crema (f) de manos	кол үчүн май	kol ʉtʃyn maj
crema (f) antiarrugas	бырыштарга каршы бет май	bırıʃtarga karʃı bet maj

crema (f) de día	күндүзгү бет май	kyndyzgy bet maj
crema (f) de noche	түнкү бет май	tynky bet maj
de día (adj)	күндүзгү	kyndyzgy
de noche (adj)	түнкү	tynky

tampón (m)	тампон	tampon
papel (m) higiénico	даарат кагазы	daarat kagazı
secador (m) de pelo	фен	fen

42. Las joyas

joyas (f pl)	зер буюмдар	zer bujʉmdar
precioso (adj)	баалуу	baaluu
contraste (m)	проба	proba

anillo (m)	шакек	ʃakek
anillo (m) de boda	нике шакеги	nike ʃakegi
pulsera (f)	билерик	bilerik

pendientes (m pl)	сөйкө	søjkø
collar (m) (~ de perlas)	шуру	ʃuru
corona (f)	таажы	taadʒɪ
collar (m) de abalorios	мончок	montʃok

diamante (m)	бриллиант	brilliant
esmeralda (f)	зымырыт	zɪmɪrɪt
rubí (m)	лаал	laal
zafiro (m)	сапфир	sapfir
perla (f)	бермет	bermet
ámbar (m)	янтарь	jantarʲ

43. Los relojes

reloj (m)	кол саат	kol saat
esfera (f)	циферблат	tsɪferblat
aguja (f)	жебе	dʒebe
pulsera (f)	браслет	braslet
correa (f) (del reloj)	кайыш кур	kajɪʃ kur

pila (f)	батарейка	batarejka
descargarse (vr)	зарядканын түгөнүүсү	zarʲadkanın tygønyysy
cambiar la pila	батарейка алмаштыруу	batarejka almaʃtıruu
adelantarse (vr)	алдыга кетүү	aldıga ketyy
retrasarse (vr)	калуу	kaluu

reloj (m) de pared	дубалга тагуучу саат	dubalga taguutʃu saat
reloj (m) de arena	кум саат	kum saat
reloj (m) de sol	күн саат	kyn saat
despertador (m)	ойготкуч саат	ojgotkutʃ saat
relojero (m)	саат устасы	saat ustasɪ
reparar (vt)	оңдоо	oŋdoo

La comida y la nutrición

44. La comida

carne (f)	эт	et
gallina (f)	тоок	took
pollo (m)	балапан	balapan
pato (m)	өрдөк	ørdøk
ganso (m)	каз	kaz
caza (f) menor	илбээсин	ilbeesin
pava (f)	күрп	kyrp
carne (f) de cerdo	чочко эти	tʃotʃko eti
carne (f) de ternera	торпок эти	torpok eti
carne (f) de carnero	кой эти	koj eti
carne (f) de vaca	уй эти	uj eti
conejo (m)	коен	koen
salchichón (m)	колбаса	kolbasa
salchicha (f)	сосиска	sosiska
beicon (m)	бекон	bekon
jamón (m)	ветчина	vettʃina
jamón (m) fresco	сан эт	san et
paté (m)	паштет	paʃtet
hígado (m)	боор	boor
carne (f) picada	фарш	farʃ
lengua (f)	тил	til
huevo (m)	жумуртка	dʒumurtka
huevos (m pl)	жумурткалар	dʒumurtkalar
clara (f)	жумуртканын агы	dʒumurtkanın agı
yema (f)	жумуртканын сарысы	dʒumurtkanın sarısı
pescado (m)	балык	balık
mariscos (m pl)	деңиз азыктары	deŋiz azıktarı
crustáceos (m pl)	рак сыяктуулар	rak sıjaktuular
caviar (m)	урук	uruk
cangrejo (m) de mar	краб	krab
camarón (m)	креветка	krevetka
ostra (f)	устрица	ustritsa
langosta (f)	лангуст	langust
pulpo (m)	сегиз бут	segiz but
calamar (m)	кальмар	kalʲmar
esturión (m)	осетрина	osetrina
salmón (m)	лосось	lososʲ
fletán (m)	палтус	paltus
bacalao (m)	треска	treska

caballa (f)	скумбрия	skumbrija
atún (m)	тунец	tunets
anguila (f)	угорь	ugorʲ
trucha (f)	форель	forelʲ
sardina (f)	сардина	sardina
lucio (m)	чортон	tʃorton
arenque (m)	сельдь	selʲdʲ
pan (m)	нан	nan
queso (m)	сыр	sır
azúcar (m)	кум шекер	kum-ʃeker
sal (f)	туз	tuz
arroz (m)	күрүч	kyrytʃ
macarrones (m pl)	макарон	makaron
tallarines (m pl)	кесме	kesme
mantequilla (f)	ак май	ak maj
aceite (m) vegetal	өсүмдүк майы	øsymdyk majı
aceite (m) de girasol	күн карама майы	kyn karama majı
margarina (f)	маргарин	margarin
olivas (f pl)	зайтун	zajtun
aceite (m) de oliva	зайтун майы	zajtun majı
leche (f)	сүт	syt
leche (f) condensada	коютулган сүт	kojutulgan syt
yogur (m)	йогурт	jogurt
nata (f) agria	сметана	smetana
nata (f) líquida	каймак	kajmak
mayonesa (f)	майонез	majonez
crema (f) de mantequilla	крем	krem
cereal molido grueso	акшак	akʃak
harina (f)	ун	un
conservas (f pl)	консерва	konserva
copos (m pl) de maíz	жарылган жүгөрү	dʒarılgan dʒygøry
miel (f)	бал	bal
confitura (f)	джем, конфитюр	dʒem, konfitur
chicle (m)	сагыз	sagız

45. Las bebidas

agua (f)	суу	suu
agua (f) potable	ичүүчү суу	itʃyytʃy suu
agua (f) mineral	минерал суусу	mineral suusu
sin gas	газсыз	gazsız
gaseoso (adj)	газдалган	gazdalgan
con gas	газы менен	gazı menen
hielo (m)	муз	muz

con hielo	музу менен	muzu menen
sin alcohol	алкоголсуз	alkogolsuz
bebida (f) sin alcohol	алкоголсуз ичимдик	alkogolsuz itʃimdik
refresco (m)	суусундук	suusunduk
limonada (f)	лимонад	limonad

bebidas (f pl) alcohólicas	спирт ичимдиктери	spirt itʃimdikteri
vino (m)	шарап	ʃarap
vino (m) blanco	ак шарап	ak ʃarap
vino (m) tinto	кызыл шарап	kɪzɪl ʃarap

licor (m)	ликёр	likʲor
champaña (f)	шампан	ʃampan
vermú (m)	вермут	vermut

whisky (m)	виски	viski
vodka (m)	арак	arak
ginebra (f)	джин	dʒin
coñac (m)	коньяк	konjak
ron (m)	ром	rom

café (m)	кофе	kofe
café (m) solo	кара кофе	kara kofe
café (m) con leche	сүттөлгөн кофе	syttølgøn kofe
capuchino (m)	капучино	kaputʃino
café (m) soluble	эрүүчү кофе	eryytʃy kofe

leche (f)	сүт	syt
cóctel (m)	коктейль	koktejlʲ
batido (m)	сүт коктейли	syt koktejli

zumo (m), jugo (m)	шире	ʃire
jugo (m) de tomate	томат ширеси	tomat ʃiresi
zumo (m) de naranja	апельсин ширеси	apelʲsin ʃiresi
zumo (m) fresco	туз сыгылып алынган шире	tyz sɪgɪlɪp alɪngan ʃire

cerveza (f)	сыра	sɪra
cerveza (f) rubia	ачык сыра	atʃɪk sɪra
cerveza (f) negra	коңур сыра	koŋur sɪra

té (m)	чай	tʃaj
té (m) negro	кара чай	kara tʃaj
té (m) verde	жашыл чай	dʒaʃɪl tʃaj

46. Las verduras

| legumbres (f pl) | жашылча | dʒaʃɪltʃa |
| verduras (f pl) | көк чөп | køk tʃøp |

tomate (m)	помидор	pomidor
pepino (m)	бадыраң	badɪraŋ
zanahoria (f)	сабиз	sabiz
patata (f)	картошка	kartoʃka

cebolla (f)	пияз	pijaz
ajo (m)	сарымсак	sarımsak
col (f)	капуста	kapusta
coliflor (f)	гүлдүү капуста	gyldyy kapusta
col (f) de Bruselas	брюссель капустасы	brussel¹ kapustası
brócoli (m)	брокколи капустасы	brokkoli kapustası
remolacha (f)	кызылча	kızılʧa
berenjena (f)	баклажан	bakladʒan
calabacín (m)	кабачок	kabaʧok
calabaza (f)	ашкабак	aʃkabak
nabo (m)	шалгам	ʃalgam
perejil (m)	петрушка	petruʃka
eneldo (m)	укроп	ukrop
lechuga (f)	салат	salat
apio (m)	сельдерей	sel¹derej
espárrago (m)	спаржа	spardʒa
espinaca (f)	шпинат	ʃpinat
guisante (m)	нокот	nokot
habas (f pl)	буурчак	buurʧak
maíz (m)	жүгөрү	dʒygøry
fréjol (m)	төө буурчак	tøø buurʧak
pimentón (m)	таттуу перец	tattuu perets
rábano (m)	шалгам	ʃalgam
alcachofa (f)	артишок	artiʃok

47. Las frutas. Las nueces

fruto (m)	мөмө	mømø
manzana (f)	алма	alma
pera (f)	алмурут	almurut
limón (m)	лимон	limon
naranja (f)	апельсин	apel¹sin
fresa (f)	кулпунай	kulpunaj
mandarina (f)	мандарин	mandarin
ciruela (f)	кара өрүк	kara øryk
melocotón (m)	шабдаалы	ʃabdaalı
albaricoque (m)	өрүк	øryk
frambuesa (f)	дан куурай	dan kuuraj
ananás (m)	ананас	ananas
banana (f)	банан	banan
sandía (f)	арбуз	arbuz
uva (f)	жүзүм	dʒyzym
guinda (f)	алча	alʧa
cereza (f)	гилас	gilas
melón (m)	коон	koon
pomelo (m)	грейпфрут	grejpfrut
aguacate (m)	авокадо	avokado

papaya (m)	папайя	papaja
mango (m)	манго	mango
granada (f)	анар	anar

grosella (f) roja	кызыл карагат	kızıl karagat
grosella (f) negra	кара карагат	kara karagat
grosella (f) espinosa	крыжовник	krıdʒovnik
arándano (m)	кара моюл	kara mojʉl
zarzamoras (f pl)	кара бүлдүркөн	kara byldyrkøn

pasas (f pl)	мейиз	mejiz
higo (m)	анжир	andʒir
dátil (m)	курма	kurma

cacahuete (m)	арахис	araχis
almendra (f)	бадам	badam
nuez (f)	жаңгак	dʒaŋgak
avellana (f)	токой жаңгагы	tokoj dʒaŋgagı
nuez (f) de coco	кокос жаңгагы	kokos dʒaŋgagı
pistachos (m pl)	мисте	miste

48. El pan. Los dulces

pasteles (m pl)	кондитер азыктары	konditer azıktarı
pan (m)	нан	nan
galletas (f pl)	печенье	petʃenje

chocolate (m)	шоколад	ʃokolad
de chocolate (adj)	шоколаддан	ʃokoladdan
caramelo (m)	конфета	konfeta
tarta (f) (pequeña)	пирожное	pirodʒnoe
tarta (f) (~ de cumpleaños)	торт	tort

pastel (m) (~ de manzana)	пирог	pirog
relleno (m)	начинка	natʃinka

confitura (f)	кыям	kıjam
mermelada (f)	мармелад	marmelad
gofre (m)	вафли	vafli
helado (m)	бал муздак	bal muzdak
pudín (f)	пудинг	puding

49. Los platos al horno

plato (m)	тамак	ţamak
cocina (f)	даам	daam
receta (f)	тамак жасоо ыкмасы	ţamak dʒasoo ıkması
porción (f)	порция	porţsija

ensalada (f)	салат	salat
sopa (f)	сорпо	sorpo
caldo (m)	ынак сорпо	ınak sorpo

bocadillo (m)	бутерброд	buterbrod
huevos (m pl) fritos	куурулган жумуртка	kuurulgan dʒumurtka
hamburguesa (f)	гамбургер	gamburger
bistec (m)	бифштекс	bifʃteks
guarnición (f)	гарнир	garnir
espagueti (m)	спагетти	spagetti
puré (m) de patatas	эзилген картошка	ezilgen kartoʃka
pizza (f)	пицца	pitsa
gachas (f pl)	ботко	botko
tortilla (f) francesa	омлет	omlet
cocido en agua (adj)	сууга бышырылган	suuga bıʃırılgan
ahumado (adj)	ышталган	ıʃtalgan
frito (adj)	куурулган	kuurulgan
seco (adj)	кургатылган	kurgatılgan
congelado (adj)	тоңдурулган	toŋdurulgan
marinado (adj)	маринаддагы	marinaddagı
azucarado (adj)	таттуу	tattuu
salado (adj)	туздуу	tuzduu
frío (adj)	муздак	muzdak
caliente (adj)	ысык	ısık
amargo (adj)	ачуу	atʃuu
sabroso (adj)	даамдуу	daamduu
cocer en agua	кайнатуу	kajnatuu
preparar (la cena)	тамак бышыруу	tamak bıʃıruu
freír (vt)	кууруу	kuuruu
calentar (vt)	жылытуу	dʒılıtuu
salar (vt)	туздоо	tuzdoo
poner pimienta	калемпир кошуу	kalempir koʃuu
rallar (vt)	сүргүлөө	syrgyløø
piel (f)	сырты	sırtı
pelar (vt)	тазалоо	tazaloo

50. Las especias

sal (f)	туз	tuz
salado (adj)	туздуу	tuzduu
salar (vt)	туздоо	tuzdoo
pimienta (f) negra	кара мурч	kara murtʃ
pimienta (f) roja	кызыл калемпир	kızıl kalempir
mostaza (f)	горчица	gortʃitsa
rábano (m) picante	хрен	χren
condimento (m)	татымал	tatımal
especia (f)	татымал	tatımal
salsa (f)	соус	sous
vinagre (m)	уксус	uksus
anís (m)	анис	anis

albahaca (f)	райхон	rajχon
clavo (m)	гвоздика	gvozdika
jengibre (m)	имбирь	imbirⁱ
cilantro (m)	кориандр	koriandr
canela (f)	корица	koritsa
sésamo (m)	кунжут	kundʒut
hoja (f) de laurel	лавр жалбырагы	lavr dʒalbıragı
paprika (f)	паприка	paprika
comino (m)	зира	zira
azafrán (m)	заапаран	zaaparan

51. Las comidas

comida (f)	тамак	tamak
comer (vi, vt)	тамактануу	tamaktanuu
desayuno (m)	таңкы тамак	taŋkı tamak
desayunar (vi)	эртең менен тамактануу	erteŋ menen tamaktanuu
almuerzo (m)	түшкү тамак	tyʃky tamak
almorzar (vi)	түштөнүү	tyʃtønyy
cena (f)	кечки тамак	ketʃki tamak
cenar (vi)	кечки тамакты ичүү	ketʃki tamaktı itʃyy
apetito (m)	табит	tabit
¡Que aproveche!	Тамагыңыз таттуу болсун!	tamagıŋız tattuu bolsun!
abrir (vt)	ачуу	atʃuu
derramar (líquido)	төгүп алуу	tøgyp aluu
derramarse (líquido)	төгүлүү	tøgylyy
hervir (vi)	кайноо	kajnoo
hervir (vt)	кайнатуу	kajnatuu
hervido (agua ~a)	кайнатылган	kajnatılgan
enfriar (vt)	суутуу	suutuu
enfriarse (vr)	сууп туруу	suup turuu
sabor (m)	даам	daam
regusto (m)	даамдануу	daamdanuu
adelgazar (vi)	арыктоо	arıktoo
dieta (f)	мүнөз тамак	mynøz tamak
vitamina (f)	витамин	vitamin
caloría (f)	калория	kalorija
vegetariano (m)	эттен чанган	etten tʃangan
vegetariano (adj)	этсиз даярдалган	etsiz dajardalgan
grasas (f pl)	майлар	majlar
proteínas (f pl)	белоктор	beloktor
carbohidratos (m pl)	көмүрсуулар	kømyrsuular
loncha (f)	кесим	kesim
pedazo (m)	бөлүк	bølyk
miga (f)	күкүм	kykym

52. Los cubiertos

cuchara (f)	кашык	kaʃik
cuchillo (m)	бычак	bɪtʃak
tenedor (m)	вилка	vilka
taza (f)	чөйчөк	tʃøjtʃøk
plato (m)	табак	tabak
platillo (m)	табак	tabak
servilleta (f)	майлык	majlık
mondadientes (m)	тиш чукугуч	tiʃ tʃukugutʃ

53. El restaurante

restaurante (m)	ресторан	restoran
cafetería (f)	кофекана	kofekana
bar (m)	бар	bar
salón (m) de té	чай салону	tʃaj salonu
camarero (m)	официант	ofitsiant
camarera (f)	официант кыз	ofitsiant kız
barman (m)	бармен	barmen
carta (f), menú (m)	меню	menʉ
carta (f) de vinos	шарап картасы	ʃarap kartası
reservar una mesa	столду камдык	stoldu kamdık
	буйрутмалоо	bujrutmaloo
plato (m)	тамак	tamak
pedir (vt)	буйрутма кылуу	bujrutma kıluu
hacer el pedido	буйрутма берүү	bujrutma beryy
aperitivo (m)	аперитив	aperitiv
entremés (m)	ысылык	ısılık
postre (m)	десерт	desert
cuenta (f)	эсеп	esep
pagar la cuenta	эсеп төлөө	esep tøløø
dar la vuelta	майда акчаны кайтаруу	majda aktʃanı kajtaruu
propina (f)	чайпул	tʃajpul

La familia nuclear, los parientes y los amigos

54. La información personal. Los formularios

nombre (m)	аты	atı
apellido (m)	фамилиясы	familijası
fecha (f) de nacimiento	төрөлгөн күнү	tørølgøn kyny
lugar (m) de nacimiento	туулган жери	tuulgan dʒeri
nacionalidad (f)	улуту	ulutu
domicilio (m)	жашаган жери	dʒaʃagan dʒeri
país (m)	өлкө	ølkø
profesión (f)	кесиби	kesibi
sexo (m)	жынысы	dʒınısı
estatura (f)	бою	bojʉ
peso (m)	салмак	salmak

55. Los familiares. Los parientes

madre (f)	эне	ene
padre (m)	ата	ata
hijo (m)	уул	uul
hija (f)	кыз	kız
hija (f) menor	кичүү кыз	kitʃyy kız
hijo (m) menor	кичүү уул	kitʃyy uul
hija (f) mayor	улуу кыз	uluu kız
hijo (m) mayor	улуу уул	uluu uul
hermano (m)	бир тууган	bir tuugan
hermano (m) mayor	байке	bajke
hermano (m) menor	ини	ini
hermana (f)	бир тууган	bir tuugan
hermana (f) mayor	эже	edʒe
hermana (f) menor	синди	siŋdi
primo (m)	атасы же энеси бир тууган	atası dʒe enesi bir tuugan
prima (f)	атасы же энеси бир тууган	atası dʒe enesi bir tuugan
mamá (f)	апа	apa
papá (m)	ата	ata
padres (m pl)	ата-эне	ata-ene
niño -a (m, f)	бала	bala
niños (m pl)	балдар	baldar
abuela (f)	чоң апа	tʃoŋ apa

abuelo (m)	чоӊ ата	tʃoŋ ata
nieto (m)	небере бала	nebere bala
nieta (f)	небере кыз	nebere kɪz
nietos (m pl)	неберелер	nebereler
tío (m)	таяке	tajake
tía (f)	таяже	tajadʒe
sobrino (m)	ини	ini
sobrina (f)	жээн	dʒeen
suegra (f)	кайын эне	kajɪn ene
suegro (m)	кайын ата	kajɪn ata
yerno (m)	күйөө бала	kyjøø bala
madrastra (f)	өгөй эне	øgøj ene
padrastro (m)	өгөй ата	øgøj ata
niño (m) de pecho	эмчектеги бала	emtʃektegi bala
bebé (m)	ымыркай	ɪmɪrkaj
chico (m)	бөбөк	bøbøk
mujer (f)	аял	ajal
marido (m)	эр	er
esposo (m)	күйөө	kyjøø
esposa (f)	зайып	zajɪp
casado (adj)	аялы бар	ajalɪ bar
casada (adj)	күйөөдө	kyjøødø
soltero (adj)	бойдок	bojdok
soltero (m)	бойдок	bojdok
divorciado (adj)	ажырашкан	adʒɪraʃkan
viuda (f)	жесир	dʒesir
viudo (m)	жесир	dʒesir
pariente (m)	тууган	tuugan
pariente (m) cercano	жакын тууган	dʒakɪn tuugan
pariente (m) lejano	алыс тууган	alɪs tuugan
parientes (m pl)	бир тууган	bir tuugan
huérfano (m), huérfana (f)	жетим	dʒetim
tutor (m)	камкорчу	kamkortʃu
adoptar (un niño)	уул кылып асырап алуу	uul kɪlɪp asɪrap aluu
adoptar (una niña)	кыз кылып асырап алуу	kɪz kɪlɪp asɪrap aluu

56. Los amigos. Los compañeros del trabajo

amigo (m)	дос	dos
amiga (f)	курбу	kurbu
amistad (f)	достук	dostuk
ser amigo	достошуу	dostoʃuu
amigote (m)	шерик	ʃerik
amiguete (f)	шерик кыз	ʃerik kɪz
compañero (m)	өнөктөш	ønøktøʃ
jefe (m)	башчы	baʃtʃɪ

superior (m)	башчы	baʃʧı
propietario (m)	кожоюн	koʤoʤɵn
subordinado (m)	кол астындагы	kol astındagı
colega (m, f)	кесиптеш	kesipteʃ

conocido (m)	тааныш	taanıʃ
compañero (m) de viaje	жолдош	ʤoldoʃ
condiscípulo (m)	классташ	klasstaʃ

vecino (m)	кошуна	koʃuna
vecina (f)	кошуна	koʃuna
vecinos (m pl)	кошуналар	koʃunalar

57. El hombre. La mujer

mujer (f)	аял	ajal
muchacha (f)	кыз	kız
novia (f)	колукту	koluktu

guapa (adj)	сулуу	suluu
alta (adj)	бою узун	boju uzun
esbelta (adj)	сымбаттуу	sımbattuu
de estatura mediana	орто бойлуу	orto bojluu

| rubia (f) | ак саргыл чачтуу | ak sargıl ʧatʧtuu |
| morena (f) | кара чачтуу | kara ʧatʧtuu |

de señora (adj)	аялдардын	ajaldardın
virgen (f)	эркек көрө элек кыз	erkek kørø elek kız
embarazada (adj)	кош бойлуу	koʃ bojluu

hombre (m) (varón)	эркек	erkek
rubio (m)	ак саргыл чачтуу	ak sargıl ʧatʧtuu
moreno (m)	кара чачтуу	kara ʧatʧtuu
alto (adj)	бийик бойлуу	bijik bojluu
de estatura mediana	орто бойлуу	orto bojluu

grosero (adj)	орой	oroj
rechoncho (adj)	жапалдаш бой	ʤapaldaʃ boj
robusto (adj)	чымыр	ʧımır
fuerte (adj)	күчтүү	kyʧtyy
fuerza (f)	күч	kyʧ

gordo (adj)	толук	toluk
moreno (adj)	кара тору	kara toru
esbelto (adj)	сымбаттуу	sımbattuu
elegante (adj)	жарашып кийинген	ʤaraʃıp kijingen

58. La edad

| edad (f) | жаш | ʤaʃ |
| juventud (f) | жаштык | ʤaʃtık |

55

joven (adj)	жаш	ʤaʃ
menor (adj)	кичүү	kiʧyy
mayor (adj)	улуу	uluu

joven (m)	улан	ulan
adolescente (m)	өспүрүм	øspyrym
muchacho (m)	жигит	ʤigit

| anciano (m) | абышка | abıʃka |
| anciana (f) | кемпир | kempir |

adulto	чоң киши	ʧoŋ kiʃi
de edad media (adj)	орто жаш	orto ʤaʃ
de edad, anciano (adj)	жашап калган	ʤaʃap kalgan
viejo (adj)	картаң	kartaŋ

jubilación (f)	бааракы	baarakı
jubilarse	ардактуу эс алууга чыгуу	ardaktuu es aluuga ʧıguu
jubilado (m)	бааргер	baarger

59. Los niños

niño -a (m, f)	бала	bala
niños (m pl)	балдар	baldar
gemelos (m pl)	эгиздер	egizder

cuna (f)	бешик	beʃik
sonajero (m)	шырылдак	ʃırıldak
pañal (m)	жалаяк	ʤalajak

chupete (m)	упчу	upʧu
cochecito (m)	бешик араба	beʃik araba
jardín (m) de infancia	бала бакча	bala bakʧa
niñera (f)	бала баккыч	bala bakkıʧ

infancia (f)	балалык	balalık
muñeca (f)	куурчак	kuurʧak
juguete (m)	оюнчук	ojʉnʧuk
mecano (m)	конструктор	konstruktor
bien criado (adj)	тарбия көргөн	tarbija kørgøn
malcriado (adj)	жетесиз	ʤetesiz
mimado (adj)	эрке	erke

hacer travesuras	тентектик кылуу	tentektik kıluu
travieso (adj)	тентек	tentek
travesura (f)	шоктук, тентектик	ʃoktuk, tentektik
travieso (m)	тентек	tentek

| obediente (adj) | элпек | elpek |
| desobediente (adj) | тил албас | til albas |

dócil (adj)	зээндүү	zeendyy
inteligente (adj)	акылдуу	akılduu
niño (m) prodigio	вундеркинд	vunderkind

60. Los matrimonios. La vida familiar

besar (vt)	өбүү	øbyy
besarse (vi)	өбүшүү	øbyʃyy
familia (f)	үй-бүлө	yj-bylø
familiar (adj)	үй-бүлөлүү	yj-bylølyy
pareja (f)	эрди-катын	erdi-katın
matrimonio (m)	нике	nike
hogar (m) familiar	үй очогу	yj oʧogu
dinastía (f)	династия	dinastija
cita (f)	жолугушуу	ʤoluguʃuu
beso (m)	өбүү	øbyy
amor (m)	сүйүү	syjyy
querer (amar)	сүйүү	syjyy
querido (adj)	жакшы көргөн	ʤakʃı kørgøn
ternura (f)	назиктик	naziktik
tierno (afectuoso)	назик	nazik
fidelidad (f)	берилгендик	berilgendik
fiel (adj)	ишенимдүү	iʃenimdyy
cuidado (m)	кам көрүү	kam køryy
cariñoso (un padre ~)	камкор	kamkor
recién casados (pl)	жаңы үйлөнүшкөндөр	ʤaŋı yjlønyʃkøndør
luna (f) de miel	таттуулашуу	tattuulaʃuu
estar casada	күйөөгө чыгуу	kyjøøgø ʧıguu
casarse (con una mujer)	аял алуу	ajal aluu
boda (f)	үйлөнүү той	yjlønyy toy
bodas (f pl) de oro	алтын үлпөт той	altın ylpøt toj
aniversario (m)	жылдык	ʤıldık
amante (m)	ойнош	ojnoʃ
amante (f)	ойнош	ojnoʃ
adulterio (m)	көзгө чөп салуу	køzgø ʧøp saluu
cometer adulterio	көзгө чөп салуу	køzgø ʧøp saluu
celoso (adj)	кызгануу	kızganuu
tener celos	кызгануу	kızganuu
divorcio (m)	ажырашуу	adʒıraʃuu
divorciarse (vr)	ажырашуу	adʒıraʃuu
reñir (vi)	урушуу	uruʃuu
reconciliarse (vr)	жарашуу	ʤaraʃuu
juntos (adv)	бирге	birge
sexo (m)	жыныстык катнаш	ʤınıstık katnaʃ
felicidad (f)	бакыт	bakıt
feliz (adj)	бактылуу	baktıluu
desgracia (f)	кырсык	kırsık
desgraciado (adj)	бактысыз	baktısız

Las características de personalidad. Los sentimientos

61. Los sentimientos. Las emociones

sentimiento (m)	сезим	sezim
sentimientos (m pl)	сезим	sezim
sentir (vt)	сезүү	sezyy
hambre (f)	ачка болуу	atʃka boluu
tener hambre	ачка болуу	atʃka boluu
sed (f)	чаңкоо	tʃaŋkoo
tener sed	суусап калуу	suusap kaluu
somnolencia (f)	уйкусу келүү	ujkusu kelyy
tener sueño	уйкусу келүү	ujkusu kelyy
cansancio (m)	чарчоо	tʃartʃoo
cansado (adj)	чарчаңкы	tʃartʃaŋkı
estar cansado	чарчоо	tʃartʃoo
humor (m) (de buen ~)	көңүл	køŋyl
aburrimiento (m)	зеригүү	zerigyy
aburrirse (vr)	зеригүү	zerigyy
soledad (f)	элден качуу	elden katʃuu
aislarse (vr)	элден качуу	elden katʃuu
inquietar (vt)	көңүлүн бөлүү	køŋylyn bølyy
inquietarse (vr)	сарсанаа болуу	sarsanaa boluu
inquietud (f)	кабатырлануу	kabatırlanuu
preocupación (f)	чочулоо	tʃotʃuloo
preocupado (adj)	бушайман	buʃajman
estar nervioso	тынчы кетүү	tıntʃı ketyy
darse al pánico	дүрбөлөңгө түшүү	dyrbøløŋgø tyʃyy
esperanza (f)	үмүт	ymyt
esperar (tener esperanza)	үмүттөнүү	ymyttønyy
seguridad (f)	ишенимдүүлүк	iʃenimdyylyk
seguro (adj)	ишеничтүү	iʃenitʃtyy
inseguridad (f)	ишенбегендик	iʃenbegendik
inseguro (adj)	ишенбеген	iʃenbegen
borracho (adj)	мас	mas
sobrio (adj)	соо	soo
débil (adj)	бошоң	boʃoŋ
feliz (adj)	бактылуу	baktıluu
asustar (vt)	жүрөгүн түшүрүү	dʒyrøgyn tyʃyryy
furia (f)	жинденүү	dʒindenyy
rabia (f)	жаалдануу	dʒaaldanuu
depresión (f)	көңүлү чөгүү	køŋyly tʃøgyy
incomodidad (f)	ыңгайсыз	ıŋgajsız

comodidad (f)	ыңгайлуу	ıŋgajluu
arrepentirse (vr)	өкүнүү	økynyy
arrepentimiento (m)	өкүнүп калуу	økynyp kaluu
mala suerte (f)	жолу болбоо	dʒolu bolboo
tristeza (f)	капалануу	kapalanuu

vergüenza (f)	уят	ujat
júbilo (m)	кубаныч	kubanıtʃ
entusiasmo (m)	ынта менен	ınta menen
entusiasta (m)	ынтызар	ıntızar
mostrar entusiasmo	ынтасын көрсөтүү	ıntasın kørsøtyy

62. El carácter. La personalidad

carácter (m)	мүнөз	mynøz
defecto (m)	кемчилик	kemtʃilik
mente (f)	эс-акыл	es-akıl
razón (f)	акыл	akıl

consciencia (f)	абийир	abijir
hábito (m)	адат	adat
habilidad (f)	жөндөм	dʒøndøm
poder (nadar, etc.)	билүү	bilyy

paciente (adj)	көтөрүмдүү	køtørymdyy
impaciente (adj)	чыдамы жок	tʃıdamı dʒok
curioso (adj)	ынтызар	ıntızar
curiosidad (f)	кызыгуучулук	kızıguutʃuluk

modestia (f)	жөнөкөйлүк	dʒønøkøjlyk
modesto (adj)	жөнөкөй	dʒønøkøj
inmodesto (adj)	чекилик	tʃekilik

pereza (f)	жалкоолук	dʒalkooluk
perezoso (adj)	жалкоо	dʒalkoo
perezoso (m)	эринчээк	erintʃeek

astucia (f)	куулук	kuuluk
astuto (adj)	куу	kuu
desconfianza (f)	ишенбөөчүлүк	iʃenbøøtʃylyk
desconfiado (adj)	ишенбеген	iʃenbegen

generosidad (f)	берешендик	bereʃendik
generoso (adj)	берешен	bereʃen
talentoso (adj)	зээндүү	zeendyy
talento (m)	талант	talant

valiente (adj)	кайраттуу	kajrattuu
coraje (m)	кайрат	kajrat
honesto (adj)	чынчыл	tʃıntʃıl
honestidad (f)	чынчылдык	tʃıntʃıldık

| prudente (adj) | сак | sak |
| valeroso (adj) | тайманбас | tajmanbas |

serio (adj)	оор басырыктуу	oor basırıktuu
severo (adj)	сүрдүү	syrdyy
decidido (adj)	чечкиндүү	tʃetʃkindyy
indeciso (adj)	чечкинсиз	tʃetʃkinsiz
tímido (adj)	тартынчаак	tartıntʃaak
timidez (f)	жүрөкзаада	dʒyrøkzaada
confianza (f)	ишеним артуу	iʃenim artuu
creer (créeme)	ишенүү	iʃenyy
confiado (crédulo)	ишенчээк	iʃentʃeek
sinceramente (adv)	чын жүрөктөн	tʃın dʒyrøktøn
sincero (adj)	ак ниеттен	ak nietten
sinceridad (f)	ак ниеттүүлүк	ak niettyylyk
abierto (adj)	ачык	atʃık
calmado (adj)	жоош	dʒooʃ
franco (sincero)	ачык	atʃık
ingenuo (adj)	ишенчээк	iʃentʃeek
distraído (adj)	унутчаак	unuttʃaak
gracioso (adj)	кызык	kızık
avaricia (f)	ач көздүк	atʃ køzdyk
avaro (adj)	сараң	saraŋ
tacaño (adj)	сараң	saraŋ
malvado (adj)	каардуу	kaarduu
terco (adj)	көк	køk
desagradable (adj)	жагымсыз	dʒagımsız
egoísta (m)	өзүмчүл	øzymtʃyl
egoísta (adj)	өзүмчүл	øzymtʃyl
cobarde (m)	суу жүрөк	suu dʒyrøk
cobarde (adj)	суу жүрөк	suu dʒyrøk

63. El sueño. Los sueños

dormir (vi)	уктоо	uktoo
sueño (m) (estado)	уйку	ujku
sueño (m) (dulces ~s)	түш	tyʃ
soñar (vi)	түш көрүү	tyʃ køryy
adormilado (adj)	уйкусураган	ujkusuragan
cama (f)	керебет	kerebet
colchón (m)	матрас	matras
manta (f)	жууркан	dʒuurkan
almohada (f)	жаздык	dʒazdık
sábana (f)	шейшеп	ʃejʃep
insomnio (m)	уйкусуздук	ujkusuzduk
de insomnio (adj)	уйкусуз	ujkusuz
somnífero (m)	уйку дарысы	ujku darısı
tomar el somnífero	уйку дарысын ичүү	ujku darısın itʃyy
tener sueño	уйкусу келүү	ujkusu kelyy

bostezar (vi)	эстөө	estøø
irse a la cama	уктоого кетүү	uktoogo ketyy
hacer la cama	төшөк салуу	tøʃøk saluu
dormirse (vr)	уктап калуу	uktap kaluu

pesadilla (f)	коркунучтуу түш	korkunuʧtuu tyʃ
ronquido (m)	коңурук	koŋuruk
roncar (vi)	коңурук тартуу	koŋuruk tartuu

despertador (m)	ойготкуч саат	ojgotkuʧ saat
despertar (vt)	ойготуу	ojgotuu
despertarse (vr)	ойгонуу	ojgonuu
levantarse (vr)	төшөктөн туруу	tøʃøktøn turuu
lavarse (vr)	бети-колду жуу	beti-koldu dʒuu

64. El humor. La risa. La alegría

humor (m)	күлкү салуу	kylky saluu
sentido (m) del humor	тамашага чалуу	tamaʃaga ʧaluu
divertirse (vr)	көңүл ачуу	køŋyl aʧuu
alegre (adj)	көңүлдүү	køŋyldyy
júbilo (m)	көңүлдүүлүк	køŋyldyylyk

sonrisa (f)	жылмайыш	dʒılmajıʃ
sonreír (vi)	жылмаюу	dʒılmadʒuu
echarse a reír	күлүп жиберүү	kylyp dʒiberyy
reírse (vr)	күлүү	kylyy
risa (f)	күлкү	kylky

anécdota (f)	күлкүлүү окуя	kylkylyy okuja
gracioso (adj)	күлкүлүү	kylkylyy
ridículo (adj)	кызык	kızık

bromear (vi)	тамашалоо	tamaʃaloo
broma (f)	тамаша	tamaʃa
alegría (f) (emoción)	кубаныч	kubanıʧ
alegrarse (vr)	кубануу	kubanuu
alegre (~ de que ...)	кубанычтуу	kubanıʧtuu

65. La discusión y la conversación. Unidad 1

comunicación (f)	баарлашуу	baarlaʃuu
comunicarse (vr)	баарлашуу	baarlaʃuu

conversación (f)	сүйлөшүү	syjløʃyy
diálogo (m)	маек	maek
discusión (f) (debate)	талкуу	talkuu
debate (m)	талаш	talaʃ
debatir (vi)	талашуу	talaʃuu

interlocutor (m)	аңгемелешкен	aŋgemeleʃken
tema (m)	тема	tema

punto (m) de vista	көз караш	køz karaʃ
opinión (f)	ой-пикир	oj-pikir
discurso (m)	сөз	søz

discusión (f) (del informe, etc.)	талкуу	talkuu
discutir (vt)	талкуулоо	talkuuloo
conversación (f)	маек	maek
conversar (vi)	маектешүү	maekteʃyy
reunión (f)	жолугушуу	dʒoluguʃuu
encontrarse (vr)	жолугушуу	dʒoluguʃuu

proverbio (m)	макал-лакап	makal-lakap
dicho (m)	лакап	lakap
adivinanza (f)	табышмак	tabıʃmak
contar una adivinanza	табышмак айтуу	tabıʃmak ajtuu
contraseña (f)	сырсөз	sırsøz
secreto (m)	сыр	sır

juramento (m)	ант	ant
jurar (vt)	ант берүү	ant beryy
promesa (f)	убада	ubada
prometer (vt)	убада берүү	ubada beryy

consejo (m)	кеңеш	keŋeʃ
aconsejar (vt)	кеңеш берүү	keŋeʃ beryy
seguir el consejo	кеңешин жолдоо	keŋeʃin dʒoldoo
escuchar (a los padres)	угуу	uguu

noticias (f pl)	жаңылык	dʒaŋılık
sensación (f)	дүң салуу	dyŋ saluu
información (f)	маалымат	maalımat
conclusión (f)	корутунду	korutundu
voz (f)	үн	yn
cumplido (m)	мактоо	maktoo
amable (adj)	сылык	sılık

palabra (f)	сөз	søz
frase (f)	сүйлөм	syjløm
respuesta (f)	жооп	dʒoop

verdad (f)	чындык	tʃındık
mentira (f)	жалган	dʒalgan

pensamiento (m)	ой	oj
idea (f)	ой	oj
fantasía (f)	ойдон чыгаруу	ojdon tʃıgaruu

66. La discusión y la conversación. Unidad 2

respetado (adj)	урматтуу	urmattuu
respetar (vt)	сыйлоо	sıjloo
respeto (m)	урмат	urmat
Estimado ...	Урматтуу ...	urmattuu ...
presentar (~ a sus padres)	тааныштыруу	taanıʃtıruu

conocer a alguien	тааныбыуу	taanıʃuu
intención (f)	ниет	niet
tener intención (de ...)	ниеттенүү	niettenyy
deseo (m)	каалоо	kaaloo
desear (vt) (~ buena suerte)	каалоо айтуу	kaaloo ajtuu

sorpresa (f)	таңгалыч	taŋgalıtʃ
sorprender (vt)	таң калтыруу	taŋ kaltıruu
sorprenderse (vr)	таң калуу	taŋ kaluu

dar (vt)	берүү	beryy
tomar (vt)	алуу	aluu
devolver (vt)	кайтарып берүү	kajtarıp beryy
retornar (vt)	кайра берүү	kajra beryy

disculparse (vr)	кечирим суроо	ketʃirim suroo
disculpa (f)	кечирим	ketʃirim
perdonar (vt)	кечирүү	ketʃiryy

hablar (vi)	сүйлешүү	syjløʃyy
escuchar (vt)	угуу	uguu
escuchar hasta el final	кулак салуу	kulak saluu
comprender (vt)	түшүнүү	tyʃynyy

mostrar (vt)	көрсөтүү	kørsøtyy
mirar a ...	... кароо	... karoo
llamar (vt)	чакыруу	tʃakıruu
distraer (molestar)	тынчын алуу	tıntʃın aluu
molestar (vt)	тынчын алуу	tıntʃın aluu
pasar (~ un mensaje)	узатып коюу	uzatıp kojᵾu

petición (f)	сураныч	suranıtʃ
pedir (vt)	суроо	suroo
exigencia (f)	талап	talap
exigir (vt)	талап кылуу	talap kıluu

motejar (vr)	кыжырына тийүү	kıʤırına tijyy
burlarse (vr)	шылдыңдоо	ʃıldıŋdoo
burla (f)	шылдың	ʃıldıŋ
apodo (m)	лакап ат	lakap at

alusión (f)	кыйытма	kıjıtma
aludir (vi)	кыйытып айтуу	kıjıtıp aytuu
sobrentender (vt)	билдирүү	bildiryy

descripción (f)	сүреттөө	syrøttøø
describir (vt)	сүреттөп берүү	syrøttøp beryy
elogio (m)	алкыш	alkıʃ
elogiar (vt)	мактоо	maktoo

decepción (f)	көңүлү калуу	køŋyly kaluu
decepcionar (vt)	көңүлүн калтыруу	køŋylyn kaltıruu
estar decepcionado	көңүл калуу	køŋyl kaluu

suposición (f)	божомол	boʤomol
suponer (vt)	божомолдоо	boʤomoldoo

| advertencia (f) | эскертүү | eskertyy |
| prevenir (vt) | эскертүү | eskertyy |

67. La discusión y la conversación. Unidad 3

| convencer (vt) | көндүрүү | køndyryy |
| calmar (vt) | тынчтандыруу | tıntʃtandıruu |

silencio (m) (~ es oro)	жымжырт	dʒımdʒırt
callarse (vr)	унчукпоо	untʃukpoo
susurrar (vi, vt)	шыбыроо	ʃıbıroo
susurro (m)	шыбыр	ʃıbır

| francamente (adv) | ачык айтканда | atʃık ajtkanda |
| en mi opinión … | менин оюмча … | menin ojɵmtʃa … |

detalle (m) (de la historia)	ийне-жиби	ijne-dʒibi
detallado (adj)	тетиктелген	tetiktelgen
detalladamente (adv)	тетикке чейин	tetikke tʃejin

| pista (f) | четин чыгаруу | tʃetin tʃıgaruu |
| dar una pista | четин чыгаруу | tʃetin tʃıgaruu |

mirada (f)	көз	køz
echar una mirada	карап коюу	karap kojɵu
fija (mirada ~)	тиктеген	tiktegen
parpadear (vi)	көз ирмөө	køz irmøø
guiñar un ojo	көз кысуу	køz kısuu
asentir con la cabeza	баш ийкөө	baʃ ijkøø

suspiro (m)	дем чыгаруу	dem tʃıgaruu
suspirar (vi)	дем алуу	dem aluu
estremecerse (vr)	селт этүү	selt etyy
gesto (m)	жаңсоо	dʒaŋsoo
tocar (con la mano)	тийип кетүү	tijip ketyy
asir (~ de la mano)	кармоо	karmoo
palmear (~ la espalda)	таптоо	taptoo

¡Cuidado!	Абайлагыла!	abajlagıla!
¿De veras?	Чын элеби?!	tʃın elebi?!
¿Estás seguro?	Жаңылган жоксуңбу?	dʒaŋılgan dʒoksuŋbu?
¡Suerte!	Ийгилик!	ijgilik!
¡Ya veo!	Түшүнүктүү!	tyʃynyktyy!
¡Es una lástima!	Кап!	kap!

68. El acuerdo. El rechazo

acuerdo (m)	макулдук	makulduk
estar de acuerdo	макул болуу	makul boluu
aprobación (f)	колдоо	koldoo
aprobar (vt)	колдоо	koldoo
rechazo (m)	баш тартуу	baʃ tartuu

64

negarse (vr)	баш тартуу	baʃ tartuu
¡Excelente!	Эң жакшы!	eŋ dʒakʃı!
¡De acuerdo!	Жакшы!	dʒakʃı!
¡Vale!	Макул!	makul!

prohibido (adj)	тыюу салынган	tıjuu salıngan
está prohibido	болбойт	bolbojt
es imposible	мүмкүн эмес	mymkyn emes
incorrecto (adj)	туура эмес	tuura emes

rechazar (vt)	четке кагуу	tʃetke kaguu
apoyar (la decisión)	колдоо	koldoo
aceptar (vt)	кабыл алуу	kabıl aluu

confirmar (vt)	ырастоо	ırastoo
confirmación (f)	ырастоо	ırastoo
permiso (m)	уруксат	uruksat
permitir (vt)	уруксат берүү	uruksat beryy
decisión (f)	чечим	tʃetʃim
no decir nada	унчукпоо	untʃukpoo

condición (f)	шарт	ʃart
excusa (f) (pretexto)	шылтоо	ʃıltoo
elogio (m)	алкыш	alkıʃ
elogiar (vt)	мактоо	maktoo

69. El éxito. La buena suerte. El Fracaso

éxito (m)	ийгилик	ijgilik
con éxito (adv)	ийгиликтүү	ijgiliktyy
exitoso (adj)	ийгиликтүү	ijgiliktyy

suerte (f)	жол болуу	dʒol boluu
¡Suerte!	Ийгилик!	ijgilik!
de suerte (día ~)	ийгиликтүү	ijgiliktyy
afortunado (adj)	жолу бар	dʒolu bar

fiasco (m)	жолу болбостук	dʒolu bolbostuk
infortunio (m)	жолу болбостук	dʒolu bolbostuk
mala suerte (f)	жолу болбоо	dʒolu bolboo

fracasado (adj)	жолу болбогон	dʒolu bolbogon
catástrofe (f)	киши көрбөсүн	kiʃi kørbøsyn

orgullo (m)	сыймык	sıjmık
orgulloso (adj)	көтөрүнгөн	køtøryngøn
estar orgulloso	сыймыктануу	sıjmıktanuu

ganador (m)	жеңүүчү	dʒeŋyytʃy
ganar (vi)	жеңүү	dʒeŋyy
perder (vi)	жеңилүү	dʒeŋilyy
tentativa (f)	аракет	araket
intentar (tratar)	аракет кылуу	araket kıluu
chance (f)	мүмкүнчүлүк	mymkyntʃylyk

70. Las discusiones. Las emociones negativas

grito (m)	кыйкырык	kıjkırık
gritar (vi)	кыйкыруу	kıjkıruu
comenzar a gritar	кыйкырып алуу	kıjkırıp aluu
disputa (f), riña (f)	уруш	uruʃ
reñir (vi)	урушуу	uruʃuu
escándalo (m) (riña)	чатак	tʃatak
causar escándalo	чатакташуу	tʃataktaʃuu
conflicto (m)	чыр-чатак	tʃır-tʃatak
malentendido (m)	түшүнбөстүк	tyʃynbøstyk
insulto (m)	кордоо	kordoo
insultar (vt)	кемсинтүү	kemsintyy
insultado (adj)	катуу тийген	katuu tijgen
ofensa (f)	таарыныч	taarınıtʃ
ofender (vt)	көңүлгө тийүү	køŋylgø tijyy
ofenderse (vr)	таарынып калуу	taarınıp kaluu
indignación (f)	нааразылык	naarazılık
indignarse (vr)	нааразы болуу	naarazı boluu
queja (f)	арыз	arız
quejarse (vr)	арыздануу	arızdanuu
disculpa (f)	кечирим	ketʃirim
disculparse (vr)	кечирим суроо	ketʃirim suroo
pedir perdón	кечирим суроо	ketʃirim suroo
crítica (f)	сын-пикир	sın-pikir
criticar (vt)	сындоо	sındoo
acusación (f)	айыптоо	ajıptoo
acusar (vt)	айыптоо	ajıptoo
venganza (f)	өч алуу	øtʃ aluu
vengar (vt)	өч алуу	øtʃ aluu
desprecio (m)	киши катары көрбөө	kiʃi katarı kørbøø
despreciar (vt)	киши катарына албоо	kiʃi katarına alboo
odio (m)	жек көрүү	dʒek køryy
odiar (vt)	жек көрүү	dʒek køryy
nervioso (adj)	тынчы кеткен	tıntʃı ketken
estar nervioso	тынчы кетүү	tıntʃı ketyy
enfadado (adj)	ачууланган	atʃuulangan
enfadar (vt)	ачуусун келтирүү	atʃuusun keltiryy
humillación (f)	кемсинтүү	kemsintyy
humillar (vt)	кемсинтүү	kemsintyy
humillarse (vr)	байкуш болуу	bajkuʃ boluu
choque (m)	дендирөө	dendirøø
chocar (vi)	дендиретүү	dendiretyy
molestia (f) (problema)	жагымсыз жагдай	dʒagımsız dʒagdaj
desagradable (adj)	жагымсыз	dʒagımsız

miedo (m)	коркунуч	korkunuʧ
terrible (tormenta, etc.)	каардуу	kaarduu
de miedo (historia ~)	коркунучтуу	korkunuʧtuu
horror (m)	үрөй учуу	yrøj uʧuu
horrible (adj)	үрөй учуруу	yrøj uʧuruu
empezar a temblar	калтырап баштоо	kaltırap baʃtoo
llorar (vi)	ыйлоо	ıjloo
comenzar a llorar	ыйлап жиберүү	ıjlap ʤiberyy
lágrima (f)	көз жаш	køz ʤaʃ
culpa (f)	күнөө	kynøø
remordimiento (m)	күнөө сезими	kynøø sezimi
deshonra (f)	уят	ujat
protesta (f)	нааразылык	naarazılık
estrés (m)	бушайман болуу	buʃajman boluu
molestar (vt)	тынчын алуу	tınʧın aluu
estar furioso	жини келүү	ʤini kelyy
enfadado (adj)	ачуулуу	aʧuuluu
terminar (vt)	токтотуу	toktotuu
regañar (vt)	урушуу	uruʃuu
asustarse (vr)	чоочуу	ʧooʧuu
golpear (vt)	уруу	uruu
pelear (vi)	мушташуу	muʃtaʃuu
resolver (~ la discusión)	жөндөө	ʤøndøø
descontento (adj)	нааразы	naarazı
furioso (adj)	жаалданган	ʤaaldangan
¡No está bien!	Бул жакшы эмес!	bul ʤakʃı emes!
¡Está mal!	Бул жаман!	bul ʤaman!

La medicina

71. Las enfermedades

enfermedad (f)	оору	ooru
estar enfermo	оoруу	ooruu
salud (f)	ден-соолук	den-sooluk
resfriado (m) (coriza)	мурдунан суу агуу	murdunan suu aguu
angina (f)	ангина	angina
resfriado (m)	суук тийүү	suuk tijyy
resfriarse (vr)	суук тийгизип алуу	suuk tijgizip aluu
bronquitis (f)	бронхит	bronχit
pulmonía (f)	кабыргадан сезгенүү	kabırgadan sezgenyy
gripe (f)	сасык тумоо	sasık tumoo
miope (adj)	алыстан көрө албоо	alıstan kørø alboo
présbita (adj)	жакындан көрө албоо	dʒakından kørø alboo
estrabismo (m)	кылый көздүүлүк	kılıj køzdyylyk
estrábico (m) (adj)	кылый көздүүлүк	kılıj køzdyylyk
catarata (f)	челкөз	tʃelkøz
glaucoma (f)	глаукома	glaukoma
insulto (m)	мээге кан куюлуу	meege kan kujuluu
ataque (m) cardiaco	инфаркт	infarkt
infarto (m) de miocardio	инфаркт миокарда	infarkt miokarda
parálisis (f)	шал	ʃal
paralizar (vt)	шал болуу	ʃal boluu
alergia (f)	аллергия	allergija
asma (f)	астма	astma
diabetes (m)	диабет	diabet
dolor (m) de muelas	тиш оорусу	tiʃ oorusu
caries (f)	кариес	karies
diarrea (f)	ич өткү	itʃ øtky
estreñimiento (m)	ич катуу	itʃ katuu
molestia (f) estomacal	ич бузулгандык	itʃ buzulgandık
envenenamiento (m)	уулануу	uulanuu
envenenarse (vr)	уулануу	uulanuu
artritis (f)	артрит	artrit
raquitismo (m)	итий	itij
reumatismo (m)	кызыл жүгүрүк	kızıl dʒygyryk
ateroesclerosis (f)	атеросклероз	ateroskleroz
gastritis (f)	карын сезгенүүсу	karın sezgenyysu
apendicitis (f)	аппендицит	appenditʃit

| colecistitis (m) | холецистит | χoletsistit |
| úlcera (f) | жара | dʒara |

sarampión (m)	кызылча	kızıltʃa
rubeola (f)	кызамык	kızamık
ictericia (f)	сарык	sarık
hepatitis (f)	гепатит	gepatit

esquizofrenia (f)	шизофрения	ʃizofrenija
rabia (f) (hidrofobia)	кутурма	kuturma
neurosis (f)	невроз	nevroz
conmoción (m) cerebral	мээнин чайкалышы	meenin tʃajkalıʃı

cáncer (m)	рак	rak
esclerosis (f)	склероз	skleroz
esclerosis (m) múltiple	жайылган склероз	dʒajılgan skleroz

alcoholismo (m)	аракечтик	araketʃtik
alcohólico (m)	аракеч	araketʃ
sífilis (f)	котон жара	koton dʒara
SIDA (f)	СПИД	spid

tumor (m)	шишик	ʃiʃik
maligno (adj)	залалдуу	zalalduu
benigno (adj)	залалсыз	zalalsız

fiebre (f)	безгек	bezgek
malaria (f)	безгек	bezgek
gangrena (f)	кабыз	kabız
mareo (m)	деңиз оорусу	deŋiz oorusu
epilepsia (f)	талма	talma

epidemia (f)	эпидемия	epidemija
tifus (m)	келте	kelte
tuberculosis (f)	кургак учук	kurgak utʃuk
cólera (f)	холера	χolera
peste (f)	кара тумоо	kara tumoo

72. Los síntomas. Los tratamientos. Unidad 1

| síntoma (m) | белги | belgi |
| temperatura (f) | дене табынын көтөрүлүшу | dene tabının kötörylyʃy |

| fiebre (f) | жогорку температура | dʒogorku temperatura |
| pulso (m) | тамыр кагышы | tamır kagıʃı |

mareo (m) (vértigo)	баш айлануу	baʃ ajlanuu
caliente (adj)	ысык	ısık
escalofrío (m)	чыйрыгуу	tʃijrıguu
pálido (adj)	купкуу	kupkuu

tos (f)	жөтөл	dʒøtøl
toser (vi)	жөтөлүү	dʒøtølyy
estornudar (vi)	чүчкүрүү	tʃytʃkyryy

| desmayo (m) | эси оо | esi oo |
| desmayarse (vr) | эси ооп жыгылуу | esi oop dʒıgıluu |

moradura (f)	көк-ала	køk-ala
chichón (m)	шишик	ʃiʃik
golpearse (vr)	урунуп алуу	urunup aluu
magulladura (f)	көгөртүп алуу	køgørtyp aluu
magullarse (vr)	көгөртүп алуу	køgørtyp aluu

cojear (vi)	аксоо	aksoo
dislocación (f)	муундун чыгып кетүүсү	muundun tʃıgıp ketyysy
dislocar (vt)	чыгарып алуу	tʃıgarıp aluu
fractura (f)	сынуу	sınuu
tener una fractura	сындырып алуу	sındırıp aluu

corte (m) (tajo)	кесилген жер	kesilgen dʒer
cortarse (vr)	кесип алуу	kesip aluu
hemorragia (f)	кан кетүү	kan ketyy

| quemadura (f) | күйүк | kyjyk |
| quemarse (vr) | күйгүзүп алуу | kyjgyzyp aluu |

pincharse (el dedo)	саюу	sajuu
pincharse (vr)	сайып алуу	sajıp aluu
herir (vt)	кокустатып алуу	kokustatıp aluu
herida (f)	кокустатып алуу	kokustatıp aluu
lesión (f) (herida)	жара	dʒara
trauma (m)	жаракат	dʒarakat

delirar (vi)	жөлүү	dʒølyy
tartamudear (vi)	кекечтенүү	keketʃtenyy
insolación (f)	күн өтүү	kyn øtyy

73. Los síntomas. Los tratamientos. Unidad 2

| dolor (m) | оору | ooru |
| astilla (f) | тикен | tiken |

sudor (m)	тер	ter
sudar (vi)	тердөө	terdøø
vómito (m)	кусуу	kusuu
convulsiones (f)	тарамыш карышуусу	taramıʃ karıʃuusu

embarazada (adj)	кош бойлуу	koʃ bojluu
nacer (vi)	төрөлүү	tørølyy
parto (m)	төрөт	tørøt
dar a luz	төрөө	tørøø
aborto (m)	бойдон түшүрүү	bojdon tyʃyryy

respiración (f)	дем алуу	dem aluu
inspiración (f)	дем алуу	dem aluu
espiración (f)	дем чыгаруу	dem tʃıgaruu
espirar (vi)	дем чыгаруу	dem tʃıgaruu
inspirar (vi)	дем алуу	dem aluu

inválido (m)	майып	majıp
mutilado (m)	мунжу	mundʒu
drogadicto (m)	баңги	baŋgi

sordo (adj)	дүлөй	dyløj
mudo (adj)	дудук	duduk
sordomudo (adj)	дудук	duduk

loco (adj)	жин тийген	dʒin tijgen
loco (m)	жинди чалыш	dʒindi tʃalıʃ
loca (f)	жинди чалыш	dʒindi tʃalıʃ
volverse loco	мээси айныган	meesi ajnıgan

gen (m)	ген	gen
inmunidad (f)	иммунитет	immunitet
hereditario (adj)	тукум куучулук	tukum kuutʃuluk
de nacimiento (adj)	тубаса	tubasa

virus (m)	вирус	virus
microbio (m)	микроб	mikrob
bacteria (f)	бактерия	bakterija
infección (f)	жугуштуу илдет	dʒuguʃtuu ildet

74. Los síntomas. Los tratamientos. Unidad 3

| hospital (m) | оорукана | oorukana |
| paciente (m) | бейтап | bejtap |

diagnosis (f)	дарт аныктоо	dart anıktoo
cura (f)	дарылоо	darıloo
tratamiento (m)	дарылоо	darıloo
curarse (vr)	дарылануу	darılanuu
tratar (vt)	дарылоо	darıloo
cuidar (a un enfermo)	кароо	karoo
cuidados (m pl)	кароо	karoo

operación (f)	операция	operatsija
vendar (vt)	жараны таңуу	dʒaranı taŋuu
vendaje (m)	таңуу	taŋuu

vacunación (f)	эмдөө	emdøø
vacunar (vt)	эмдөө	emdøø
inyección (f)	ийне салуу	ijne saluu
aplicar una inyección	ийне сайдыруу	ijne sajdıruu

ataque (m)	оору кармап калуу	ooru karmap kaluu
amputación (f)	кесүү	kesyy
amputar (vt)	кесип таштоо	kesip taʃtoo
coma (m)	кома	koma
estar en coma	комада болуу	komada boluu
revitalización (f)	реанимация	reanimatsija

| recuperarse (vr) | сакаюу | sakajuu |
| estado (m) (de salud) | абал | abal |

71

| consciencia (f) | эсинде | esinde |
| memoria (f) | эс тутум | es tutum |

extraer (un diente)	тишти жулуу	tiʃti dʒuluu
empaste (m)	пломба	plomba
empastar (vt)	пломба салуу	plomba saluu

| hipnosis (f) | гипноз | gipnoz |
| hipnotizar (vt) | гипноз кылуу | gipnoz kıluu |

75. Los médicos

médico (m)	доктур	doktur
enfermera (f)	медсестра	medsestra
médico (m) personal	жекелик доктур	dʒekelik doktur

dentista (m)	тиш доктур	tiʃ doktur
oftalmólogo (m)	көз доктур	køz doktur
internista (m)	терапевт	terapevt
cirujano (m)	хирург	χirurg

psiquiatra (m)	психиатр	psiχiatr
pediatra (m)	педиатр	pediatr
psicólogo (m)	психолог	psiχolog
ginecólogo (m)	гинеколог	ginekolog
cardiólogo (m)	кардиолог	kardiolog

76. La medicina. Las drogas. Los accesorios

medicamento (m), droga (f)	дары-дармек	darı-darmek
remedio (m)	дары	darı
prescribir (vt)	жазып берүү	dʒazıp beryy
receta (f)	рецепт	retsept

tableta (f)	таблетка	tabletka
ungüento (m)	май	maj
ampolla (f)	ампула	ampula
mixtura (f), mezcla (f)	аралашма	aralaʃma
sirope (m)	сироп	sirop
píldora (f)	пилюля	pilɥlʲa
polvo (m)	күкүм	kykym

venda (f)	бинт	bint
algodón (m) (discos de ~)	пахта	paχta
yodo (m)	йод	jod

tirita (f), curita (f)	лейкопластырь	lejkoplastırʲ
pipeta (f)	дары тамызгыч	darı tamızgıtʃ
termómetro (m)	градусник	gradusnik
jeringa (f)	шприц	ʃprits
silla (f) de ruedas	майып арабасы	majıp arabası
muletas (f pl)	колтук таяк	koltuk tajak

72

anestésico (m)	оору сездирбөөчү дары	ooru sezdirbøøtʃy darı
purgante (m)	ич алдыруучу дары	itʃ aldıruutʃu darı
alcohol (m)	спирт	spirt
hierba (f) medicinal	дары чөптөр	darı tʃøptør
de hierbas (té ~)	чөп чайы	tʃøp tʃajı

77. El fumar. Los productos del tabaco

tabaco (m)	тамеки	tameki
cigarrillo (m)	чылым	tʃılım
cigarro (m)	чылым	tʃılım
pipa (f)	трубка	trubka
paquete (m)	пачке	patʃke

cerillas (f pl)	ширеңке	ʃireŋke
caja (f) de cerillas	ширеңке кутусу	ʃireŋke kutusu
encendedor (m)	зажигалка	zadʒigalka
cenicero (m)	күл салгыч	kyl salgıtʃ
pitillera (f)	портсигар	portsigar

| boquilla (f) | мундштук | mundʃtuk |
| filtro (m) | фильтр | filʲtr |

fumar (vi, vt)	тамеки тартуу	tameki tartuu
encender un cigarrillo	күйгүзүп алуу	kyjgyzyp aluu
tabaquismo (m)	чылым чегүү	tʃılım tʃegyy
fumador (m)	тамекичи	tamekitʃi

colilla (f)	чылым калдыгы	tʃılım kaldıgı
humo (m)	түтүн	tytyn
ceniza (f)	күл	kyl

EL AMBIENTE HUMANO

La ciudad

78. La ciudad. La vida en la ciudad

ciudad (f)	шаар	ʃaar
capital (f)	борбор	borbor
aldea (f)	кыштак	kɪʃtak
plano (m) de la ciudad	шаардын планы	ʃaardın planı
centro (m) de la ciudad	шаардын борбору	ʃaardın borboru
suburbio (m)	шаардын чет жакасы	ʃaardın ʧet ʤakası
suburbano (adj)	шаардын чет жакасындагы	ʃaardın ʧet ʤakasındagı
arrabal (m)	чет-жака	ʧet-ʤaka
afueras (f pl)	чет-жака	ʧet-ʤaka
barrio (m)	квартал	kvartal
zona (f) de viviendas	турак-жай кварталы	turak-ʤaj kvartalı
tráfico (m)	көчө кыймылы	køʧø kıjmılı
semáforo (m)	светофор	svetofor
transporte (m) urbano	шаар транспорту	ʃaar transportu
cruce (m)	кесилиш	kesiliʃ
paso (m) de peatones	жөө жүрүүчүлөр жолу	ʤøø ʤyryyʧylør ʤolu
paso (m) subterráneo	жер астындагы жол	ʤer astındagı ʤol
cruzar (vt)	жолду өтүү	ʤoldu øtyy
peatón (m)	жөө жүрүүчү	ʤøø ʤyryyʧy
acera (f)	жанжол	ʤanʤol
puente (m)	көпүрө	køpyrø
muelle (m)	жээк жол	ʤeek ʤol
fuente (f)	фонтан	fontan
alameda (f)	аллея	alleja
parque (m)	сейил багы	sejil bagı
bulevar (m)	бульвар	bulʲvar
plaza (f)	аянт	ajant
avenida (f)	проспект	prospekt
calle (f)	көчө	køʧø
callejón (m)	чолок көчө	ʧolok køʧø
callejón (m) sin salida	туюк көчө	tujʉk køʧø
casa (f)	үй	yj
edificio (m)	имарат	imarat
rascacielos (m)	көк тиреген көп кабаттуу үй	køk tiregen køp kabattuu yj

fachada (f)	үйдүн алды	yjdyn aldı
techo (m)	чатыр	ʧatır
ventana (f)	терезе	tereze
arco (m)	түркүк	tyrkyk
columna (f)	мамы	mamı
esquina (f)	бурч	burʧ

escaparate (f)	керсетме айнек үкөк	kørsøtmø ajnek ykøk
letrero (m) (~ luminoso)	кернек	kørnøk
cartel (m)	афиша	afiʃa
cartel (m) publicitario	кернек-жарнак	kørnøk-ʤarnak
valla (f) publicitaria	жарнамалык такта	ʤarnamalık takta

basura (f)	таштанды	taʃtandı
cajón (m) de basura	таштанды челек	taʃtandı ʧelek
tirar basura	таштоо	taʃtoo
basurero (m)	таштанды үйүлгөн жер	taʃtandı yjylgøn ʤer

cabina (f) telefónica	телефон будкасы	telefon budkası
farola (f)	чырак мамы	ʧırak mamı
banco (m) (del parque)	отургуч	oturguʧ

policía (m)	полиция кызматкери	politsija kızmatkeri
policía (f) (~ nacional)	полиция	politsija
mendigo (m)	кайырчы	kajırʧı
persona (f) sin hogar	селсаяк	selsajak

79. Las instituciones urbanas

tienda (f)	дүкөн	dykøn
farmacia (f)	дарыкана	darıkana
óptica (f)	оптика	optika
centro (m) comercial	соода борбору	sooda borboru
supermercado (m)	супермаркет	supermarket

panadería (f)	нан дүкөнү	nan dykøny
panadero (m)	навайчы	navajʧı
pastelería (f)	кондитердик дүкөн	konditerdik dykøn
tienda (f) de comestibles	азык-түлүк	azık-tylyk
carnicería (f)	эт дүкөнү	et dykøny

| verdulería (f) | жашылча дүкөнү | ʤaʃılʧa dykøny |
| mercado (m) | базар | bazar |

cafetería (f)	кофекана	kofekana
restaurante (m)	ресторан	restoran
cervecería (f)	сыракана	sırakana
pizzería (f)	пиццерия	pitserija

peluquería (f)	чач тарач	ʧaʧ taraʧ
oficina (f) de correos	почта	potʧta
tintorería (f)	химиялык тазалоо	ximijalık tazaloo
estudio (m) fotográfico	фотоателье	fotoatelje
zapatería (f)	бут кийим дүкөнү	but kijim dykøny

librería (f)	китеп дүкөнү	kitep dykøny
tienda (f) deportiva	спорт буюмдар дүкөнү	sport bujumdar dykøny
arreglos (m pl) de ropa	кийим ондоочу жай	kijim ondooʧu ʤaj
alquiler (m) de ropa	кийимди ижарага берүү	kijimdi idʒaraga beryy
videoclub (m)	тасмаларды ижарага берүү	tasmalardı idʒaraga beryy
circo (m)	цирк	tsırk
zoo (m)	зоопарк	zoopark
cine (m)	кинотеатр	kinoteatr
museo (m)	музей	muzej
biblioteca (f)	китепкана	kitepkana
teatro (m)	театр	teatr
ópera (f)	опера	opera
club (m) nocturno	түнкү клуб	tynky klub
casino (m)	казино	kazino
mezquita (f)	мечит	meʧit
sinagoga (f)	синагога	sinagoga
catedral (f)	чоң чиркөө	ʧoŋ ʧirkøø
templo (m)	ибадаткана	ibadatkana
iglesia (f)	чиркөө	ʧirkøø
instituto (m)	коллеж	kolledʒ
universidad (f)	университет	universitet
escuela (f)	мектеп	mektep
prefectura (f)	префектура	prefektura
alcaldía (f)	мэрия	merija
hotel (m)	мейманкана	mejmankana
banco (m)	банк	bank
embajada (f)	элчилик	elʧilik
agencia (f) de viajes	турагенттиги	turagenttigi
oficina (f) de información	маалымат бюросу	maalımat burosu
oficina (f) de cambio	алмаштыруу пункту	almaʃtıruu punktu
metro (m)	метро	metro
hospital (m)	оорукана	oorukana
gasolinera (f)	май куюучу станция	maj kujuutʃu stantsija
aparcamiento (m)	унаа токтоочу жай	unaa toktootʃu ʤaj

80. Los avisos

letrero (m) (~ luminoso)	көрнөк	kørnøk
cartel (m) (texto escrito)	жазуу	dʒazuu
pancarta (f)	көрнөк	kørnøk
signo (m) de dirección	көрсөткүч	kørsøtkytʃ
flecha (f) (signo)	жебе	dʒebe
advertencia (f)	эскертме	ekertme
aviso (m)	эскертүү белгиси	eskertyy belgisi

advertir (vt)	эскертүү	eskertyy
día (m) de descanso	дем алыш күн	dem alıʃ kyn
horario (m)	ырааттама	ıraattama
horario (m) de apertura	иш сааттары	iʃ saattarı

¡BIENVENIDOS!	КОШ КЕЛИҢИЗДЕР!	koʃ keliŋizder!
ENTRADA	КИРҮҮ	kiryy
SALIDA	ЧЫГУУ	tʃıguu

EMPUJAR	ӨЗҮҢҮЗДӨН ТҮРТҮҢҮЗ	øzyŋyzdøn tyrtyŋyz
TIRAR	ӨЗҮҢҮЗГӨ ТАРТЫҢЫЗ	øzyŋyzgø tartıŋız
ABIERTO	АЧЫК	atʃık
CERRADO	ЖАБЫК	dʒabık

MUJERES	АЙЫМДАР ҮЧҮН	ajımdar ytʃyn
HOMBRES	ЭРКЕКТЕР ҮЧҮН	erkekter ytʃyn

REBAJAS	АРЗАНДАТУУЛАР	arzandatuular
SALDOS	САТЫП ТҮГӨТҮҮ	satıp tygøtyy
NOVEDAD	СААМАЛЫК!	saamalık!
GRATIS	БЕКЕР	beker

¡ATENCIÓN!	КӨҢҮЛ БУРУҢУЗ!	køŋyl buruŋuz!
COMPLETO	ОРУН ЖОК	orun dʒok
RESERVADO	КАМДЫК БУЙРУТМАЛАГАН	kamdık bujrutmalagan

ADMINISTRACIÓN SÓLO PERSONAL AUTORIZADO	АДМИНИСТРАЦИЯ ЖААМАТ ҮЧҮН ГАНА	administratsija dʒaamat ytʃyn gana

CUIDADO CON EL PERRO	КАБАНААК ИТ	kabanaak it
PROHIBIDO FUMAR	ТАМЕКИ ЧЕГҮҮГӨ БОЛБОЙТ!	tameki tʃegyygø bolbojt!
NO TOCAR	КОЛУҢАР МЕНЕН КАРМАБАГЫЛА!	koluŋar menen karmabagıla!

PELIGROSO	КООПТУУ	kooptuu
PELIGRO	КОРКУНУЧ	korkunutʃ
ALTA TENSIÓN	ЖОГОРКУ ЧЫҢАЛУУ	dʒogorku tʃıŋaluu
PROHIBIDO BAÑARSE	СУУГА ТУШҮҮГӨ БОЛБОЙТ	suuga tyʃyygø bolbojt
NO FUNCIONA	ИШТЕБЕЙТ	iʃtebejt

INFLAMABLE	ӨРТ ЧЫГУУ КОРКУНУЧУ	ørt tʃıguu korkunutʃu
PROHIBIDO	ТЫЮУ САЛЫНГАН	tıjuu salıngan
PROHIBIDO EL PASO	ӨТҮҮГӨ БОЛБОЙТ	øtyygø bolbojt
RECIÉN PINTADO	СЫРДАЛГАН	sırdalgan

81. El transporte urbano

autobús (m)	автобус	avtobus
tranvía (m)	трамвай	tramvaj
trolebús (m)	троллейбус	trollejbus

| itinerario (m) | каттам | kattam |
| número (m) | номер | nomer |

ir en ...	... жүргү	... dʒyryy
tomar (~ el autobús)	... отуруу	... oturuu
bajar (~ del tren)	... түшүп калуу	... tyʃyp kaluu

parada (f)	аялдама	ajaldama
próxima parada (f)	кийинки аялдама	kijinki ajaldama
parada (f) final	акыркы аялдама	akırkı ajaldama
horario (m)	ырааттама	ıraattama
esperar (aguardar)	күтүү	kytyy

| billete (m) | билет | bilet |
| precio (m) del billete | билеттин баасы | bilettin baası |

cajero (m)	кассир	kassir
control (m) de billetes	текшерүү	tekʃeryy
cobrador (m)	текшерүүчү	tekʃeryytʃy

llegar tarde (vi)	кечигүү	ketʃigyy
perder (~ el tren)	кечигип калуу	ketʃigip kaluu
tener prisa	шашуу	ʃaʃuu

taxi (m)	такси	taksi
taxista (m)	такси айдоочу	taksi ajdootʃu
en taxi	таксиде	takside
parada (f) de taxi	такси токтоочу жай	taksi toktootʃu dʒaj
llamar un taxi	такси чакыруу	taksi tʃakıruu
tomar un taxi	такси кармоо	taksi karmoo

tráfico (m)	көчө кыймылы	køtʃø kıjmılı
atasco (m)	тыгын	tıgın
horas (f pl) de punta	кызуу маал	kızuu maal
aparcar (vi)	токтотуу	toktotuu
aparcar (vt)	машинаны жайлаштыруу	maʃinanı dʒajlaʃtıruu
aparcamiento (m)	унаа токтоочу жай	unaa toktootʃu dʒaj

metro (m)	метро	metro
estación (f)	бекет	beket
ir en el metro	метродо жүргү	metrodo dʒyryy
tren (m)	поезд	poezd
estación (f)	вокзал	vokzal

82. La exploración del paisaje

monumento (m)	эстелик	estelik
fortaleza (f)	чеп	tʃep
palacio (m)	сарай	saraj
castillo (m)	сепил	sepil
torre (f)	мунара	munara
mausoleo (m)	күмбөз	kymbøz
arquitectura (f)	архитектура	arχitektura
medieval (adj)	орто кылымдык	orto kılımdık

antiguo (adj)	байыркы	bajırkı
nacional (adj)	улуттук	uluttuk
conocido (adj)	таанымал	taanımal
turista (m)	турист	turist
guía (m) (persona)	гид	gid
excursión (f)	экскурсия	ekskursija
mostrar (vt)	көрсөтүү	kørsøtyy
contar (una historia)	айтып берүү	ajtıp beryy
encontrar (hallar)	табуу	tabuu
perderse (vr)	адашып кетүү	adaʃıp ketyy
plano (m) (~ de metro)	схема	sχema
mapa (m) (~ de la ciudad)	план	plan
recuerdo (m)	асембелек	asembelek
tienda (f) de regalos	асембелек дүкөнү	asembelek dykøny
hacer fotos	сүрөткө тартуу	syrøtkø tartuu
fotografiarse (vr)	сүрөткө түшүү	syrøtkø tyʃyy

83. Las compras

comprar (vt)	сатып алуу	satıp aluu
compra (f)	сатып алуу	satıp aluu
hacer compras	сатып алууга чыгуу	satıp aluuga ʧıguu
compras (f pl)	базарчылоо	bazarʧıloo
estar abierto (tienda)	иштөө	iʃtøø
estar cerrado	жабылуу	dʒabıluu
calzado (m)	бут кийим	but kijim
ropa (f), vestido (m)	кийим-кече	kijim-ketʃe
cosméticos (m pl)	упа-эндик	upa-endik
productos alimenticios	азык-түлүк	azık-tylyk
regalo (m)	белек	belek
vendedor (m)	сатуучу	satuuʧu
vendedora (f)	сатуучу кыз	satuuʧu kız
caja (f)	касса	kassa
espejo (m)	күзгү	kyzgy
mostrador (m)	прилавок	prilavok
probador (m)	кийим ченөөчү бөлмө	kijim ʧenøøʧy bølmø
probar (un vestido)	кийим ченөө	kijim ʧenøø
quedar (una ropa, etc.)	ылайык келүү	ılajık kelyy
gustar (vi)	жактыруу	dʒaktıruu
precio (m)	баа	baa
etiqueta (f) de precio	баа	baa
costar (vt)	туруу	turuu
¿Cuánto?	Канча?	kanʧa?
descuento (m)	арзандатуу	arzandatuu
no costoso (adj)	кымбат эмес	kımbat emes

barato (adj)	арзан	arzan
caro (adj)	кымбат	kımbat
Es caro	Бул кымбат	bul kımbat

alquiler (m)	ижара	idʒara
alquilar (vt)	ижарага алуу	idʒaraga aluu
crédito (m)	насыя	nasıja
a crédito (adv)	насыяга алуу	nasıjaga aluu

84. El dinero

dinero (m)	акча	aktʃa
cambio (m)	алмаштыруу	almaʃtıruu
curso (m)	курс	kurs
cajero (m) automático	банкомат	bankomat
moneda (f)	тыйын	tıjın

dólar (m)	доллар	dollar
euro (m)	евро	evro

lira (f)	италиялык лира	italijalık lira
marco (m) alemán	немис маркасы	nemis markası
franco (m)	франк	frank
libra esterlina (f)	фунт стерлинг	funt sterling
yen (m)	йена	jena

deuda (f)	карыз	karız
deudor (m)	карыздар	karızdar
prestar (vt)	карызга берүү	karızga beryy
tomar prestado	карызга алуу	karızga aluu

banco (m)	банк	bank
cuenta (f)	эсеп	esep
ingresar (~ en la cuenta)	салуу	saluu
ingresar en la cuenta	эсепке акча салуу	esepke aktʃa saluu
sacar de la cuenta	эсептен акча чыгаруу	esepten aktʃa tʃıgaruu

tarjeta (f) de crédito	насыя картасы	nasıja kartası
dinero (m) en efectivo	накталай акча	naktalaj aktʃa
cheque (m)	чек	tʃek
sacar un cheque	чек жазып берүү	tʃek dʒazıp beryy
talonario (m)	чек китепчеси	tʃek kiteptʃesi

cartera (f)	намыян	namıjan
monedero (m)	капчык	kaptʃık
caja (f) fuerte	сейф	sejf

heredero (m)	мураскер	murasker
herencia (f)	мурас	muras
fortuna (f)	мүлк	mylk

arriendo (m)	ижара	idʒara
alquiler (m) (dinero)	батир акысы	batir akısı
alquilar (~ una casa)	батирге алуу	batirge aluu

precio (m)	баа	baa
coste (m)	баа	baa
suma (f)	сумма	summa

gastar (vt)	коротуу	korotuu
gastos (m pl)	чыгым	tʃıgım
economizar (vi, vt)	үнөмдөө	ynømdøø
económico (adj)	сарамжал	saramdʒal

pagar (vi, vt)	төлөө	tøløø
pago (m)	акы төлөө	akı tøløø
cambio (m) (devolver el ~)	кайтарылган майда акча	kajtarılgan majda aktʃa

impuesto (m)	салык	salık
multa (f)	айып	ajıp
multar (vt)	айып пул салуу	ajıp pul saluu

85. La oficina de correos

oficina (f) de correos	почта	potʃta
correo (m) (cartas, etc.)	почта	potʃta
cartero (m)	кат ташуучу	kat taʃuutʃu
horario (m) de apertura	иш сааттары	iʃ saattarı

carta (f)	кат	kat
carta (f) certificada	тапшырык кат	tapʃırık kat
tarjeta (f) postal	открытка	otkrıtka
telegrama (m)	телеграмма	telegramma
paquete (m) postal	посылка	posılka
giro (m) postal	акча которуу	aktʃa kotoruu

recibir (vt)	алуу	aluu
enviar (vt)	жөнөтүү	dʒønøtyy
envío (m)	жөнөтүү	dʒønøtyy

dirección (f)	дарек	darek
código (m) postal	индекс	indeks
expedidor (m)	жөнөтүүчү	dʒønøtyytʃy
destinatario (m)	алуучу	aluutʃu

| nombre (m) | аты | atı |
| apellido (m) | фамилиясы | familijası |

tarifa (f)	тариф	tarif
ordinario (adj)	жөнөкөй	dʒønøkøj
económico (adj)	үнөмдүү	ynømdyy

peso (m)	салмак	salmak
pesar (~ una carta)	таразалоо	tarazaloo
sobre (m)	конверт	konvert
sello (m)	марка	marka
poner un sello	марка жабыштыруу	marka dʒabıʃtıruu

La vivienda. La casa. El hogar

86. La casa. La vivienda

casa (f)	үй	yj
en casa (adv)	үйүндө	yjyndø
patio (m)	эшик	eʃik
verja (f)	тосмо	tosmo
ladrillo (m)	кыш	kɪʃ
de ladrillo (adj)	кыштан	kɪʃtan
piedra (f)	таш	taʃ
de piedra (adj)	таш	taʃ
hormigón (m)	бетон	beton
de hormigón (adj)	бетон	beton
nuevo (adj)	жаңы	dʒaŋɪ
viejo (adj)	эски	eski
deteriorado (adj)	эскирген	eskirgen
moderno (adj)	заманбап	zamanbap
de muchos pisos	көп кабаттуу	køp kabattuu
alto (adj)	бийик	bijik
piso (m)	кабат	kabat
de un solo piso	бир кабаттуу	bir kabat
piso (m) bajo	ылдыйкы этаж	ɪldɪjkɪ etadʒ
piso (m) alto	үстүңкү этаж	ystyŋky etadʒ
techo (m)	чатыр	tʃatɪr
chimenea (f)	мор	mor
tejas (f pl)	чатыр карапа	tʃatɪr karapa
de tejas (adj)	карапалуу	karapaluu
desván (m)	чердак	tʃerdak
ventana (f)	терезе	tereze
vidrio (m)	айнек	ajnek
alféizar (m)	текче	tektʃe
contraventanas (f pl)	терезе жапкычы	tereze dʒapkɪtʃɪ
pared (f)	дубал	dubal
balcón (m)	балкон	balkon
gotera (f)	суу аккан түтүк	suu akkan tytyk
arriba (estar ~)	өйдө	øjdø
subir (vi)	көтөрүлүү	køtørylyy
descender (vi)	ылдый түшүү	ɪldɪj tyʃyy
mudarse (vr)	көчүү	køtʃyy

87. La casa. La entrada. El ascensor

entrada (f)	подъезд	pod'jezd
escalera (f)	тепкич	tepkitʃ
escalones (m)	тепкичтер	tepkitʃter
baranda (f)	тосмо	tosmo
vestíbulo (m)	холл	χoll
buzón (m)	почта ящиги	potʃta jaʃʧigi
contenedor (m) de basura	таштанды челеги	taʃtandı tʃelegi
bajante (f) de basura	таштанды түтүгү	taʃtandı tytygy
ascensor (m)	лифт	lift
ascensor (m) de carga	жүк ташуучу лифт	dʒyk taʃuutʃu lift
cabina (f)	кабина	kabina
ir en el ascensor	лифтке түшүү	liftke tyʃyy
apartamento (m)	батир	batir
inquilinos (m)	жашоочулар	dʒaʃootʃular
vecino (m)	кошуна	koʃuna
vecina (f)	кошуна	koʃuna
vecinos (m pl)	кошуналар	koʃunalar

88. La casa. La electricidad

electricidad (f)	электр кубаты	elektr kubatı
bombilla (f)	чырак	tʃırak
interruptor (m)	өчүргүч	øtʃyrgytʃ
fusible (m)	эриме сактагыч	erime saktagıtʃ
hilo (m) (~ eléctrico)	зым	zım
instalación (f) eléctrica	электр зымы	elektr zımı
contador (m) de luz	электр эсептегич	elektr eseptegitʃ
lectura (f) (~ del contador)	көрсөтүү ченем	kørsøtyy tʃenem

89. La casa. Las puertas. Los candados

puerta (f)	эшик	eʃik
portón (m)	дарбаза	darbaza
tirador (m)	тутка	tutka
abrir el cerrojo	кулпусун ачуу	kulpusun atʃuu
abrir (vt)	ачуу	atʃuu
cerrar (vt)	жабуу	dʒabuu
llave (f)	ачкыч	atʃkıtʃ
manojo (m) de llaves	ачкычтар тизмеси	atʃkıtʃtar tizmesi
crujir (vi)	кычыратуу	kıtʃıratuu
crujido (m)	чыйкылдоо	tʃıjkıldoo
gozne (m)	петля	petlʲa
felpudo (m)	килемче	kilemtʃe
cerradura (f)	кулпу	kulpu

ojo (m) de cerradura	кулпу тешиги	kulpu teʃigi
cerrojo (m)	бекитме	bekitme
pestillo (m)	тээк	teek
candado (m)	асма кулпу	asma kulpu

tocar el timbre	чалуу	tʃaluu
campanillazo (f)	шыӈгыраш	ʃɪŋgɪraʃ
timbre (m)	конгуроо	konguroo
botón (m)	конгуроо баскычы	konguroo baskɪtʃɪ
llamada (f)	такылдатуу	takɪldatuu
llamar (vi)	такылдатуу	takɪldatuu

código (m)	код	kod
cerradura (f) de contraseña	код кулпусу	kod kulpusu
telefonillo (m)	домофон	domofon
número (m)	номер	nomer
placa (f) de puerta	тактача	taktatʃa
mirilla (f)	көзчө	køztʃø

90. La casa de campo

aldea (f)	кыштак	kɪʃtak
huerta (f)	чарбак	tʃarbak
empalizada (f)	тосмо	tosmo
valla (f)	кашаа	kaʃaa
puertecilla (f)	каалга	kaalga

granero (m)	кампа	kampa
sótano (m)	ороо	oroo
cobertizo (m)	сарай	saraj
pozo (m)	кудук	kuduk

estufa (f)	меш	meʃ
calentar la estufa	меш жагуу	meʃ dʒaguu
leña (f)	отун	otun
leño (m)	бир кертим жыгач	bir kertim dʒɪgatʃ

veranda (f)	веранда	veranda
terraza (f)	терасса	terassa
porche (m)	босого	bosogo
columpio (m)	селкинчек	selkintʃek

91. La villa. La mansión

casa (f) de campo	шаар четиндеги үй	ʃaar tʃetindegi yj
villa (f)	вилла	villa
ala (f)	канат	kanat

jardín (m)	бакча	baktʃa
parque (m)	сейил багы	sejil bagɪ
invernadero (m) tropical	күнөскана	kynøskana
cuidar (~ el jardín, etc.)	кароо	karoo

piscina (f)	бассейн	bassejn
gimnasio (m)	машыгуу залы	maʃɨguu zalɨ
cancha (f) de tenis	теннис корту	tennis kortu
sala (f) de cine	кинотеатр	kinoteatr
garaje (m)	гараж	garadʒ

| propiedad (f) privada | жеке менчик | dʒeke mentʃik |
| terreno (m) privado | жеке ээликте | dʒeke eelikte |

| advertencia (f) | эскертүү | eskertyy |
| letrero (m) de aviso | эскертүү белгиси | eskertyy belgisi |

seguridad (f)	күзөт	kyzøt
guardia (m) de seguridad	кароолчу	karooltʃu
alarma (f) antirrobo	сигнализация	signalizatsija

92. El castillo. El palacio

castillo (m)	сепил	sepil
palacio (m)	сарай	saraj
fortaleza (f)	чеп	tʃep
muralla (f)	дубал	dubal
torre (f)	мунара	munara
torre (f) principal	баш мунара	baʃ munara

rastrillo (m)	көтөрүлүүчү дарбаза	køtørylyytʃy darbaza
pasaje (m) subterráneo	жер астындагы жол	dʒer astɨndagɨ dʒol
foso (m) del castillo	сепил аңгеги	sepil aŋgegi
cadena (f)	чынжыр	tʃɨndʒɨr
aspillera (f)	атуучу тешик	atuutʃu teʃik

magnífico (adj)	сонун	sonun
majestuoso (adj)	даңазалуу	daŋazaluu
inexpugnable (adj)	бекем чеп	bekem tʃep
medieval (adj)	орто кылымдык	orto kɨlɨmdɨk

93. El apartamento

apartamento (m)	батир	batir
habitación (f)	бөлмө	bølmø
dormitorio (m)	уктоочу бөлмө	uktootʃu bølmø
comedor (m)	ашкана	aʃkana
salón (m)	конок үйү	konok yjy
despacho (m)	иш бөлмөсү	iʃ bølmøsy

antecámara (f)	кире бериш	kire beriʃ
cuarto (m) de baño	ванная	vannaja
servicio (m)	даараткана	daaratkana

techo (m)	шып	ʃɨp
suelo (m)	пол	pol
rincón (m)	бурч	burtʃ

94. El apartamento. La limpieza

hacer la limpieza	жыйноо	dʒɪjnoo
quitar (retirar)	жыйноо	dʒɪjnoo
polvo (m)	чаң	tʃaŋ
polvoriento (adj)	чаң баскан	tʃaŋ baskan
limpiar el polvo	чаң сүртүү	tʃaŋ syrtyy
aspirador (m)	чаң соргуч	tʃaŋ sorgutʃ
limpiar con la aspiradora	чаң сордуруу	tʃaŋ sorduruu
barrer (vi, vt)	шыпыруу	ʃɪpɪruu
barreduras (f pl)	шыпырынды	ʃɪpɪrɪndɪ
orden (m)	иреттелген	irettelgen
desorden (m)	чачылган	tʃatʃɪlgan
fregona (f)	швабра	ʃvabra
trapo (m)	чүпүрөк	tʃypyrøk
escoba (f)	шыпыргы	ʃɪpɪrgɪ
cogedor (m)	калак	kalak

95. Los muebles. El interior

muebles (m pl)	эмерек	emerek
mesa (f)	стол	stol
silla (f)	стул	stul
cama (f)	керебет	kerebet
sofá (m)	диван	divan
sillón (m)	олпок отургуч	olpok oturgutʃ
librería (f)	китеп шкафы	kitep ʃkafɪ
estante (m)	текче	tektʃe
armario (m)	шкаф	ʃkaf
percha (f)	кийим илгич	kijim ilgitʃ
perchero (m) de pie	кийим илгич	kijim ilgitʃ
cómoda (f)	комод	komod
mesa (f) de café	журнал столу	dʒurnal stolu
espejo (m)	күзгү	kyzgy
tapiz (m)	килем	kilem
alfombra (f)	килемче	kilemtʃe
chimenea (f)	очок	otʃok
candela (f)	шам	ʃam
candelero (m)	шамдал	ʃamdal
cortinas (f pl)	парда	parda
empapelado (m)	туш кагаз	tuʃ kagaz
estor (m) de láminas	жалюзи	dʒaldʒʉzi
lámpara (f) de mesa	стол чырагы	stol tʃɪragɪ
candil (m)	чырак	tʃɪrak

lámpara (f) de pie	торшер	torʃer
lámpara (f) de araña	асма шам	asma ʃam

pata (f) (~ de la mesa)	бут	but
brazo (m)	чыканак такооч	tʃɪkanak takootʃ
espaldar (m)	жөлөнгүч	dʒøløngytʃ
cajón (m)	суурма	suurma

96. Los accesorios de la cama

ropa (f) de cama	шейшеп	ʃejʃep
almohada (f)	жаздык	dʒazdɪk
funda (f)	жаздык кап	dʒazdɪk kap
manta (f)	жууркан	dʒuurkan
sábana (f)	шейшеп	ʃejʃep
sobrecama (f)	жапкыч	dʒapkɪtʃ

97. La cocina

cocina (f)	ашкана	aʃkana
gas (m)	газ	gaz
cocina (f) de gas	газ плитасы	gaz plitası
cocina (f) eléctrica	электр плитасы	elektr plitası
horno (m)	духовка	duxovka
horno (m) microondas	микротолкун меши	mikrotolkun meʃi

frigorífico (m)	муздаткыч	muzdatkɪtʃ
congelador (m)	тоңдургуч	toŋdurgutʃ
lavavajillas (m)	идиш жуучу машина	idiʃ dʒuutʃu maʃina

picadora (f) de carne	эт туурагыч	et tuuragɪtʃ
exprimidor (m)	шире сыккыч	ʃire sɪkkɪtʃ
tostador (m)	тостер	toster
batidora (f)	миксер	mikser

cafetera (f) (aparato de cocina)	кофе кайнаткыч	kofe kajnatkɪtʃ
cafetera (f) (para servir)	кофе кайнатуучу идиш	kofe kajnatuutʃu idiʃ
molinillo (m) de café	кофе майдалагыч	kofe majdalagɪtʃ

hervidor (m) de agua	чайнек	tʃajnek
tetera (f)	чайнек	tʃajnek
tapa (f)	капкак	kapkak
colador (m) de té	чыпка	tʃɪpka

cuchara (f)	кашык	kaʃik
cucharilla (f)	чай кашык	tʃaj kaʃik
cuchara (f) de sopa	аш кашык	aʃ kaʃik
tenedor (m)	вилка	vilka
cuchillo (m)	бычак	bɪtʃak
vajilla (f)	идиш-аяк	idiʃ-ajak
plato (m)	табак	tabak

platillo (m)	табак	tabak
vaso (m) de chupito	рюмка	rumka
vaso (m) (~ de agua)	ыстакан	ıstakan
taza (f)	чөйчөк	tʃøjtʃøk

azucarera (f)	кум шекер салгыч	kum ʃeker salgıtʃ
salero (m)	туз салгыч	tuz salgıtʃ
pimentero (m)	мурч салгыч	murtʃ salgıtʃ
mantequera (f)	май салгыч	maj salgıtʃ

cacerola (f)	мискей	miskej
sartén (f)	табак	tabak
cucharón (m)	чөмүч	tʃømytʃ
colador (m)	депкир	depkir
bandeja (f)	батыныс	batınıs

botella (f)	бөтөлкө	børtølkø
tarro (m) de vidrio	банка	banka
lata (f) de hojalata	банка	banka

abrebotellas (m)	ачкыч	atʃkıtʃ
abrelatas (m)	ачкыч	atʃkıtʃ
sacacorchos (m)	штопор	ʃtopor
filtro (m)	чыпка	tʃıpka
filtrar (vt)	чыпкалоо	tʃıpkaloo

| basura (f) | таштанды | taʃtandı |
| cubo (m) de basura | таштанды чака | taʃtandı tʃaka |

98. El baño

cuarto (m) de baño	ванная	vannaja
agua (f)	суу	suu
grifo (m)	чорго	tʃorgo
agua (f) caliente	ысык суу	ısık suu
agua (f) fría	муздак суу	muzdak suu

pasta (f) de dientes	тиш пастасы	tiʃ pastası
limpiarse los dientes	тиш жуу	tiʃ dʒuu
cepillo (m) de dientes	тиш щёткасы	tiʃ ʃtʃotkası

afeitarse (vr)	кырынуу	kırınuu
espuma (f) de afeitar	кырынуу үчүн көбүк	kırınuu ytʃyn købyk
maquinilla (f) de afeitar	устара	ustara

lavar (vt)	жуу	dʒuu
darse un baño	жуунуу	dʒuunuu
ducha (f)	душ	duʃ
darse una ducha	душка түшүү	duʃka tyʃyy

baño (m)	ванна	vanna
inodoro (m)	унитаз	unitaz
lavabo (m)	раковина	rakovina
jabón (m)	самын	samın

jabonera (f)	самын салгыч	samın salgıtʃ
esponja (f)	губка	gubka
champú (m)	шампунь	ʃampunʲ
toalla (f)	сүлгү	sylgy
bata (f) de baño	халат	χalat

colada (f), lavado (m)	кир жуу	kir dʒuu
lavadora (f)	кир жуучу машина	kir dʒuutʃu maʃina
lavar la ropa	кир жуу	kir dʒuu
detergente (m) en polvo	кир жуучу порошок	kir dʒuutʃu poroʃok

99. Los aparatos domésticos

televisor (m)	сыналгы	sınalgı
magnetófono (m)	магнитофон	magnitofon
vídeo (m)	видеомагнитофон	videomagnitofon
radio (f)	үналгы	ynalgı
reproductor (m) (~ MP3)	плеер	pleer

proyector (m) de vídeo	видеопроектор	videoproektor
sistema (m) home cinema	үй кинотеатры	yj kinoteatrı
reproductor (m) de DVD	DVD ойноткуч	dividi ojnotkutʃ
amplificador (m)	күчөткүч	kytʃøtkytʃ
videoconsola (f)	оюн приставкасы	ojʉn pristavkası

cámara (f) de vídeo	видеокамера	videokamera
cámara (f) fotográfica	фотоаппарат	fotoapparat
cámara (f) digital	санарип камерасы	sanarip kamerası

aspirador (m)	чаң соргуч	tʃaŋ sorgutʃ
plancha (f)	үтүк	ytyk
tabla (f) de planchar	үтүктөөчү тактай	ytyktøøtʃy taktaj

teléfono (m)	телефон	telefon
teléfono (m) móvil	мобилдик	mobildik
máquina (f) de escribir	машинка	maʃinka
máquina (f) de coser	кийим тигүүчү машинка	kijim tigyytʃy maʃinka

micrófono (m)	микрофон	mikrofon
auriculares (m pl)	кулакчын	kulaktʃın
mando (m) a distancia	пульт	pulʲt

CD (m)	CD, компакт-диск	sidi, kompakt-disk
casete (m)	кассета	kasseta
disco (m) de vinilo	пластинка	plastinka

100. Los arreglos. La renovación

renovación (f)	ремонт	remont
renovar (vt)	ремонт жасоо	remont dʒasoo
reparar (vt)	оңдоо	oŋdoo
poner en orden	иретке келтирүү	iretke keltiryy

rehacer (vt)	кайра жасатуу	kajra dʒasatuu
pintura (f)	сыр	sır
pintar (las paredes)	боео	boeo
pintor (m)	боекчу	boektʃu
brocha (f)	кисть	kistʲ

cal (f)	акиташ	akitaʃ
encalar (vt)	актоо	aktoo

empapelado (m)	туш кагаз	tuʃ kagaz
empapelar (vt)	туш кагаз менен чаптоо	tuʃ kagaz menen tʃaptoo
barniz (m)	лак	lak
cubrir con barniz	лак менен жабуу	lak menen dʒabuu

101. La plomería

agua (f)	суу	suu
agua (f) caliente	ысык суу	ısık suu
agua (f) fría	муздак суу	muzdak suu
grifo (m)	чорго	tʃorgo

gota (f)	тамчы	tamtʃı
gotear (el grifo)	тамчылоо	tamtʃıloo
gotear (cañería)	агуу	aguu
escape (f) de agua	суу өтүү	suu øtyy
charco (m)	көлчүк	køltʃyk

tubo (m)	түтүк	tytyk
válvula (f)	чорго	tʃorgo
estar atascado	тыгылуу	tıgıluu

instrumentos (m pl)	аспаптар	aspaptar
llave (f) inglesa	бурама ачкыч	burama atʃkıtʃ
destornillar (vt)	бурап чыгаруу	burap tʃıgaruu
atornillar (vt)	бурап бекитүү	burap bekityy

desatascar (vt)	тазалоо	tazaloo
fontanero (m)	сантехник	santeχnik
sótano (m)	жер асты	dʒer astı
alcantarillado (m)	канализация	kanalizatsija

102. El fuego. El Incendio

fuego (m)	өрт	ørt
llama (f)	жалын	dʒalın
chispa (f)	учкун	utʃkun
humo (m)	түтүн	tytyn
antorcha (f)	шамана	ʃamana
hoguera (f)	от	ot

gasolina (f)	күйүүчү май	kyjyytʃy may
queroseno (m)	керосин	kerosin

inflamable (adj)	күйүүчү	kyjyyʧy
explosivo (adj)	жарылуу коркунучу	dʒarıluu korkunuʧu
PROHIBIDO FUMAR	ТАМЕКИ ЧЕГҮҮГѲ БОЛБОЙТ!	tameki ʧegyygø bolbojt!

seguridad (f)	коопсуз	koopsuz
peligro (m)	коркунуч	korkunuʧ
peligroso (adj)	кооптуу	kooptuu

prenderse fuego	от алуу	ot aluu
explosión (f)	жарылуу	dʒarıluu
incendiar (vt)	өрттөө	ørttøø
incendiario (m)	өрттөөчү	ørttøøʧy
incendio (m) provocado	өрттөө	ørttøø

estar en llamas	жалындап күйүү	dʒalındap kyjyy
arder (vi)	күйүү	kyjyy
incendiarse (vr)	күйүп кетүү	kyjyp ketyy

llamar a los bomberos	өрт өчүргүчтөрдү чакыруу	ørt øʧyrgyʧtørdy ʧakıruu
bombero (m)	өрт өчүргүч	ørt øʧyrgyʧ
coche (m) de bomberos	өрт өчүрүүчү машина	ørt øʧyryyʧy maʃina
cuerpo (m) de bomberos	өрт өчүрүү командасы	ørt øʧyryy komandası
escalera (f) telescópica	өрт өчүрүүчү шаты	ørt øʧyryyʧy ʃatı

manguera (f)	шланг	ʃlang
extintor (m)	өрт өчүргүч	ørt øʧyrgyʧ
casco (m)	каска	kaska
sirena (f)	сирена	sirena

gritar (vi)	айгай салуу	ajgaj saluu
pedir socorro	жардамга чакыруу	dʒardamga ʧakıruu
socorrista (m)	куткаруучу	kutkaruuʧu
salvar (vt)	куткаруу	kutkaruu

llegar (vi)	келүү	kelyy
apagar (~ el incendio)	өчүрүү	øʧyryy
agua (f)	суу	suu
arena (f)	кум	kum

ruinas (f pl)	уранды	urandı
colapsarse (vr)	уроо	uroo
hundirse (vr)	кулоо	kuloo
derrumbarse (vr)	урап тушүү	urap tuʃyy

| trozo (m) (~ del muro) | сынык | sınık |
| ceniza (f) | күл | kyl |

| morir asfixiado | тумчугуу | tumʧuguu |
| perecer (vi) | өлүү | ølyy |

LAS ACTIVIDADES DE LA GENTE

El trabajo. Los negocios. Unidad 1

103. La oficina. El trabajo de oficina

oficina (f)	офис	ofis
despacho (m)	кабинет	kabinet
recepción (f)	кабыл алуу катчысы	kabıl aluu kattʃısı
secretario (m)	катчы	kattʃı
secretaria (f)	катчы аял	kattʃı ajal
director (m)	директор	direktor
manager (m)	башкаруучу	baʃkaruutʃu
contable (m)	бухгалтер	buχgalter
colaborador (m)	кызматкер	kızmatker
muebles (m pl)	эмерек	emerek
escritorio (m)	стол	stol
silla (f)	кресло	kreslo
cajonera (f)	үкөк	ykøk
perchero (m) de pie	кийим илгич	kijim ilgitʃ
ordenador (m)	компьютер	kompjʉter
impresora (f)	принтер	printer
fax (m)	факс	faks
fotocopiadora (f)	көчүргүүчү аппарат	køtʃyryytʃy apparat
papel (m)	кагаз	kagaz
papelería (f)	кеңсе буюмдары	keŋse bujʉmdarı
alfombrilla (f) para ratón	килемче	kilemtʃe
hoja (f) de papel	баракча	baraktʃa
carpeta (f)	папка	papka
catálogo (m)	каталог	katalog
directorio (m) telefónico	абоненттердин тизмеси	abonentterdin tizmesi
documentación (f)	документтер	dokumentter
folleto (m)	китепче	kiteptʃe
prospecto (m)	баракча	baraktʃa
muestra (f)	үлгү	ylgy
reunión (f) de formación	окутуу	okutuu
reunión (f)	кеңеш	keŋeʃ
pausa (f) de almuerzo	түшкү танапис	tyʃky tanapis
hacer una copia	көчүрмө алуу	køtʃyrmø aluu
hacer copias	көбөйтүү	købøjtyy
recibir un fax	факс алуу	faks aluu
enviar un fax	факс жөнөтүү	faks dʒønøtyy

llamar por teléfono	чалуу	tʃaluu
responder (vi, vt)	жооп берүү	dʒoop beryy
poner en comunicación	байланыштыруу	bajlanıʃtıruu

fijar (~ una reunión)	уюштуруу	ujuʃturuu
demostrar (vt)	көрсөтүү	kørsøtyy
estar ausente	келбей калуу	kelbej kaluu
ausencia (f)	барбай калуу	barbaj kaluu

104. Los métodos de los negocios. Unidad 1

negocio (m), comercio (m)	иш	iʃ
ocupación (f)	жумуш	dʒumuʃ

firma (f)	фирма	firma
compañía (f)	компания	kompanija
corporación (f)	корпорация	korporatsija
empresa (f)	ишкана	iʃkana
agencia (f)	агенттик	agenttik

acuerdo (m)	келишим	keliʃim
contrato (m)	контракт	kontrakt
trato (m), acuerdo (m)	бүтүм	bytym
pedido (m)	буйрутма	bujrutma
condición (f) del contrato	шарт	ʃart

al por mayor (adv)	дүңү менен	dyŋy menen
al por mayor (adj)	дүңүнөн	dyŋynøn
venta (f) al por mayor	дүң соода	dyŋ sooda
al por menor (adj)	чекене	tʃekene
venta (f) al por menor	чекене соода	tʃekene sooda

competidor (m)	атаандаш	ataandaʃ
competencia (f)	атаандаштык	ataandaʃtık
competir (vi)	атаандашуу	ataandaʃuu

socio (m)	өнөктөш	ønøktøʃ
sociedad (f)	өнөктөштүк	ønøktøʃtyk

crisis (m)	каатчылык	kaattʃılık
bancarrota (f)	кудуретсиздик	kuduretsizdik
ir a la bancarrota	кудуретсиз калуу	kuduretsiz kaluu
dificultad (f)	кыйынчылык	kıjıntʃılık
problema (m)	көйгөй	køjgøj
catástrofe (f)	киши көрбөсүн	kiʃi kørbøsyn

economía (f)	экономика	ekonomika
económico (adj)	экономикалык	ekonomikalık
recesión (f) económica	экономикалык төмөндөө	ekonomikalık tømøndøø

meta (f)	максат	maksat
objetivo (m)	маселе	masele
comerciar (vi)	соодалашуу	soodalaʃuu
red (f) (~ comercial)	тармак	tarmak

existencias (f pl)	кампа	kampa
surtido (m)	ассортимент	assortiment
líder (m)	алдыңкы катардагы	aldıŋkı katardagı
grande (empresa ~)	ири	iri
monopolio (m)	монополия	monopolija
teoría (f)	теория	teorija
práctica (f)	тажрыйба	tadʒrıjba
experiencia (f)	тажрыйба	tadʒrıjba
tendencia (f)	умтулуу	umtuluu
desarrollo (m)	өнүгүү	ønygyy

105. Los métodos de los negocios. Unidad 2

rentabilidad (f)	пайда	pajda
rentable (adj)	майнаптуу	majnaptuu
delegación (f)	делегация	delegatsija
salario (m)	кызмат акы	kızmat akı
corregir (un error)	түзөтүү	tyzøtyy
viaje (m) de negocios	иш сапар	iʃ sapar
comisión (f)	комиссия	komissija
controlar (vt)	башкаруу	baʃkaruu
conferencia (f)	иш жыйын	iʃ dʒıjın
licencia (f)	лицензия	litsenzija
fiable (socio ~)	ишеничтүү	iʃenitʃtyy
iniciativa (f)	демилге	demilge
norma (f)	стандарт	standart
circunstancia (f)	жагдай	dʒagdaj
deber (m)	милдет	mildet
empresa (f)	уюм	ujʉm
organización (f) (proceso)	уюштуруу	ujʉʃturuu
organizado (adj)	уюштурулган	ujʉʃturulgan
anulación (f)	токтотуу	toktotuu
anular (vt)	жокко чыгаруу	dʒokko tʃıgaruu
informe (m)	отчет	ottʃet
patente (m)	патент	patent
patentar (vt)	патентөө	patentøø
planear (vt)	пландаштыруу	plandaʃtıruu
premio (m)	сыйлык	sıjlık
profesional (adj)	кесипкөй	kesipkøj
procedimiento (m)	тартип	tartip
examinar (vt)	карап чыгуу	karap tʃıguu
cálculo (m)	эсеп-кысап	esep-kısap
reputación (f)	аброй	abroj
riesgo (m)	тобокел	tobokel
dirigir (administrar)	башкаруу	baʃkaruu

información (f)	маалымат	maalımat
propiedad (f)	менчик	mentʃik
unión (f)	бирикме	birikme

seguro (m) de vida	жашоону камсыздандыруу	dʒaʃoonu kamsızdandıruu
asegurar (vt)	камсыздандыруу	kamsızdandıruu
seguro (m)	камсыздандыруу	kamsızdandıruu

subasta (f)	тоорук	tooruk
notificar (informar)	билдирүү	bildiryy
gestión (f)	башкаруу	baʃkaruu
servicio (m)	кызмат	kızmat

foro (m)	форум	forum
funcionar (vi)	иш-милдетти аткаруу	iʃ-mildetti atkaruu
etapa (f)	кадам	kadam
jurídico (servicios ~s)	укуктуу	ukuktuu
jurista (m)	юрист	jʉrist

106. La producción. Los trabajos

planta (f)	завод	zavod
fábrica (f)	фабрика	fabrika
taller (m)	цех	tseχ
planta (f) de producción	өндүрүш	øndyryʃ

industria (f)	өнөр-жай	ønør-dʒaj
industrial (adj)	өнөр-жай	ønør-dʒaj
industria (f) pesada	оор өнөр-жай	oor ønør-dʒaj
industria (f) ligera	жеңил өнөр-жай	dʒeŋil ønør-dʒaj

producción (f)	өндүрүм	øndyrym
producir (vt)	өндүрүү	øndyryy
materias (f pl) primas	чийки зат	tʃijki zat

jefe (m) de brigada	бригадир	brigadir
brigada (f)	бригада	brigada
obrero (m)	жумушчу	dʒumuʃtʃu

día (m) de trabajo	иш күнү	iʃ kyny
descanso (m)	тыныгуу	tınıguu
reunión (f)	чогулуш	tʃoguluʃ
discutir (vt)	талкуулоо	talkuuloo

plan (m)	план	plan
cumplir el plan	планды аткаруу	plandı atkaruu
tasa (f) de producción	иштеп чыгаруу коюму	iʃtep tʃıgaruu kojʉmu
calidad (f)	сапат	sapat
revisión (f)	текшерүү	tekʃeryy
control (m) de calidad	сапат текшерүү	sapat tekʃeryy

seguridad (f) de trabajo	эмгек коопсуздугу	emgek koopsuzdugu
disciplina (f)	тартип	tartip

| infracción (f) | бузуу | buzuu |
| violar (las reglas) | бузуу | buzuu |

huelga (f)	ишти калтыруу	iʃti kaltıruu
huelguista (m)	иш калтыргыч	iʃ kaltırgıtʃ
estar en huelga	ишти калтыруу	iʃti kaltıruu
sindicato (m)	профсоюз	profsojuz

inventar (máquina, etc.)	ойлоп табуу	ojlop tabuu
invención (f)	ойлоп табылган нерсе	ojlop tabılgan nerse
investigación (f)	изилдөө	izildøø
mejorar (vt)	жакшыртуу	dʒakʃırtuu
tecnología (f)	технология	teχnologija
dibujo (m) técnico	чийме	tʃijme

cargamento (m)	жүк	dʒyk
cargador (m)	жүк ташуучу	dʒyk taʃuutʃu
cargar (camión, etc.)	жүктөө	dʒyktøø
carga (f) (proceso)	жүктөө	dʒyktøø
descargar (vt)	жүк түшүрүү	dʒyk tyʃuryy
descarga (f)	жүк түшүрүү	dʒyk tyʃyryy

transporte (m)	транспорт	transport
compañía (f) de transporte	транспорттук компания	transporttuk kompanija
transportar (vt)	транспорт менен ташуу	transport menen taʃuu

vagón (m)	вагон	vagon
cisterna (f)	цистерна	tsısterna
camión (m)	жүк ташуучу машина	dʒyk taʃuutʃu maʃina

| máquina (f) herramienta | станок | stanok |
| mecanismo (m) | механизм | meχanizm |

desperdicios (m pl)	таштандылар	taʃtandılar
empaquetado (m)	таңгактоо	taŋgaktoo
embalar (vt)	таңгактоо	taŋgaktoo

107. El contrato. El acuerdo

contrato (m)	контракт	kontrakt
acuerdo (m)	макулдашуу	makuldaʃuu
anexo (m)	тиркеме	tirkeme

firmar un contrato	контракт түзүү	kontrakt tyzyy
firma (f) (nombre)	кол тамга	kol tamga
firmar (vt)	кол коюу	kol kojuu
sello (m)	мөөр	møør

objeto (m) del acuerdo	келишимдин предмети	keliʃimdin predmeti
cláusula (f)	пункт	punkt
partes (f pl)	тараптар	taraptar
domicilio (m) legal	юридикалык дарек	juridikalık darek
violar el contrato	контрактты бузуу	kontrakttı buzuu
obligación (f)	милдеттенме	mildettenme

responsabilidad (f)	жоопкерчилик	dʒoopkertʃilik
fuerza mayor (f)	форс-мажор	fors-madʒor
disputa (f)	талаш	talaʃ
penalidades (f pl)	жаза чаралары	dʒaza tʃaraları

108. Importación y Exportación

importación (f)	импорт	import
importador (m)	импорттоочу	importtootʃu
importar (vt)	импорттоо	importtoo
de importación (adj)	импорт	import

exportación (f)	экспорт	eksport
exportador (m)	экспорттоочу	eksporttootʃu
exportar (vt)	экспорттоо	eksporttoo
de exportación (adj)	экспорт	eksport

| mercancía (f) | товар | tovar |
| lote (m) de mercancías | жүк тобу | dʒyk tobu |

peso (m)	салмак	salmak
volumen (m)	көлөм	køløm
metro (m) cúbico	куб метр	kub metr

productor (m)	өндүрүүчү	øndyryytʃy
compañía (f) de transporte	транспорттук компания	transporttuk kompanija
contenedor (m)	контейнер	kontejner

frontera (f)	чек ара	tʃek ara
aduana (f)	бажыкана	badʒıkana
derechos (m pl) arancelarios	бажы салык	badʒı salık
aduanero (m)	бажы кызматкери	badʒı kızmatkeri
contrabandismo (m)	контрабанда	kontrabanda
contrabando (m)	контрабанда	kontrabanda

109. Las finanzas

acción (f)	акция	aktsija
bono (m), obligación (f)	баалуу кагаздар	baaluu kagazdar
letra (f) de cambio	вексель	vekselʲ

| bolsa (f) | биржа | birdʒa |
| cotización (f) de valores | акциялар курсу | aktsijalar kursu |

| abaratarse (vr) | арзандоо | arzandoo |
| encarecerse (vr) | кымбаттоо | kımbattoo |

| parte (f) | үлүш | ylyʃ |
| interés (m) mayoritario | башкаруучу пакет | baʃkaruutʃu paket |

| inversiones (f pl) | салым | salım |
| invertir (vi, vt) | салым кылуу | salım kıluu |

porcentaje (m)	пайыз	pajız
interés (m)	пайыз менен пайда	pajız menen pajda
beneficio (m)	пайда	pajda
beneficioso (adj)	майнаптуу	majnaptuu
impuesto (m)	салык	salık
divisa (f)	валюта	valɯta
nacional (adj)	улуттук	uluttuk
cambio (m)	алмаштыруу	almaʃtıruu
contable (m)	бухгалтер	buχgalter
contaduría (f)	бухгалтерия	buχgalterija
bancarrota (f)	кудуретсиздик	kuduretsizdik
quiebra (f)	кыйроо	kıjroo
ruina (f)	жакырдануу	dʒakırdanuu
arruinarse (vr)	жакырдануу	dʒakırdanuu
inflación (f)	инфляция	inflʲatsija
devaluación (f)	девальвация	devalʲvatsija
capital (m)	капитал	kapital
ingresos (m pl)	киреше	kireʃe
volumen (m) de negocio	жүгүртүлүш	dʒygyrtylyʃ
recursos (m pl)	такоолдор	takooldor
recursos (m pl) monetarios	акча каражаттары	aktʃa karadʒattarı
gastos (m pl) accesorios	кошумча чыгашалар	koʃumtʃa tʃıgaʃalar
reducir (vt)	кыскартуу	kıskartuu

110. La mercadotecnia

mercadotecnia (f)	базар таануу	bazar taanuu
mercado (m)	базар	bazar
segmento (m) del mercado	базар сегменти	bazar segmenti
producto (m)	өнүм	ønym
mercancía (f)	товар	tovar
marca (f)	соода маркасы	sooda markası
marca (f) comercial	соода маркасы	sooda markası
logotipo (m)	фирмалык белги	firmalık belgi
logo (m)	логотип	logotip
demanda (f)	талап	talap
oferta (f)	сунуш	sunuʃ
necesidad (f)	керек	kerek
consumidor (m)	керектөөчү	kerektøøtʃy
análisis (m)	талдоо	taldoo
analizar (vt)	талдоо	taldoo
posicionamiento (m)	турак табуу	turak tabuu
posicionar (vt)	турак табуу	turak tabuu
precio (m)	баа	baa
política (f) de precios	баа саясаты	baa sajasatı
formación (m) de precios	баа чыгаруу	baa tʃıgaruu

111. La publicidad

publicidad (f)	жарнама	dʒarnama
publicitar (vt)	жарнамалоо	dʒarnamaloo
presupuesto (m)	бюджет	bʉdʒet

anuncio (m) publicitario	жарнама	dʒarnama
publicidad (f) televisiva	теле жарнама	tele dʒarnama
publicidad (f) radiofónica	радио жарнама	radio dʒarnama
publicidad (f) exterior	сырткы жарнама	sırtkı dʒarnama

medios (m pl) de comunicación de masas	масс медия	mass medija
periódico (m)	мезгилдүү басылма	mezgildyy basılma
imagen (f)	имидж	imidʒ

consigna (f)	лозунг	lozung
divisa (f)	ураан	uraan

campaña (f)	кампания	kampanija
campaña (f) publicitaria	жарнамалык кампания	dʒarnamalık kampanija
auditorio (m) objetivo	максаттуу топ	maksattuu top

tarjeta (f) de visita	таанытма	taanıtma
prospecto (m)	баракча	baraktʃa
folleto (m)	китепче	kiteptʃe
panfleto (m)	кат-кат китепче	kat-kat kiteptʃe
boletín (m)	бюллетень	bʉlletenʲ

letrero (m) (~ luminoso)	көрнөк	kørnøk
pancarta (f)	көрнөк	kørnøk
valla (f) publicitaria	жарнамалык такта	dʒarnamalık takta

112. La banca

banco (m)	банк	bank
sucursal (f)	бөлүм	bølym

asesor (m) (~ fiscal)	кеңешчи	keŋeʃʧi
gerente (m)	башкаруучу	baʃkaruutʃu

cuenta (f)	эсеп	esep
numero (m) de la cuenta	эсеп номери	esep nomeri
cuenta (f) corriente	учурдагы эсеп	utʃurdagı esep
cuenta (f) de ahorros	топтолмо эсеп	toptolmo esep

abrir una cuenta	эсеп ачуу	esep atʃuu
cerrar la cuenta	эсеп жабуу	esep dʒabuu
ingresar en la cuenta	эсепке акча салуу	esepke aktʃa saluu
sacar de la cuenta	эсептен акча чыгаруу	esepten aktʃa tʃıgaruu

depósito (m)	аманат	amanat
hacer un depósito	аманат кылуу	amanat kıluu

| giro (m) bancario | акча которуу | aktʃa kotoruu |
| hacer un giro | акча которуу | aktʃa kotoruu |

| suma (f) | сумма | summa |
| ¿Cuánto? | Канча? | kantʃa? |

| firma (f) (nombre) | кол тамга | kol tamga |
| firmar (vt) | кол коюу | kol kojʉu |

tarjeta (f) de crédito	насыя картасы	nasıja kartası
código (m)	код	kod
número (m) de tarjeta de crédito	насыя картанын номери	nasıja kartanın nomeri

| cajero (m) automático | банкомат | bankomat |

cheque (m)	чек	tʃek
sacar un cheque	чек жазып берүү	tʃek dʒazıp beryy
talonario (m)	чек китепчеси	tʃek kiteptʃesi

crédito (m)	насыя	nasıja
pedir el crédito	насыя үчүн кайрылуу	nasıja ytʃyn kajrıluu
obtener un crédito	насыя алуу	nasıja aluu
conceder un crédito	насыя берүү	nasıja beryy
garantía (f)	кепилдик	kepildik

113. El teléfono. Las conversaciones telefónicas

teléfono (m)	телефон	telefon
teléfono (m) móvil	мобилдик	mobildik
contestador (m)	автоматтык жооп берүүчү	avtomattık dʒoop beryytʃy

| llamar, telefonear | чалуу | tʃaluu |
| llamada (f) | чакыруу | tʃakıruu |

marcar un número	номер терүү	nomer teryy
¿Sí?, ¿Dígame?	Алло!	allo!
preguntar (vt)	суроо	suroo
responder (vi, vt)	жооп берүү	dʒoop beryy

oír (vt)	угуу	uguu
bien (adv)	жакшы	dʒakʃı
mal (adv)	жаман	dʒaman
ruidos (m pl)	ызы-чуу	ızı-tʃuu

auricular (m)	трубка	trubka
descolgar (el teléfono)	трубканы алуу	trubkanı aluu
colgar el auricular	трубканы коюу	trubkanı kojʉu

ocupado (adj)	бош эмес	boʃ emes
sonar (teléfono)	шыңгыроо	ʃıŋgıroo
guía (f) de teléfonos	телефондук китепче	telefonduk kiteptʃe

| local (adj) | жергиликтүү | dʒergiliktyy |
| llamada (f) local | жергиликтүү чакыруу | dʒergiliktyy tʃakıruu |

de larga distancia	шаар аралык	ʃaar aralık
llamada (f) de larga distancia	шаар аралык чакыруу	ʃaar aralık ʧakıruu
internacional (adj)	эл аралык	el aralık
llamada (f) internacional	эл аралык чакыруу	el aralık ʧakıruu

114. El teléfono celular

teléfono (m) móvil	мобилдик	mobildik
pantalla (f)	дисплей	displej
botón (m)	баскыч	baskıʧ
tarjeta SIM (f)	SIM-карта	sim-karta

pila (f)	батарея	batareja
descargarse (vr)	зарядканын түгөнүүсү	zarʲadkanın tygønyysy
cargador (m)	заряддоочу шайман	zarʲaddooʧu ʃajman

menú (m)	меню	menʉ
preferencias (f pl)	орнотуулар	ornotuular
melodía (f)	обон	obon
seleccionar (vt)	тандоо	tandoo

calculadora (f)	калькулятор	kalʲkulʲator
contestador (m)	автоматтык жооп бергич	avtomattık dʒoop bergiʧ
despertador (m)	ойготкуч	ojgotkuʧ
contactos (m pl)	байланыштар	bajlanıʃtar

| mensaje (m) de texto | SMS-кабар | esemes-kabar |
| abonado (m) | абонент | abonent |

115. Los artículos de escritorio

| bolígrafo (m) | калем сап | kalem sap |
| pluma (f) estilográfica | калем уч | kalem uʧ |

lápiz (f)	карандаш	karandaʃ
marcador (m)	маркер	marker
rotulador (m)	фломастер	flomaster

| bloc (m) de notas | дептерче | depterʧe |
| agenda (f) | күндөлүк | kyndølyk |

regla (f)	сызгыч	sızgıʧ
calculadora (f)	калькулятор	kalʲkulʲator
goma (f) de borrar	өчүргүч	øʧyrgyʧ

| chincheta (f) | кнопка | knopka |
| clip (m) | кыскыч | kıskıʧ |

pegamento (m)	желим	dʒelim
grapadora (f)	степлер	stepler
perforador (m)	тешкич	teʃkiʧ
sacapuntas (m)	учтагыч	uʧtagıʧ

116. Diversos tipos de documentación

informe (m)	отчет	otʃet
acuerdo (m)	макулдашуу	makuldaʃuu
formulario (m) de solicitud	билдирме	bildirme
auténtico (adj)	көзу	køzy
tarjeta (f) de identificación	төшбелги	tøʃbelgi
tarjeta (f) de visita	таанытма	taanıtma
certificado (m)	сертификат	sertifikat
cheque (m) bancario	чек	tʃek
cuenta (f) (restaurante)	эсеп	esep
constitución (f)	конституция	konstitutsija
contrato (m)	келишим	keliʃim
copia (f)	көчүрмө	køtʃyrmø
ejemplar (m)	нуска	nuska
declaración (f) de aduana	бажы декларациясы	badʒı deklaratsijası
documento (m)	документ	dokument
permiso (m) de conducir	айдоочу күбөлүгү	ajdootʃu kybølygy
anexo (m)	тиркеме	tirkeme
cuestionario (m)	форма	forma
carnet (m) de identidad	өздүк билдиргичи	øzdyk bildirgitʃi
solicitud (f) de información	суроо-талап	suroo-talap
tarjeta (f) de invitación	чакыруу билет	tʃakıruu bilet
factura (f)	фактура	faktura
ley (f)	мыйзам	mıjzam
carta (f)	кат	kat
hoja (f) membretada	бланк	blank
lista (f) (de nombres, etc.)	тизме	tizme
manuscrito (m)	кол жазма	kol dʒazma
boletín (m)	бюллетень	bulleten
nota (f) (mensaje)	кыскача жазуу	kıskatʃa dʒazuu
pase (m) (permiso)	өткөрмө	øtkørmø
pasaporte (m)	паспорт	pasport
permiso (m)	уруксат кагазы	uruksat kagazı
curriculum vitae (m)	таржымал	tardʒımal
pagaré (m)	тил кат	til kat
recibo (m)	дүмүрчөк	dymyrtʃøk
ticket (m) de compra	чек	tʃek
informe (m)	рапорт	raport
presentar (identificación)	көрсөтүү	kørsøtyy
firmar (vt)	кол коюу	kol kojuu
firma (f) (nombre)	кол тамга	kol tamga
sello (m)	мөөр	møør
texto (m)	текст	tekst
billete (m)	билет	bilet
tachar (vt)	чийип салуу	tʃijip saluu
rellenar (vt)	толтуруу	tolturuu

| guía (f) de embarque | коштомо кагаз | koſtomo kagaz |
| testamento (m) | керээз | kereez |

117. Tipos de negocios

agencia (f) de empleo	кадрдык агенттиги	kadrdık agenttigi
agencia (f) de información	жаңылыктар агенттиги	dʒaŋılıktar agenttigi
agencia (f) de publicidad	жарнама агенттиги	dʒarnama agenttigi
agencia (f) de seguridad	күзөт агенттиги	kyzøt agenttigi

almacén (m)	кампа	kampa
antigüedad (f)	антиквариат	antikvariat
asesoría (f) jurídica	юридикалык кызматтар	juridikalık kızmattar
servicios (m pl) de auditoría	аудиторлук кызмат	auditorluk kızmat

bar (m)	бар	bar
bebidas (f pl) alcohólicas	алкоголь ичимдиктери	alkogolʲ itʃimdikteri
bolsa (f) de comercio	биржа	birdʒa

casino (m)	казино	kazino
centro (m) de negocios	бизнес-борбор	biznes-borbor
fábrica (f) de cerveza	сыра чыгаруучу жай	sıra tʃıgaruutʃu dʒaj
cine (m) (iremos al ~)	кинотеатр	kinoteatr
climatizadores (m pl)	аба желдеткичтер	aba dʒeldetkitʃter
club (m) nocturno	түнкү клуб	tyŋky klub

comercio (m)	соода	sooda
productos alimenticios	азык-түлүк	azık-tylyk
compañía (f) aérea	авиакомпания	aviakompanija
construcción (f)	курулуш	kuruluʃ
contabilidad (f)	бухгалтердик кызмат	buχgalterdik kızmat

| deporte (m) | спорт | sport |
| diseño (m) | дизайн | dizajn |

editorial (f)	басмакана	basmakana
escuela (f) de negocios	бизнес-мектеп	biznes-mektep
estomatología (f)	стоматология	stomatologija

farmacia (f)	дарыкана	darıkana
industria (f) farmacéutica	фармацевтика	farmatsevtika
funeraria (f)	ырасым бюросу	ırasım bɯrosu
galería (f) de arte	арт-галерея	art-galereja
helado (m)	бал муздак	bal muzdak
hotel (m)	мейманкана	mejmankana

industria (f)	өнөр-жай	ønør-dʒaj
industria (f) ligera	жеңил өнөр-жай	dʒeŋil ønør-dʒaj
inmueble (m)	кыймылсыз мүлк	kıjmılsız mylk
internet (m), red (f)	интернет	internet
inversiones (f pl)	салымдар	salımdar
joyería (f)	зер буюмдар	zer bujumdar
joyero (m)	зергер	zerger
lavandería (f)	кир жуу ишканасы	kir dʒuu iʃkanası

librería (f)	китеп дүкөнү	kitep dykøny
medicina (f)	медицина	meditsina
muebles (m pl)	эмерек	emerek
museo (m)	музей	muzej
negocio (m) bancario	банк бизнеси	bank biznesi

periódico (m)	гезит	gezit
petróleo (m)	мунайзат	munajzat
piscina (f)	бассейн	bassejn
poligrafía (f)	полиграфия	poligrafija
publicidad (f)	жарнама	dʒarnama

radio (f)	үналгы	ynalgı
recojo (m) de basura	таштанды чыгаруу	taʃtandı tʃıgaruu
restaurante (m)	ресторан	restoran
revista (f)	журнал	dʒurnal
ropa (f), vestido (m)	кийим	kijim

salón (m) de belleza	сулуулук салону	suluuluk salonu
seguro (m)	камсыздандыруу	kamsızdandıruu
servicio (m) de entrega	чабармандык кызматы	tʃabarmandık kızmatı
servicios (m pl) financieros	каржылык кызматтар	kardʒılık kızmattar
supermercado (m)	супермаркет	supermarket

taller (m)	ательe	atelje
teatro (m)	театр	teatr
televisión (f)	телекөрсөтүү	telekørsøtyy
tienda (f)	дүкөн	dykøn
tintorería (f)	химиялык тазалоо	ximijalık tazaloo
servicios de transporte	ташып жеткирүү	taʃıp dʒetkiryy
turismo (m)	туризм	turizm

venta (f) por catálogo	каталог боюнча соода-сатык	katalog bojuntʃa sooda-satık
veterinario (m)	мал доктуру	mal dokturu
consultoría (f)	консалтинг	konsalting

El trabajo. Los negocios. Unidad 2

118. El espectáculo. La exhibición

exposición, feria (f)	көргөзмө	kørgøzmø
feria (f) comercial	соода көргөзмөсү	sooda kørgøzmøsy
participación (f)	катышуу	katıʃuu
participar (vi)	катышуу	katıʃuu
participante (m)	катышуучу	katıʃuutʃu
director (m)	директор	direktor
dirección (f)	уюштуруу комитети	ujuʃturuu komiteti
organizador (m)	уюштуруучу	ujuʃturuutʃu
organizar (vt)	уюштуруу	ujuʃturuu
solicitud (f) de participación	катышууга ынта билдирмеси	katıʃuuga ınta bildirmesi
rellenar (vt)	толтуруу	tolturuu
detalles (m pl)	ийне-жиби	ijne-dʒibi
información (f)	маалымат	maalımat
precio (m)	баа	baa
incluso	кошуп	koʃup
incluir (vt)	кошулган	koʃulgan
pagar (vi, vt)	төлөө	tøløø
cuota (f) de registro	каттоо төгүмү	kattoo tøgymy
entrada (f)	кирүү	kiryy
pabellón (m)	павильон	pavilʲon
registrar (vt)	каттоо	kattoo
tarjeta (f) de identificación	төшбелги	tøʃbelgi
stand (m)	көргөзмө стенди	kørgøzmø stendi
reservar (vt)	камдык буйрутмалоо	kamdık bujrutmaloo
vitrina (f)	айнек стенд	ajnek stend
lámpara (f)	чырак	tʃırak
diseño (m)	дизайн	dizajn
poner (colocar)	жайгаштыруу	dʒajgaʃtıruu
situarse (vr)	жайгашуу	dʒajgaʃuu
distribuidor (m)	дистрибьютор	distribjutor
proveedor (m)	жеткирип берүүчү	dʒetkirip beryytʃy
suministrar (vt)	жеткирип берүү	dʒetkirip beryy
país (m)	өлкө	ølkø
extranjero (adj)	чет өлкөлүк	tʃet ølkølyk
producto (m)	өнүм	ønym
asociación (f)	ассоциация	assotsiatsija

sala (f) de conferencias	конференц-зал	konferents-zal
congreso (m)	конгресс	kongress
concurso (m)	жарыш	dʒarıʃ

visitante (m)	келүүчү	kelyytʃy
visitar (vt)	баш багуу	baʃ baguu
cliente (m)	кардар	kardar

119. Los medios masivos

periódico (m)	гезит	gezit
revista (f)	журнал	dʒurnal
prensa (f)	пресса	pressa
radio (f)	үналгы	ynalgı
estación (f) de radio	радио толкуну	radio tolkunu
televisión (f)	телекөрсөтүү	telekørsøtyy

presentador (m)	алып баруучу	alıp baruutʃu
presentador (m) de noticias	диктор	diktor
comentarista (m)	баяндамачы	bajandamatʃı

periodista (m)	журналист	dʒurnalist
corresponsal (m)	кабарчы	kabartʃı
corresponsal (m) fotográfico	фотокорреспондент	fotokorrespondent
reportero (m)	репортёр	reportior

| redactor (m) | редактор | redaktor |
| redactor jefe (m) | башкы редактор | baʃkı redaktor |

suscribirse (vr)	жазылуу	dʒazıluu
suscripción (f)	жазылуу	dʒazıluu
suscriptor (m)	жазылуучу	dʒazıluutʃu
leer (vi, vt)	окуу	okuu
lector (m)	окурман	okurman

tirada (f)	нуска	nuska
mensual (adj)	ай сайын	aj sajın
semanal (adj)	жума сайын	dʒuma sajın
número (m)	номер	nomer
nuevo (~ número)	жаңы	dʒaŋı

titular (m)	баш аты	baʃ atı
noticia (f)	кыскача макала	kıskatʃa makala
columna (f)	рубрика	rubrika
artículo (m)	макала	makala
página (f)	бет	bet

reportaje (m)	репортаж	reportadʒ
evento (m)	окуя	okuja
sensación (f)	дүң салуу	dyŋ saluu
escándalo (m)	жаңжал	dʒaŋdʒal
escandaloso (adj)	жаңжалчы	dʒaŋdʒaltʃı
gran (~ escándalo)	чуулгандуу	tʃuulganduu
emisión (f)	көрсөтүү	kørsøtyy

entrevista (f)	интервью	intervjʉ
transmisión (f) en vivo	түз берүү	tyz beryy
canal (m)	канал	kanal

120. La agricultura

agricultura (f)	дыйкан чарбачылык	dıjkan tʃarbatʃılık
campesino (m)	дыйкан	dıjkan
campesina (f)	дыйкан аял	dıjkan ajal
granjero (m)	фермер	fermer

| tractor (m) | трактор | traktor |
| cosechadora (f) | комбайн | kombajn |

arado (m)	соко	soko
arar (vi, vt)	жер айдоо	dʒer ajdoo
labrado (m)	айдоо жер	ajdoo dʒer
surco (m)	жөөк	dʒøøk

sembrar (vi, vt)	себүү	sebyy
sembradora (f)	сеялка	sejalka
siembra (f)	эгүү	egyy

| guadaña (f) | чалгы | tʃalgı |
| segar (vi, vt) | чабуу | tʃabuu |

| pala (f) | күрөк | kyrøk |
| layar (vt) | казуу | kazuu |

azada (f)	кетмен	ketmen
sachar, escardar	отоо	otoo
mala hierba (f)	отоо чөп	otoo tʃøp

regadera (f)	гүл челек	gyl tʃelek
regar (plantas)	сугаруу	sugaruu
riego (m)	сугат	sugat

| horquilla (f) | айры | ajrı |
| rastrillo (m) | тырмоо | tırmoo |

fertilizante (m)	жер семирткич	dʒer semirtkitʃ
abonar (vt)	жер семиртүү	dʒer semirtyy
estiércol (m)	кык	kık

campo (m)	талаа	talaa
prado (m)	шалбаа	ʃalbaa
huerta (f)	чарбак	tʃarbak
jardín (m)	бакча	baktʃa

pacer (vt)	жаюу	dʒadʒʉu
pastor (m)	чабан	tʃaban
pastadero (m)	жайыт	dʒajıt
ganadería (f)	мал чарбачылык	mal tʃarbatʃılık
cría (f) de ovejas	кой чарбачылык	koj tʃarbatʃılık

plantación (f)	плантация	plantatsija
hilera (f) (~ de cebollas)	жөөк	dʒøøk
invernadero (m)	күнөскана	kynøskana

sequía (f)	кургакчылык	kurgaktʃılık
seco, árido (adj)	кургак	kurgak

grano (m)	дан эгиндери	dan eginderi
cereales (m pl)	дан эгиндери	dan eginderi
recolectar (vt)	чаап алуу	tʃaap aluu

molinero (m)	тегирменчи	tegirmentʃi
molino (m)	тегирмен	tegirmen
moler (vt)	майдалоо	majdaloo
harina (f)	ун	un
paja (f)	саман	saman

121. La construcción. Los métodos de construcción

obra (f)	курулуш	kuruluʃ
construir (vt)	куруу	kuruu
albañil (m)	куруучу	kuruutʃu

proyecto (m)	долбоор	dolboor
arquitecto (m)	архитектор	arχitektor
obrero (m)	жумушчу	dʒumuʃtʃu

cimientos (m pl)	пайдубал	pajdubal
techo (m)	чатыр	tʃatır
pila (f) de cimentación	казык	kazık
muro (m)	дубал	dubal

armadura (f)	арматура	armatura
andamio (m)	куруучу тепкичтер	kuruutʃu tepkitʃter

hormigón (m)	бетон	beton
granito (m)	гранит	granit
piedra (f)	таш	taʃ
ladrillo (m)	кыш	kıʃ

arena (f)	кум	kum
cemento (m)	цемент	tsement
estuco (m)	шыбак	ʃıbak
estucar (vt)	шыбоо	ʃıboo

pintura (f)	сыр	sır
pintar (las paredes)	боео	boeo
barril (m)	бочка	botʃka

grúa (f)	кран	kran
levantar (vt)	көтөрүү	køtøryy
bajar (vt)	түшүрүү	tyʃyryy
bulldózer (m)	бульдозер	bulʲdozer
excavadora (f)	экскаватор	ekskavator

cuchara (f)	ковш	kovʃ
cavar (vt)	казуу	kazuu
casco (m)	каска	kaska

122. La ciencia. La investigación. Los científicos

ciencia (f)	илим	ilim
científico (adj)	илимий	ilimij
científico (m)	илимпоз	ilimpoz
teoría (f)	теория	teorija
axioma (m)	аксиома	aksioma
análisis (m)	талдоо	taldoo
analizar (vt)	талдоо	taldoo
argumento (m)	далил	dalil
sustancia (f) (materia)	зат	zat
hipótesis (f)	гипотеза	gipoteza
dilema (m)	дилемма	dilemma
tesis (f) de grado	диссертация	dissertatsija
dogma (m)	догма	dogma
doctrina (f)	доктрина	doktrina
investigación (f)	изилдөө	izildøø
investigar (vt)	изилдөө	izildøø
prueba (f)	сынак	sınak
laboratorio (m)	лаборатория	laboratorija
método (m)	ыкма	ıkma
molécula (f)	молекула	molekula
seguimiento (m)	бейлөө	bejløø
descubrimiento (m)	таап ачуу	taap atʃuu
postulado (m)	постулат	postulat
principio (m)	усул	usul
pronóstico (m)	божомол	bodʒomol
pronosticar (vt)	алдын ала айтуу	aldın ala ajtuu
síntesis (f)	синтез	sintez
tendencia (f)	умтулуу	umtuluu
teorema (m)	теорема	teorema
enseñanzas (f pl)	окуу	okuu
hecho (m)	далил	dalil
expedición (f)	экспедиция	ekspeditsija
experimento (m)	тажрыйба	tadʒrıjba
académico (m)	академик	akademik
bachiller (m)	бакалавр	bakalavr
doctorado (m)	доктор	doktor
docente (m)	доцент	dotsent
Master (m) (~ en Letras)	магистр	magistr
profesor (m)	профессор	professor

Las profesiones y los oficios

123. La búsqueda de trabajo. El despido del trabajo

trabajo (m)	иш	iʃ
empleados (pl)	жамаат	dʒamaat
personal (m)	жамаат курамы	dʒamaat kuramı
carrera (f)	мансап	mansap
perspectiva (f)	перспектива	perspektiva
maestría (f)	чеберчилик	tʃebertʃilik
selección (f)	тандоо	tandoo
agencia (f) de empleo	кадрдык агенттиги	kadrdık agenttigi
curriculum vitae (m)	таржымал	tardʒımal
entrevista (f)	аңгемелешүү	aŋgemeleʃyy
vacancia (f)	жумуш орун	dʒumuʃ orun
salario (m)	эмгек акы	emgek akı
salario (m) fijo	маяна	majana
remuneración (f)	акысын төлөө	akısın tøløø
puesto (m) (trabajo)	кызмат орун	kızmat orun
deber (m)	милдет	mildet
gama (f) de deberes	милдеттенмелер	mildettenmeler
ocupado (adj)	бош эмес	boʃ emes
despedir (vt)	бошотуу	boʃotuu
despido (m)	бошотуу	boʃotuu
desempleo (m)	жумушсуздук	dʒumuʃsuzduk
desempleado (m)	жумушсуз	dʒumuʃsuz
jubilación (f)	баваракы	baarakı
jubilarse	ардактуу эс алууга чыгуу	ardaktuu es aluuga tʃıguu

124. Los negociantes

director (m)	директор	direktor
gerente (m)	башкаруучу	baʃkaruutʃu
jefe (m)	башкаруучу	baʃkaruutʃu
superior (m)	башчы	baʃtʃı
superiores (m pl)	башчылар	baʃtʃılar
presidente (m)	президент	prezident
presidente (m) (de compañía)	төрага	tøraga
adjunto (m)	орун басар	orun basar
asistente (m)	жардамчы	dʒardamtʃı

| secretario, -a (m, f) | катчы | kattʃı |
| secretario (m) particular | жеке катчы | dʒeke kattʃı |

hombre (m) de negocios	бизнесмен	biznesmen
emprendedor (m)	ишкер	iʃker
fundador (m)	негиздөөчу	negizdøøtʃy
fundar (vt)	негиздөө	negizdøø

institutor (m)	уюмдаштыруучу	ujɯmdaʃtıruutʃu
compañero (m)	өнөктөш	ønøktøʃ
accionista (m)	акция кармоочу	aktsija karmootʃu

millonario (m)	миллионер	millioner
multimillonario (m)	миллиардер	milliarder
propietario (m)	ээси	eesi
terrateniente (m)	жер ээси	dʒer eesi

cliente (m)	кардар	kardar
cliente (m) habitual	туруктуу кардар	turuktuu kardar
comprador (m)	сатып алуучу	satıp aluutʃu
visitante (m)	келүүчү	kelyytʃy

profesional (m)	кесипкөй	kesipkøj
experto (m)	ишбилги	iʃbilgi
especialista (m)	адис	adis

| banquero (m) | банкир | bankir |
| broker (m) | далдалчы | daldaltʃı |

cajero (m)	кассир	kassir
contable (m)	бухгалтер	buχgalter
guardia (m) de seguridad	кароолчу	karooltʃu

inversionista (m)	салым кошуучу	salım koʃuutʃu
deudor (m)	карыздар	karızdar
acreedor (m)	насыя алуучу	nasıja aluutʃu
prestatario (m)	карызга алуучу	karızga aluutʃu

| importador (m) | импорттоочу | importtootʃu |
| exportador (m) | экспорттоочу | eksporttootʃu |

productor (m)	өндүрүүчү	øndyryytʃy
distribuidor (m)	дистрибьютор	distribjɯtor
intermediario (m)	ортомчу	ortomtʃu

asesor (m) (~ fiscal)	кеңешчи	keŋeʃtʃi
representante (m)	сатуу агенти	satuu agenti
agente (m)	агент	agent
agente (m) de seguros	камсыздандыруучу агент	kamsızdandıruutʃu agent

125. Los trabajos de servicio

| cocinero (m) | ашпозчу | aʃpoztʃu |
| jefe (m) de cocina | башкы ашпозчу | baʃkı aʃpoztʃu |

panadero (m)	навайчы	navajtʃı
barman (m)	бармен	barmen
camarero (m)	официант	ofitsiant
camarera (f)	официант кыз	ofitsiant kız
abogado (m)	жактоочу	dʒaktootʃu
jurista (m)	юрист	jurist
notario (m)	нотариус	notarius
electricista (m)	электрик	elektrik
fontanero (m)	сантехник	santeχnik
carpintero (m)	жыгач уста	dʒıgatʃ usta
masajista (m)	укалоочу	ukalootʃu
masajista (f)	укалоочу	ukalootʃu
médico (m)	доктур	doktur
taxista (m)	такси айдоочу	taksi ajdootʃu
chófer (m)	айдоочу	ajdootʃu
repartidor (m)	жеткирүүчү	dʒetkiryytʃy
camarera (f)	үй кызматкери	yj kızmatkeri
guardia (m) de seguridad	кароолчу	karooltʃu
azafata (f)	стюардесса	stuardessa
profesor (m) (~ de baile, etc.)	мугалим	mugalim
bibliotecario (m)	китепканачы	kitepkanatʃı
traductor (m)	котормочу	kotormotʃu
intérprete (m)	оозеки котормочу	oozeki kotormotʃu
guía (m)	гид	gid
peluquero (m)	чач тарач	tʃatʃ taratʃ
cartero (m)	кат ташуучу	kat taʃuutʃu
vendedor (m)	сатуучу	satuutʃu
jardinero (m)	багбанчы	bagbantʃı
servidor (m)	үй кызматчы	yj kızmattʃı
criada (f)	үй кызматчы аял	yj kızmattʃı ajal
mujer (f) de la limpieza	тазалагыч	tazalagıtʃ

126. La profesión militar y los rangos

soldado (m) raso	катардагы жоокер	katardagı dʒooker
sargento (m)	сержант	serdʒant
teniente (m)	лейтенант	lejtenant
capitán (m)	капитан	kapitan
mayor (m)	майор	major
coronel (m)	полковник	polkovnik
general (m)	генерал	general
mariscal (m)	маршал	marʃal
almirante (m)	адмирал	admiral
militar (m)	аскер кызматчысы	asker kızmattʃısı
soldado (m)	аскер	asker

| oficial (m) | офицер | ofitser |
| comandante (m) | командир | komandir |

guardafronteras (m)	чек арачы	ʧek araʧı
radio-operador (m)	радист	radist
explorador (m)	чалгынчы	ʧalgınʧı
zapador (m)	сапёр	sapʲor
tirador (m)	аткыч	atkıʧ
navegador (m)	штурман	ʃturman

127. Los oficiales. Los sacerdotes

| rey (m) | король, падыша | korolʲ, padıʃa |
| reina (f) | ханыша | χanıʃa |

| príncipe (m) | канзаада | kanzaada |
| princesa (f) | ханбийке | χanbijke |

| zar (m) | падыша | padıʃa |
| zarina (f) | ханыша | χanıʃa |

presidente (m)	президент	prezident
ministro (m)	министр	ministr
primer ministro (m)	премьер-министр	premjer-ministr
senador (m)	сенатор	senator

diplomático (m)	дипломат	diplomat
cónsul (m)	консул	konsul
embajador (m)	элчи	elʧi
consejero (m)	кеңешчи	keŋeʃʧi

funcionario (m)	аткаминер	atkaminer
prefecto (m)	префект	prefekt
alcalde (m)	мэр	mer

| juez (m) | сот | sot |
| fiscal (m) | прокурор | prokuror |

misionero (m)	миссионер	missioner
monje (m)	кечил	keʧil
abad (m)	аббат	abbat
rabino (m)	раввин	ravvin

visir (m)	визирь	vizirʲ
sha (m), shah (m)	шах	ʃaχ
jeque (m)	шейх	ʃejχ

128. Las profesiones agrícolas

apicultor (m)	балчы	balʧı
pastor (m)	чабан	ʧaban
agrónomo (m)	агроном	agronom

| ganadero (m) | малчы | malʧı |
| veterinario (m) | мал доктуру | mal dokturu |

granjero (m)	фермер	fermer
vinicultor (m)	вино жасоочу	vino dʒasooʧu
zoólogo (m)	зоолог	zoolog
cowboy (m)	ковбой	kovboj

129. Las profesiones artísticas

| actor (m) | актёр | aktʲor |
| actriz (f) | актриса | aktrisa |

| cantante (m) | ырчы | ırʧı |
| cantante (f) | ырчы кыз | ırʧı kız |

| bailarín (m) | бийчи жигит | bijʧi dʒigit |
| bailarina (f) | бийчи кыз | bijʧi kız |

| artista (m) | аткаруучу | atkaruuʧu |
| artista (f) | аткаруучу | atkaruuʧu |

músico (m)	музыкант	muzıkant
pianista (m)	пианист	pianist
guitarrista (m)	гитарист	gitarist

director (m) de orquesta	дирижёр	diridʒʲor
compositor (m)	композитор	kompozitor
empresario (m)	импресарио	impresario

director (m) de cine	режиссёр	redʒissʲor
productor (m)	продюсер	produser
guionista (m)	сценарист	stsenarist
crítico (m)	сынчы	sınʧı

escritor (m)	жазуучу	dʒazuuʧu
poeta (m)	акын	akın
escultor (m)	бедизчи	bedizʧi
pintor (m)	сүрөтчү	syrøtʧy

malabarista (m)	жонглёр	dʒonglʲor
payaso (m)	маскарапоз	maskarapoz
acróbata (m)	акробат	akrobat
ilusionista (m)	көз боечу	køz boeʧu

130. Profesiones diversas

médico (m)	доктур	doktur
enfermera (f)	медсестра	medsestra
psiquiatra (m)	психиатр	psiχiatr
estomatólogo (m)	тиш доктур	tiʃ doktur
cirujano (m)	хирург	χirurg

astronauta (m)	астронавт	astronavt
astrónomo (m)	астроном	astronom
piloto (m)	учкуч	utʃkutʃ
conductor (m) (chófer)	айдоочу	ajdootʃu
maquinista (m)	машинист	maʃinist
mecánico (m)	механик	meχanik
minero (m)	кенчи	kentʃi
obrero (m)	жумушчу	dʒumuʃtʃu
cerrajero (m)	слесарь	slesarʲ
carpintero (m)	жыгач уста	dʒɪgatʃ usta
tornero (m)	токарь	tokarʲ
albañil (m)	куруучу	kuruutʃu
soldador (m)	ширеткич	ʃiretkitʃ
profesor (m) (título)	профессор	professor
arquitecto (m)	архитектор	arχitektor
historiador (m)	тарыхчы	tarɪχtʃɪ
científico (m)	илимпоз	ilimpoz
físico (m)	физик	fizik
químico (m)	химик	χimik
arqueólogo (m)	археолог	arχeolog
geólogo (m)	геолог	geolog
investigador (m)	изилдөөчү	izildøøtʃy
niñera (f)	бала баккыч	bala bakkɪtʃ
pedagogo (m)	мугалим	mugalim
redactor (m)	редактор	redaktor
redactor jefe (m)	башкы редактор	baʃkɪ redaktor
corresponsal (m)	кабарчы	kabartʃɪ
mecanógrafa (f)	машинистка	maʃinistka
diseñador (m)	дизайнер	dizajner
especialista (m) en ordenadores	компьютер адиси	kompjɯter adisi
programador (m)	программист	programmist
ingeniero (m)	инженер	indʒener
marino (m)	деңизчи	deŋiztʃi
marinero (m)	матрос	matros
socorrista (m)	куткаруучу	kutkaruutʃu
bombero (m)	өрт өчүргүч	ørt øtʃyrgytʃ
policía (m)	полиция кызматкери	politsija kɪzmatkeri
vigilante (m) nocturno	кароолчу	karooltʃu
detective (m)	аңдуучу	aŋduutʃu
aduanero (m)	бажы кызматкери	badʒɪ kɪzmatkeri
guardaespaldas (m)	жан сакчы	dʒan saktʃɪ
guardia (m) de prisiones	күзөтчү	kyzøtʃy
inspector (m)	инспектор	inspektor
deportista (m)	спортчу	sporttʃu
entrenador (m)	машыктыруучу	maʃɪktɪruutʃu

carnicero (m)	касапчы	kasapʧı
zapatero (m)	өтүкчү	øtykʧy
comerciante (m)	жеке соодагер	dʒeke soodager
cargador (m)	жүк ташуучу	dʒyk taʃuuʧu

| diseñador (m) de modas | модельер | modeljer |
| modelo (f) | модель | modelʲ |

131. Los trabajos. El estatus social

| escolar (m) | окуучу | okuuʧu |
| estudiante (m) | студент | student |

filósofo (m)	философ	filosof
economista (m)	экономист	ekonomist
inventor (m)	ойлоп табуучу	ojlop tabuuʧu

desempleado (m)	жумушсуз	dʒumuʃsuz
jubilado (m)	бааргер	baarger
espía (m)	тыңчы	tıŋʧı

prisionero (m)	камактагы адам	kamaktagı adam
huelguista (m)	иш калтыргыч	iʃ kaltırgıʧ
burócrata (m)	бюрократ	bʉrokrat
viajero (m)	саякатчы	sajakatʧı

homosexual (m)	гомосексуалист	gomoseksualist
hacker (m)	хакер	χaker
hippie (m)	хиппи	χippi

bandido (m)	ууру-кески	uuru-keski
sicario (m)	жалданма киши өлтүргүч	dʒaldanma kiʃi øltyrgyʧ
drogadicto (m)	баңги	baŋgi
narcotraficante (m)	баңгизат сатуучу	baŋgizat satuuʧu
prostituta (f)	сойку	sojku
chulo (m), proxeneta (m)	жан бакты	dʒan baktı

brujo (m)	жадыгөй	dʒadıgøj
bruja (f)	жадыгөй	dʒadıgøj
pirata (m)	дениз каракчысы	deŋiz karaktʃısı
esclavo (m)	кул	kul
samurai (m)	самурай	samuraj
salvaje (m)	жапайы	dʒapajı

Los deportes

132. Tipos de deportes. Deportistas

deportista (m)	спортчу	sporttʃu
tipo (m) de deporte	спорттун түрү	sporttun tyry
baloncesto (m)	баскетбол	basketbol
baloncestista (m)	баскетбол ойноочу	basketbol ojnootʃu
béisbol (m)	бейсбол	bejsbol
beisbolista (m)	бейсбол ойноочу	bejsbol ojnootʃu
fútbol (m)	футбол	futbol
futbolista (m)	футбол ойноочу	futbol ojnootʃu
portero (m)	дарбазачы	darbazatʃı
hockey (m)	хоккей	χokkej
jugador (m) de hockey	хоккей ойноочу	χokkej ojnootʃu
voleibol (m)	волейбол	volejbol
voleibolista (m)	волейбол ойноочу	volejbol ojnootʃu
boxeo (m)	бокс	boks
boxeador (m)	бокс мушташуучу	boks muʃtaʃuutʃu
lucha (f)	күреш	kyrøʃ
luchador (m)	күрешчү	kyrøʃtʃy
kárate (m)	карате	karate
karateka (m)	карате мушташуучу	karate muʃtaʃuutʃu
judo (m)	дзюдо	dzɵdo
judoka (m)	дзюдо чалуучу	dzɵdo tʃaluutʃu
tenis (m)	теннис	tennis
tenista (m)	теннис ойноочу	tennis ojnootʃu
natación (f)	сүзүү	syzyy
nadador (m)	сүзүүчү	syzyytʃy
esgrima (f)	кылычташуу	kılıtʃtaʃuu
esgrimidor (m)	кылычташуучу	kılıtʃtaʃuutʃu
ajedrez (m)	шахмат	ʃaχmat
ajedrecista (m)	шахмат ойноочу	ʃaχmat ojnootʃu
alpinismo (m)	альпинизм	alʲpinizm
alpinista (m)	альпинист	alʲpinist
carrera (f)	чуркоо	tʃurkoo

corredor (m)	жөө күлүк	dʒөө kylyk
atletismo (m)	жеңил атлетика	dʒeŋil atletika
atleta (m)	атлет	atlet

| deporte (m) hípico | ат спорту | at sportu |
| jinete (m) | чабандес | tʃabandes |

patinaje (m) artístico	муз бийи	muz biji
patinador (m)	муз бийчи	muz bijtʃi
patinadora (f)	муз бийчи	muz bijtʃi

| levantamiento (m) de pesas | оор атлетика | oor atletika |
| levantador (m) de pesos | оор атлет | oor atlet |

| carreras (f pl) de coches | авто жарыш | avto dʒarıʃ |
| piloto (m) de carreras | гонщик | gonʃtʃik |

| ciclismo (m) | велоспорт | velosport |
| ciclista (m) | велосипед тебүүчү | velosiped tebyytʃy |

salto (m) de longitud	узундукка секирүү	uzundukka sekiryy
salto (m) con pértiga	шырык менен секирүү	ʃırık menen sekiryy
saltador (m)	секирүүчү	sekiryytʃy

133. Tipos de deportes. Miscelánea

fútbol (m) americano	американский футбол	amerikanskij futbol
bádminton (m)	бадминтон	badminton
biatlón (m)	биатлон	biatlon
billar (m)	бильярд	biljard

bobsleigh (m)	бобслей	bobslej
culturismo (m)	бодибилдинг	bodibilding
waterpolo (m)	суу полосу	suu polosu
balonmano (m)	гандбол	gandbol
golf (m)	гольф	golˈf

remo (m)	калакты уруу	kalaktı uruu
buceo (m)	сууга чөмүүчү	suuga tʃөmyytʃy
esquí (m) de fondo	чаңгы жарышы	tʃaŋgı dʒarıʃı
tenis (m) de mesa	стол тенниси	stol tennisi

vela (f)	парус астында сызуу	parus astında sızuu
rally (m)	ралли	ralli
rugby (m)	регби	regbi
snowboarding (m)	сноуборд	snoubord
tiro (m) con arco	жаа атуу	dʒaa atuu

134. El gimnasio

| barra (f) de pesas | штанга | ʃtanga |
| pesas (f pl) | гантелдер | gantelder |

aparato (m) de ejercicios	машыгуу машине	maʃiguu maʃine
bicicleta (f) estática	велотренажёр	velotrenadʒior
cinta (f) de correr	тегеретме	tegeretme

barra (f) fija	көпүрө жыгач	køpyrø dʒɪgatʃ
barras (f pl) paralelas	брусдар	brusdar
potro (m)	ат	at
colchoneta (f)	мат	mat

comba (f)	секиргич	sekirgitʃ
aeróbica (f)	аэробика	aerobika
yoga (m)	йога	joga

135. El hóckey

hockey (m)	хоккей	χokkej
jugador (m) de hockey	хоккей ойноочу	χokkej ojnootʃu
jugar al hockey	хоккей ойноо	χokkej ojnoo
hielo (m)	муз	muz

disco (m)	шайба	ʃajba
palo (m) de hockey	иймек таяк	ijmek tajak
patines (m pl)	коньки	koniki

muro (m)	тосмо	tosmo
tiro (m)	сокку	sokku

portero (m)	дарбазачы	darbazatʃɪ
gol (m)	гол	gol
marcar un gol	гол киргизүү	gol kirgizyy

período (m)	мезгил	mezgil
segundo período (m)	экинчи мезгил	ekintʃi mezgil
banquillo (m) de reserva	кезек отургучу	kezek oturgutʃu

136. El fútbol

fútbol (m)	футбол	futbol
futbolista (m)	футбол ойноочу	futbol ojnootʃu
jugar al fútbol	футбол ойноо	futbol ojnoo

liga (f) superior	жогорку лига	dʒogorku liga
club (m) de fútbol	футбол клубу	futbol klubu
entrenador (m)	машыктыруучу	maʃɪktɪruutʃu
propietario (m)	ээси	eesi

equipo (m)	топ	top
capitán (m) del equipo	топтун капитаны	toptun kapitanɪ
jugador (m)	оюнчу	ojʉntʃu
reserva (m)	кезектеги оюнчу	kezektegi ojʉntʃu
delantero (m)	чабуулчу	tʃabuultʃu
delantero centro (m)	борбордук чабуулчу	borborduk tʃabuultʃu

goleador (m)	жаадыргыч	dʒaadırgıtʃ
defensa (m)	коргоочу	korgootʃu
medio (m)	жарым коргоочу	dʒarım korgootʃu
match (m)	матч	mattʃ
encontrarse (vr)	жолугушуу	dʒolugusuu
final (m)	финал	final
semifinal (f)	жарым финал	dʒarım final
campeonato (m)	чемпионат	tʃempionat
tiempo (m)	тайм	tajm
primer tiempo (m)	биринчи тайм	birintʃi tajm
descanso (m)	тыныгуу	tınıguu
puerta (f)	дарбаза	darbaza
portero (m)	дарбазачы	darbazatʃı
poste (m)	штанга	ʃtanga
larguero (m)	көпүрө жыгач	køpyrø dʒıgatʃ
red (f)	тор	tor
recibir un gol	гол киргизип алуу	gol kirgizip aluu
balón (m)	топ	top
pase (m)	топ узатуу	top uzatuu
tiro (m)	сокку	sokku
lanzar un tiro	сокку берүү	sokku beryy
tiro (m) de castigo	жаза сокку	dʒaza sokku
saque (m) de esquina	бурчтан сокку	burtʃtan sokku
ataque (m)	чабуул	tʃabuul
contraataque (m)	каршы чабуул	karʃı tʃabuul
combinación (f)	комбинация	kombinatsija
árbitro (m)	арбитр	arbitr
silbar (vi)	ышкыруу	ıʃkıruu
silbato (m)	ышкырык	ıʃkırık
infracción (f)	бузуу	buzuu
cometer una infracción	бузуу	buzuu
expulsar del campo	оюн талаасынан чыгаруу	ojun talaasınan tʃıgaruu
tarjeta (f) amarilla	сары карточка	sarı kartotʃka
tarjeta (f) roja	кызыл карточка	kızıl kartotʃka
descalificación (f)	дисквалификация	diskvalifikatsija
descalificar (vt)	дисквалифициялоо	diskvalifitsijaloo
penalti (m)	пенальти	penalʲti
barrera (f)	дубал	dubal
meter un gol	жаадыруу	dʒaadıruu
gol (m)	гол	gol
marcar un gol	гол киргизүү	gol kirgizyy
reemplazo (m)	алмаштыруу	almaʃtıruu
reemplazar (vt)	алмаштыруу	almaʃtıruu
reglas (f pl)	эрежелер	eredʒeler
táctica (f)	тактика	taktika
estadio (m)	стадион	stadion
gradería (f)	трибуна	tribuna

hincha (m)	күйөрман	kyjørman
gritar (vi)	кыйкыруу	kıjkıruu
tablero (m)	табло	tablo
tanteo (m)	эсеп	esep
derrota (f)	утулуу	utuluu
perder (vi)	жеңилүү	dʒeŋilyy
empate (m)	теңме-теӊ	teŋme-teŋ
empatar (vi)	теңме-теӊ бүтүрүү	teŋme-teŋ bytyryy
victoria (f)	жеңиш	dʒeŋiʃ
ganar (vi)	жеңүү	dʒeŋyy
campeón (m)	чемпион	tʃempion
mejor (adj)	эӊ жакшы	eŋ dʒakʃı
felicitar (vt)	куттуктоо	kuttuktoo
comentarista (m)	баяндамачы	bajandamatʃı
comentar (vt)	баяндоо	bajandoo
transmisión (f)	берүү	beryy

137. El esquí

esquís (m pl)	чаңгы	tʃaŋgı
esquiar (vi)	чаңгы тебүү	tʃaŋgı tebyy
estación (f) de esquí	тоо лыжа курорту	too lıdʒa kurortu
telesquí (m)	көтөргүч	køtørgytʃ
bastones (m pl)	таякчалар	tajaktʃalar
cuesta (f)	эңкейиш	eŋkejiʃ
eslalon (m)	слалом	slalom

138. El tenis. El golf

golf (m)	гольф	golʲf
club (m) de golf	гольф-клуб	golʲf-klub
jugador (m) de golf	гольф оюнчу	golʲf ojuntʃu
hoyo (m)	тешикче	teʃiktʃe
palo (m)	иймек таяк	ijmek tajak
carro (m) de golf	иймек таяк үчүн арабача	ijmek tajak ytʃyn arabatʃa
tenis (m)	теннис	tennis
cancha (f) de tenis	корт	kort
saque (m)	кийирүү	kijiryy
sacar (servir)	кийирүү	kijiryy
raqueta (f)	ракетка	raketka
red (f)	тор	tor
pelota (f)	топ	top

139. El ajedrez

ajedrez (m)	шахмат	ʃaχmat
piezas (f pl)	шахмат фигурасы	ʃaχmat figurası
ajedrecista (m)	шахмат ойноочу	ʃaχmat ojnootʃu
tablero (m) de ajedrez	шахмат тактасы	ʃaχmat taktası
pieza (f)	фигура	figura
blancas (f pl)	актар	aktar
negras (f pl)	каралар	karalar
peón (m)	пешка	peʃka
alfil (m)	пил	pil
caballo (m)	ат	at
torre (f)	ладья	ladja
reina (f)	ферзь	ferzʲ
rey (m)	король	korolʲ
jugada (f)	жүрүш	dʒyryʃ
jugar (mover una pieza)	жүрүү	dʒyryy
sacrificar (vt)	курман кылуу	kurman kıluu
enroque (m)	рокировка	rokirovka
jaque (m)	шах	ʃaχ
mate (m)	мат	mat
torneo (m) de ajedrez	шахмат турнири	ʃaχmat turniri
gran maestro (m)	гроссмейстер	grossmejster
combinación (f)	комбинация	kombinatsija
partida (f)	партия	partija
damas (f pl)	шашкалар	ʃaʃkalar

140. El boxeo

boxeo (m)	бокс	boks
combate (m) (~ de boxeo)	мушташ	muʃtaʃ
pelea (f) de boxeo	жекеме-жеке мушташ	dʒekeme-dʒeke muʃtaʃ
asalto (m)	раунд	raund
cuadrilátero (m)	ринг	ring
gong (m)	гонг	gong
golpe (m)	сокку	sokku
knockdown (m)	нокдаун	nokdaun
nocaut (m)	нокаут	nokaut
noquear (vt)	нокаутка жиберүү	nokautka dʒiberyy
guante (m) de boxeo	бокс колкабы	boks kolkabı
árbitro (m)	рефери	referi
peso (m) ligero	жеңил салмак	dʒeŋil salmak
peso (m) medio	орто салмак	orto salmak
peso (m) pesado	оор салмак	oor salmak

141. Los deportes. Miscelánea

Juegos (m pl) Olímpicos	Олимпиада Оюндары	olimpiada ojundarı
vencedor (m)	жеңүүчү	dʒeŋyytʃy
vencer (vi)	жеңүү	dʒeŋyy
ganar (vi)	утуу	utuu
líder (m)	топ башы	top baʃı
llevar la delantera	топ башында болуу	top baʃında boluu
primer puesto (m)	биринчи орун	birintʃi orun
segundo puesto (m)	экинчи орун	ekintʃi orun
tercer puesto (m)	үчүнчү орун	ytʃyntʃy orun
medalla (f)	медаль	medalʲ
trofeo (m)	трофей	trofej
copa (f) (trofeo)	кубок	kubok
premio (m)	байге	bajge
premio (m) principal	баш байге	baʃ bajge
record (m)	рекорд	rekord
establecer un record	рекорд коюу	rekord kojuu
final (m)	финал	final
de final (adj)	финалдык	finaldık
campeón (m)	чемпион	tʃempion
campeonato (m)	чемпионат	tʃempionat
estadio (m)	стадион	stadion
gradería (f)	трибуна	tribuna
hincha (m)	күйөрман	kyjørman
adversario (m)	каршылаш	karʃılaʃ
arrancadero (m)	старт	start
línea (f) de meta	маара	maara
derrota (f)	утулуу	utuluu
perder (vi)	жеңилүү	dʒeŋilyy
árbitro (m)	судья	sudja
jurado (m)	калыстар	kalıstar
cuenta (f)	эсеп	esep
empate (m)	теңме-тең	teŋme-teŋ
empatar (vi)	теңме-тең бүтүрүү	teŋme-teŋ bytyryy
punto (m)	упай	upaj
resultado (m)	натыйжа	natıjdʒa
tiempo (m)	убак	ubak
descanso (m)	тыныгуу	tınıguu
droga (f), doping (m)	допинг	doping
penalizar (vt)	жазалоо	dʒazaloo
descalificar (vt)	дисквалификациялоо	diskvalifitsijaloo
aparato (m)	снаряд	snarʲad

jabalina (f)	найза	najza
peso (m) (lanzamiento de ~)	ядро	jadro
bola (f) (billar, etc.)	бильярд шары	biljard ʃarı
objetivo (m)	бута	buta
blanco (m)	бута	buta
tirar (vi)	атуу	atuu
preciso (~ disparo)	таамай	taamaj
entrenador (m)	машыктыруучу	maʃıktıruutʃu
entrenar (vt)	машыктыруу	maʃıktıruu
entrenarse (vr)	машыгуу	maʃıguu
entrenamiento (m)	машыгуу	maʃıguu
gimnasio (m)	спортзал	sportzal
ejercicio (m)	көнүгүү	kønygyy
calentamiento (m)	дене керүү	dene keryy

La educación

142. La escuela

escuela (f)	мектеп	mektep
director (m) de escuela	мектеп директору	mektep direktoru
alumno (m)	окуучу бала	okuutʃu bala
alumna (f)	окуучу кыз	okuutʃu kız
escolar (m)	окуучу	okuutʃu
escolar (f)	окуучу кыз	okuutʃu kız
enseñar (vt)	окутуу	okutuu
aprender (ingles, etc.)	окуу	okuu
aprender de memoria	жаттоо	dʒattoo
aprender (a leer, etc.)	үйрөнүү	yjrønyy
estar en la escuela	мектепке баруу	mektepke baruu
ir a la escuela	окууга баруу	okuuga baruu
alfabeto (m)	алфавит	alfavit
materia (f)	сабак	sabak
clase (f), aula (f)	класс	klass
lección (f)	сабак	sabak
recreo (m)	танапис	tanapis
campana (f)	коңгуроо	koŋguroo
pupitre (m)	парта	parta
pizarra (f)	такта	takta
nota (f)	баа	baa
buena nota (f)	жакшы баа	dʒakʃı baa
mala nota (f)	жаман баа	dʒaman baa
poner una nota	баа коюу	baa kojʉu
falta (f)	ката	kata
hacer faltas	ката кетирүү	kata ketiryy
corregir (un error)	түзөтүү	tyzøtyy
chuleta (f)	шпаргалка	ʃpargalka
deberes (m pl) de casa	үй иши	yj iʃi
ejercicio (m)	көнүгүү	kønygyy
estar presente	катышуу	katıʃuu
estar ausente	келбей калуу	kelbej kaluu
faltar a las clases	сабактарды калтыруу	sabaktardı kaltıruu
castigar (vt)	жазалоо	dʒazaloo
castigo (m)	жаза	dʒaza
conducta (f)	жүрүм-турум	dʒyrym-turum

libreta (f) de notas	күндөлүк	kyndølyk
lápiz (f)	карандаш	karandaʃ
goma (f) de borrar	өчүргүч	øʧyrgyʧ
tiza (f)	бор	bor
cartuchera (f)	калем салгыч	kalem salgıʧ

mochila (f)	портфель	portfelʲ
bolígrafo (m)	калем сап	kalem sap
cuaderno (m)	дептер	depter
manual (m)	китеп	kitep
compás (m)	циркуль	tsırkulʲ

| trazar (vi, vt) | чийүү | ʧijyy |
| dibujo (m) técnico | чийме | ʧijme |

poema (m), poesía (f)	ыр сап	ır sap
de memoria (adv)	жатка	dʒatka
aprender de memoria	жаттоо	dʒattoo

vacaciones (f pl)	эс алуу	es aluu
estar de vacaciones	эс алууда болуу	es aluuda boluu
pasar las vacaciones	эс алууну өткөзүү	es aluunu øtkøzyy

prueba (f) escrita	текшерүү иш	tekʃeryy iʃ
composición (f)	дил баян	dil bajan
dictado (m)	жат жаздыруу	dʒat dʒazdıruu
examen (m)	экзамен	ekzamen
hacer un examen	экзамен тапшыруу	ekzamen tapʃıruu
experimento (m)	тажрыйба	tadʒrıjba

143. Los institutos. La Universidad

academia (f)	академия	akademija
universidad (f)	университет	universitet
facultad (f)	факультет	fakulʲtet

estudiante (m)	студент бала	student bala
estudiante (f)	студент кыз	student kız
profesor (m)	мугалим	mugalim

| aula (f) | дарскана | darskana |
| graduado (m) | окуу жайды бүтүрүүчү | okuu dʒajdı bytyryyʧy |

| diploma (m) | диплом | diplom |
| tesis (f) de grado | диссертация | dissertatsija |

| estudio (m) | изилдөө | izildøø |
| laboratorio (m) | лаборатория | laboratorija |

| clase (f) | лекция | lektsija |
| compañero (m) de curso | курсташ | kurstaʃ |

| beca (f) | стипендия | stipendija |
| grado (m) académico | илимий даража | ilimij daradʒa |

144. Las ciencias. Las disciplinas

matemáticas (f pl)	математика	matematika
álgebra (f)	алгебра	algebra
geometría (f)	геометрия	geometrija
astronomía (f)	астрономия	astronomija
biología (f)	биология	biologija
geografía (f)	география	geografija
geología (f)	геология	geologija
historia (f)	тарых	tarıx
medicina (f)	медицина	meditsina
pedagogía (f)	педагогика	pedagogika
derecho (m)	укук	ukuk
física (f)	физика	fizika
química (f)	химия	ximija
filosofía (f)	философия	filosofija
psicología (f)	психология	psixologija

145. Los sistemas de escritura. La ortografía

gramática (f)	грамматика	grammatika
vocabulario (m)	лексика	leksika
fonética (f)	фонетика	fonetika
sustantivo (m)	зат атооч	zat atootʃ
adjetivo (m)	сын атооч	sın atootʃ
verbo (m)	этиш	etiʃ
adverbio (m)	тактооч	taktootʃ
pronombre (m)	ат атооч	at atootʃ
interjección (f)	сырдык сөз	sırdık søz
preposición (f)	препозиция	prepozitsija
raíz (f), radical (m)	сөздүн уңгусу	søzdyn uŋgusu
desinencia (f)	жалгоо	dʒalgoo
prefijo (m)	префикс	prefiks
sílaba (f)	муун	muun
sufijo (m)	суффикс	suffiks
acento (m)	басым	basım
apóstrofo (m)	апостроф	apostrof
punto (m)	чекит	tʃekit
coma (f)	үтүр	ytyr
punto y coma	чекитүү үтүр	tʃekityy ytyr
dos puntos (m pl)	кош чекит	koʃ tʃekit
puntos (m pl) suspensivos	көп чекит	køp tʃekit
signo (m) de interrogación	суроо белгиси	suroo belgisi
signo (m) de admiración	илеп белгиси	ilep belgisi

comillas (f pl)	тырмакча	tırmaktʃa
entre comillas	тырмакчага алынган	tırmaktʃaga alıngan
paréntesis (m)	кашаа	kaʃaa
entre paréntesis	кашаага алынган	kaʃaaga alıngan

guión (m)	дефис	defis
raya (f)	тире	tire
blanco (m)	аралык	aralık

| letra (f) | тамга | tamga |
| letra (f) mayúscula | баш тамга | baʃ tamga |

| vocal (f) | үндүү тыбыш | yndyy tıbıʃ |
| consonante (m) | үнсүз тыбыш | ynsyz tıbıʃ |

oración (f)	сүйлем	syjløm
sujeto (m)	сүйлемдүн ээси	syjlømdyn eesi
predicado (m)	баяндооч	bajandootʃ

línea (f)	сап	sap
en una nueva línea	жаңы сап	dʒaŋı sap
párrafo (m)	абзац	abzats

palabra (f)	сөз	søz
combinación (f) de palabras	сөз айкашы	søz ajkaʃı
expresión (f)	туюнтма	tujɵntma
sinónimo (m)	синоним	sinonim
antónimo (m)	антоним	antonim

regla (f)	эреже	eredʒe
excepción (f)	чектен чыгаруу	tʃekten tʃıgaruu
correcto (adj)	туура	tuura

conjugación (f)	жактоо	dʒaktoo
declinación (f)	жөндөлүш	dʒøndølyʃ
caso (m)	жөндөмө	dʒøndømø
pregunta (f)	суроо	suroo
subrayar (vt)	баса белгилее	basa belgiløø
línea (f) de puntos	пунктир	punktir

146. Los idiomas extranjeros

lengua (f)	тил	til
extranjero (adj)	чет	tʃet
lengua (f) extranjera	чет тил	tʃet til
estudiar (vt)	окуу	okuu
aprender (ingles, etc.)	үйрөнүү	yjrønyy

leer (vi, vt)	окуу	okuu
hablar (vi, vt)	сүйлөө	syjløø
comprender (vt)	түшүнүү	tyʃynyy
escribir (vt)	жазуу	dʒazuu
rápidamente (adv)	тез	tez
lentamente (adv)	жай	dʒaj

con fluidez (adv)	эркин	erkin
reglas (f pl)	эрежелер	eredʒeler
gramática (f)	грамматика	grammatika
vocabulario (m)	лексика	leksika
fonética (f)	фонетика	fonetika
manual (m)	китеп	kitep
diccionario (m)	сөздүк	søzdyk
manual (m) autodidáctico	өзү үйрөткүч	øzy yjrøtkytʃ
guía (f) de conversación	тилачар	tilatʃar
casete (m)	кассета	kasseta
videocasete (f)	видеокассета	videokasseta
CD (m)	CD, компакт-диск	sidi, kompakt-disk
DVD (m)	DVD-диск	dividi-disk
alfabeto (m)	алфавит	alfavit
deletrear (vt)	эжелеп айтуу	edʒelep ajtuu
pronunciación (f)	айтылышы	ajtılıʃı
acento (m)	акцент	aktsent
con acento	акцент менен	aktsent menen
sin acento	акцентсиз	aktsentsiz
palabra (f)	сөз	søz
significado (m)	маани	maani
cursos (m pl)	курстар	kurstar
inscribirse (vr)	курска жазылуу	kurska dʒazıluu
profesor (m) (~ de inglés)	окутуучу	okutuutʃu
traducción (f) (proceso)	которуу	kotoruu
traducción (f) (texto)	котормо	kotormo
traductor (m)	котормочу	kotormotʃu
intérprete (m)	оозеки котормочу	oozeki kotormotʃu
políglota (m)	полиглот	poliglot
memoria (f)	эс тутум	es tutum

147. Los personajes de los cuentos de hadas

Papá Noel (m)	Санта Клаус	santa klaus
Cenicienta	Кулала кыз	kylala kız
sirena (f)	суу periси	suu perisi
Neptuno (m)	Нептун	neptun
mago (m)	сыйкырчы	sıjkırtʃı
maga (f)	сыйкырчы	sıjkırtʃı
mágico (adj)	сыйкырдуу	sıjkırduu
varita (f) mágica	сыйкырлуу таякча	sıjkırluu tajaktʃa
cuento (m) de hadas	жомок	dʒomok
milagro (m)	керемет	keremet
enano (m)	эргежээл	ergedʒeel

transformarse en ...	...га айлануу	...ga ajlanuu
espíritu (m) (fantasma)	арбак	arbak
fantasma (m)	көрүнчү	køryntʃy
monstruo (m)	желмогуз	dʒelmoguz
dragón (m)	ажыдаар	adʒıdaar
gigante (m)	дөө	døø

148. Los signos de zodiaco

Aries (m)	Кой	koj
Tauro (m)	Букачар	bukatʃar
Géminis (m pl)	Эгиздер	egizder
Cáncer (m)	Рак	rak
Leo (m)	Арстан	arstan
Virgo (m)	Суу пери	suu peri
Libra (f)	Тараза	taraza
Escorpio (m)	Чаян	tʃajan
Sagitario (m)	Жаачы	dʒaatʃı
Capricornio (m)	Текечер	teketʃer
Acuario (m)	Суу куяр	suu kujar
Piscis (m pl)	Балыктар	balıktar
carácter (m)	мүнөз	mynøz
rasgos (m pl) de carácter	мүнөздүн түрү	mynøzdyn tyry
conducta (f)	жүрүм-турум	dʒyrym-turum
decir la buenaventura	төлгө ачуу	tølgø atʃuu
adivinadora (f)	көз ачык	køz atʃık
horóscopo (m)	жылдыз төлгө	dʒıldız tølgø

El arte

149. El teatro

teatro (m)	театр	teatr
ópera (f)	опера	opera
opereta (f)	оперетта	operetta
ballet (m)	балет	balet
cartelera (f)	афиша	afiʃa
compañía (f) de teatro	труппа	truppa
gira (f) artística	гастрольго чыгуу	gastrolʲgo tʃɪguu
hacer una gira artística	гастрольдо жүргү	gastrolʲdo dʒyryy
ensayar (vi, vt)	репетиция кылуу	repetitsija kıluu
ensayo (m)	репетиция	repetitsija
repertorio (m)	репертуар	repertuar
representación (f)	көрсөтүү	kørsøtyy
espectáculo (m)	спектакль	spektaklʲ
pieza (f) de teatro	пьеса	pjesa
billet (m)	билет	bilet
taquilla (f)	билет кассасы	bilet kassası
vestíbulo (m)	холл	χoll
guardarropa (f)	гардероб	garderob
ficha (f) de guardarropa	номерок	nomerok
gemelos (m pl)	дүрбү	dyrby
acomodador (m)	текшерүүчү	tekʃeryytʃy
patio (m) de butacas	партер	parter
balconcillo (m)	балкон	balkon
entresuelo (m)	бельэтаж	beljetadʒ
palco (m)	ложа	lodʒa
fila (f)	катар	katar
asiento (m)	орун	orun
público (m)	эл	el
espectador (m)	көрүүчү	køryytʃy
aplaudir (vi, vt)	кол чабуу	kol tʃabuu
aplausos (m pl)	кол чабуулар	kol tʃabuular
ovación (f)	дүркүрөгөн кол чабуулар	dyrkyrøgøn kol tʃabuular
escenario (m)	сахна	saχna
telón (m)	көшөгө	køʃøgø
decoración (f)	декорация	dekoratsija
bastidores (m pl)	көшөгө артында	køʃøgø artında
escena (f)	көрсөтмө	kørsøtmø
acto (m)	окуя	okuja
entreacto (m)	антракт	antrakt

150. El cine

actor (m)	актёр	aktʲor
actriz (f)	актриса	aktrisa
cine (m) (industria)	кино	kino
película (f)	тасма	tasma
episodio (m)	серия	serija
película (f) policíaca	детектив	detektiv
película (f) de acción	салгылаш тасмасы	salgılaʃ tasması
película (f) de aventura	укмуштуу окуялуу тасма	ukmuʃtuu okujaluu tasma
película (f) de ciencia ficción	билим-жалган аралаш тасмасы	bilim-dʒalgan aralaʃ tasması
película (f) de horror	коркутуу тасмасы	korkutuu tasması
película (f) cómica	күлкүлүү кино	kylkylyy kino
melodrama (m)	ый менен кайгы аралаш	ıy menen kajgı aralaʃ
drama (m)	драма	drama
película (f) de ficción	көркөм тасма	kørkøm tasma
documental (m)	документүү тасма	dokumentyy tasma
dibujos (m pl) animados	мультфильм	mulʲtfilʲm
cine (m) mudo	үнсүз кино	ynsyz kino
papel (m)	роль	rolʲ
papel (m) principal	башкы роль	baʃkı rolʲ
interpretar (vt)	ойноо	ojnoo
estrella (f) de cine	кино жылдызы	kino dʒıldızı
conocido (adj)	белгилүү	belgilyy
famoso (adj)	атактуу	ataktuu
popular (adj)	даңазалуу	daŋazaluu
guión (m) de cine	сценарий	stsenarij
guionista (m)	сценарист	stsenarist
director (m) de cine	режиссёр	redʒissʲor
productor (m)	продюсер	produser
asistente (m)	ассистент	assistent
operador (m)	оператор	operator
doble (m) de riesgo	айлагер	ajlager
doble (m)	кейпин кийүүчү	kejpin kijyytʃy
filmar una película	тасма тартуу	tasma tartuu
audición (f)	сыноо	sınoo
rodaje (m)	тартуу	tartuu
equipo (m) de rodaje	тартуу группасы	tartuu gruppası
plató (m) de rodaje	тартуу аянты	tartuu ajantı
cámara (f)	кинокамера	kinokamera
cine (m) (iremos al ~)	кинотеатр	kinoteatr
pantalla (f)	экран	ekran
mostrar la película	тасманы көрсөтүү	tasmanı kørsøtyy
pista (f) sonora	үн нугу	yn nugu
efectos (m pl) especiales	атайын эффектер	atajın effekter

subtítulos (m pl)	субтитрлер	subtitrler
créditos (m pl)	титрлер	titrler
traducción (f)	которуу	kotoruu

151. La pintura

arte (m)	керкем енер	kørkøm ønør
bellas artes (f pl)	керкем чеберчилик	kørkøm ʧebertʃilik
galería (f) de arte	арт-галерея	art-galereja
exposición (f) de arte	сүрет кергезмесү	syrøt kørgøzmøsy

pintura (f)	живопись	dʒivopisʲ
gráfica (f)	графика	grafika
abstraccionismo (m)	абстракционизм	abstraktsionizm
impresionismo (m)	импрессионизм	impressionizm

pintura (f)	сүрет	syrøt
dibujo (m)	сүрет	syrøt
pancarta (f)	кернек	kørnøk

ilustración (f)	иллюстрация	illustratsija
miniatura (f)	миниатюра	miniatura
copia (f)	кечүрме	køʧyrmø
reproducción (f)	репродукция	reproduktsija

mosaico (m)	мозаика	mozaika
vidriera (f)	витраж	vitradʒ
fresco (m)	фреска	freska
grabado (m)	гравюра	gravura

busto (m)	бюст	bust
escultura (f)	айкел	ajkel
estatua (f)	айкел	ajkel
yeso (m)	гипс	gips
en yeso (adj)	гипстен	gipsten

retrato (m)	портрет	portret
autorretrato (m)	автопортрет	avtoportret
paisaje (m)	теребел сүретү	terebel syrøty
naturaleza (f) muerta	буюмдар сүретү	bujumdar syrøty
caricatura (f)	карикатура	karikatura
boceto (m)	сомо	somo

pintura (f)	боек	boek
acuarela (f)	акварель	akvarelʲ
óleo (m)	майбоёк	majbojok
lápiz (f)	карандаш	karandaʃ
tinta (f) china	тушь	tuʃ
carboncillo (m)	кемүр	kømyr

dibujar (vi, vt)	тартуу	tartuu
pintar (vi, vt)	боёк менен тартуу	bojok menen tartuu
posar (vi)	атайын туруу	atajın turuu
modelo (m)	атайын туруучу	atajın turuuʧu

133

modelo (f)	атайын туруучу	atajın turuutʃu
pintor (m)	сүрөтчү	syrøtʃy
obra (f) de arte	чыгарма	tʃıgarma
obra (f) maestra	чеберчиликтин чокусу	tʃebertʃiliktin tʃokusu
estudio (m) (de un artista)	устакана	ustakana

lienzo (m)	кендир	kendir
caballete (m)	мольберт	molʲbert
paleta (f)	палитра	palitra

marco (m)	алкак	alkak
restauración (f)	калыбына келтирүү	kalıbına keltiryy
restaurar (vt)	калыбына келтирүү	kalıbına keltiryy

152. La literatura y la poesía

literatura (f)	адабият	adabijat
autor (m) (escritor)	автор	avtor
seudónimo (m)	лакап ат	lakap at

libro (m)	китеп	kitep
tomo (m)	том	tom
tabla (f) de contenidos	мазмун	mazmun
página (f)	бет	bet
héroe (m) principal	башкы каарман	baʃkı kaarman
autógrafo (m)	кол тамга	kol tamga

relato (m) corto	окуя	okuja
cuento (m)	аңгеме	aŋgeme
novela (f)	роман	roman
obra (f) literaria	дил баян	dil bajan
fábula (f)	тамсил	tamsil
novela (f) policíaca	детектив	detektiv

verso (m)	ыр сап	ır sap
poesía (f)	поэззия	poezija
poema (f)	поэма	poema
poeta (m)	акын	akın

bellas letras (f pl)	сулуулатып жазуу	suluulatıp dʒazuu
ciencia ficción (f)	билим-жалган аралаш	bilim-dʒalgan aralaʃ
aventuras (f pl)	укмуштуу окуялар	ukmuʃtuu okujalar
literatura (f) didáctica	билим берүү адабияты	bilim beryy adabijatı
literatura (f) infantil	балдар адабияты	baldar adabijatı

153. El circo

circo (m)	цирк	tsırk
circo (m) ambulante	цирк-шапито	tsırk-ʃapito
programa (m)	программа	programma
representación (f)	көрсөтүү	kørsøtyy
número (m)	номер	nomer

arena (f)	арена	arena
pantomima (f)	пантомима	pantomima
payaso (m)	маскарапоз	maskarapoz

acróbata (m)	акробат	akrobat
acrobacia (f)	акробатика	akrobatika
gimnasta (m)	гимнаст	gimnast
gimnasia (f)	гимнастика	gimnastika
salto (m)	тоңкочуктап атуу	toŋkotʃuktap atuu

forzudo (m)	атлет	atlet
domador (m)	ыкка көндүрүүчү	ıkka køndyryytʃy
caballista (m)	чабандес	tʃabandes
asistente (m)	жардамчы	dʒardamtʃı

truco (m)	ыкма	ıkma
truco (m) de magia	көз боемо	køz boemo
ilusionista (m)	көз боемочу	køz boemotʃu

malabarista (m)	жонглёр	dʒonglʲor
hacer malabarismos	жонглёрлук кылуу	dʒonglʲorluk kıluu
amaestrador (m)	үйрөтүүчү	yjrøtyytʃy
amaestramiento (m)	үйрөтүү	yjrøtyy
amaestrar (vt)	үйрөтүү	yjrøtyy

154. La música. La música popular

música (f)	музыка	muzıka
músico (m)	музыкант	muzıkant
instrumento (m) musical	музыка аспабы	muzıka aspabı
tocar ...	...да ойноо	...da ojnoo

guitarra (f)	гитара	gitara
violín (m)	скрипка	skripka
violonchelo (m)	виолончель	violontʃelʲ
contrabajo (m)	контрабас	kontrabas
arpa (f)	арфа	arfa

piano (m)	пианино	pianino
piano (m) de cola	рояль	rojalʲ
órgano (m)	орган	organ

instrumentos (m pl) de viento	үйлө аспаптары	yjlø aspaptarı
oboe (m)	гобой	goboj
saxofón (m)	саксофон	saksofon
clarinete (m)	кларнет	klarnet
flauta (f)	флейта	flejta
trompeta (f)	сурнай	surnaj

acordeón (m)	аккордеон	akkordeon
tambor (m)	добулбас	dobulbas

dúo (m)	дуэт	duet
trío (m)	трио	trio

cuarteto (m)	квартет	kvartet
coro (m)	хор	χor
orquesta (f)	оркестр	orkestr
música (f) pop	поп-музыка	pop-muzıka
música (f) rock	рок-музыка	rok-muzıka
grupo (m) de rock	рок-группа	rok-gruppa
jazz (m)	джаз	dʒaz
ídolo (m)	аздек	azdek
admirador (m)	күйөрман	kyjørman
concierto (m)	концерт	kontsert
sinfonía (f)	симфония	simfonija
composición (f)	чыгарма	tʃıgarma
escribir (vt)	чыгаруу	tʃıgaruu
canto (m)	ырдоо	ırdoo
canción (f)	ыр	ır
melodía (f)	обон	obon
ritmo (m)	ыргак	ırgak
blues (m)	блюз	blɥz
notas (f pl)	ноталар	notalar
batuta (f)	таякча	tajaktʃa
arco (m)	кылдуу таякча	kılduu tajaktʃa
cuerda (f)	кыл	kıl
estuche (m)	куту	kutu

Los restaurantes. El entretenimiento. El viaje

155. El viaje. Viajar

turismo (m)	туризм	turizm
turista (m)	турист	turist
viaje (m)	саякат	sajakat
aventura (f)	укмуштуу окуя	ukmuʃtuu okuja
viaje (m)	сапар	sapar
vacaciones (f pl)	дем алыш	dem alıʃ
estar de vacaciones	дем алышка чыгуу	dem alıʃka tʃɪguu
descanso (m)	эс алуу	es aluu
tren (m)	поезд	poezd
en tren	поезд менен	poezd menen
avión (m)	учак	utʃak
en avión	учакта	utʃakta
en coche	автомобилде	avtomobilde
en barco	кемеде	kemede
equipaje (m)	жүк	dʒyk
maleta (f)	чемодан	tʃemodan
carrito (m) de equipaje	араба	araba
pasaporte (m)	паспорт	pasport
visado (m)	виза	viza
billete (m)	билет	bilet
billete (m) de avión	авиабилет	aviabilet
guía (f) (libro)	жол көрсөткүч	dʒol kørsøtkytʃ
mapa (m)	карта	karta
área (m) (~ rural)	жай	dʒaj
lugar (m)	жер	dʒer
exotismo (m)	экзотика	ekzotika
exótico (adj)	экзотикалуу	ekzotikaluu
asombroso (adj)	ажайып	adʒajıp
grupo (m)	топ	top
excursión (f)	экскурсия	ekskursija
guía (m) (persona)	экскурсия жетекчиси	ekskursija dʒetektʃisi

156. El hotel

hotel (m), motel (m)	мейманкана	mejmankana
motel (m)	мотель	motelʲ
de tres estrellas	үч жылдыздуу	ytʃ dʒıldızduu

| de cinco estrellas | беш жылдыздуу | beʃ dʒɪldɪzduu |
| hospedarse (vr) | токтоо | toktoo |

habitación (f)	номер	nomer
habitación (f) individual	бир орундуу	bir orunduu
habitación (f) doble	эки орундуу	eki orunduu
reservar una habitación	номерди камдык буйрутмалоо	nomerdi kamdık bujrutmaloo

| media pensión (f) | жарым пансион | dʒarım pansion |
| pensión (f) completa | толук пансион | toluk pansion |

con baño	ваннасы менен	vannası menen
con ducha	душ менен	duʃ menen
televisión (f) satélite	спутник	sputnik
climatizador (m)	аба желдеткич	aba dʒeldetkiʧ
toalla (f)	сүлгү	sylgy
llave (f)	ачкыч	aʧkıʧ

administrador (m)	администратор	administrator
camarera (f)	үй кызматкери	yj kızmatkeri
maletero (m)	жүк ташуучу	dʒyk taʃuutʃu
portero (m)	эшик ачуучу	eʃik atʃuutʃu

restaurante (m)	ресторан	restoran
bar (m)	бар	bar
desayuno (m)	таңкы тамак	taŋkı tamak
cena (f)	кечки тамак	ketʧki tamak
buffet (m) libre	шведче стол	ʃvedtʧe stol

| vestíbulo (m) | вестибюль | vestibͧlʲ |
| ascensor (m) | лифт | lift |

| NO MOLESTAR | ТЫНЧЫБЫЗДЫ АЛБАГЫЛА! | tıntʧibızdı albagıla! |
| PROHIBIDO FUMAR | ТАМЕКИ ЧЕГҮҮГӨ БОЛБОЙТ! | tameki tʧegyygø bolbojt! |

157. Los libros. La lectura

libro (m)	китеп	kitep
autor (m)	автор	avtor
escritor (m)	жазуучу	dʒazuutʧu
escribir (~ un libro)	жазуу	dʒazuu

lector (m)	окурман	okurman
leer (vi, vt)	окуу	okuu
lectura (f)	окуу	okuu

| en silencio | үн чыгарбай | yn tʧigarbaj |
| en voz alta | үн чыгарып | yn tʧigarıp |

| editar (vt) | басып чыгаруу | basıp tʧigaruu |
| edición (f) (~ de libros) | басып чыгаруу | basıp tʧigaruu |

| editor (m) | басып чыгаруучу | basıp ʧıgaruuʧu |
| editorial (f) | басмакана | basmakana |

salir (libro)	жарык көрүү	dʒarık køryy
salida (f) (de un libro)	чыгуу	ʧıguu
tirada (f)	нуска	nuska

| librería (f) | китеп дүкөнү | kitep dykøny |
| biblioteca (f) | китепкана | kitepkana |

cuento (m)	аңгеме	aŋgeme
relato (m) corto	окуя	okuja
novela (f)	роман	roman
novela (f) policíaca	детектив	detektiv

memorias (f pl)	эсте калгандары	este kalgandarı
leyenda (f)	уламыш	ulamıʃ
mito (m)	миф	mif

versos (m pl)	ыр	ır
autobiografía (f)	автобиография	avtobiografija
obras (f pl) escogidas	тандалма	tandalma
ciencia ficción (f)	билим-жалган аралаш	bilim-dʒalgan aralaʃ

título (m)	аталышы	atalıʃı
introducción (f)	кириш сөз	kiriʃ søz
portada (f)	наам барагы	naam baragı

capítulo (m)	бөлум	bølum
extracto (m)	үзүндү	yzyndy
episodio (m)	эпизод	epizod

sujeto (m)	сюжет	sudʒet
contenido (m)	мазмун	mazmun
tabla (f) de contenidos	мазмун	mazmun
héroe (m) principal	башкы каарман	baʃkı kaarman

tomo (m)	том	tom
cubierta (f)	мукаба	mukaba
encuadernado (m)	мукабалоо	mukabaloo
marcador (m) de libro	чеп кат	ʧøp kat

página (f)	бет	bet
hojear (vt)	барактоо	baraktoo
márgenes (m pl)	талаа	talaa
anotación (f)	белги	belgi
nota (f) a pie de página	эскертүү	eskertyy

texto (m)	текст	tekst
fuente (f)	шрифт	ʃrift
errata (f)	ката	kata

traducción (f)	котормо	kotormo
traducir (vt)	которуу	kotoruu
original (m)	түпнуска	typnuska
famoso (adj)	атактуу	ataktuu

desconocido (adj)	белгисиз	belgisiz
interesante (adj)	кызыктуу	kızıktuu
best-seller (m)	талашып сатып алынган	talaʃıp satıp alıngan

diccionario (m)	сөздүк	søzdyk
manual (m)	китеп	kitep
enciclopedia (f)	энциклопедия	entsiklopedija

158. La caza. La pesca

caza (f)	аңчылык	aŋtʃılık
cazar (vi, vt)	аңчылык кылуу	aŋtʃılık kıluu
cazador (m)	аңчы	aŋtʃı

tirar (vi)	атуу	atuu
fusil (m)	мылтык	mıltık
cartucho (m)	ок	ok
perdigón (m)	чачма	tʃatʃma

cepo (m)	капкан	kapkan
trampa (f)	тузак	tuzak
caer en la trampa	капканга түшүү	kapkanga tyʃyy
poner una trampa	капкан коюу	kapkan kojʉu

cazador (m) furtivo	браконьер	brakonjer
caza (f) menor	илбээсин	ilbeesin
perro (m) de caza	тайган	tajgan
safari (m)	сафари	safari
animal (m) disecado	кеп	kep
pescador (m)	балыкчы	balıktʃı
pesca (f)	балык улоо	balık uloo
pescar (vi)	балык улоо	balık uloo

caña (f) de pescar	кайырмак	kajırmak
sedal (m)	кайырмак жиби	kajırmak dʒibi
anzuelo (m)	илгич	ilgitʃ
flotador (m)	калкыма	kalkıma
cebo (m)	жем	dʒem

lanzar el anzuelo	кайырмак таштоо	kajırmak taʃtoo
picar (vt)	чокулоо	tʃokuloo
pesca (f) (lo pescado)	кармалган балык	karmalgan balık
agujero (m) en el hielo	муздагы оюк	muzdagı ojʉk

red (f)	тор	tor
barca (f)	кайык	kajık
pescar con la red	тор менен кармоо	tor menen karmoo
tirar la red	тор таштоо	tor taʃtoo
sacar la red	торду чыгаруу	tordu tʃıgaruu
caer en la red	торго түшүү	torgo tyʃyy

ballenero (m) (persona)	кит уулоочу	kit uulootʃu
ballenero (m) (barco)	кит уулоочу кеме	kit uulootʃu keme
arpón (m)	гарпун	garpun

159. Los juegos. El billar

billar (m)	бильярд	biljard
sala (f) de billar	бильярдкана	biljardkana
bola (f) de billar	бильярд шары	biljard ʃarı
entronerar la bola	шарды киргизүү	ʃardı kirgizyy
taco (m)	кий	kij
tronera (f)	луза	luza

160. Los juegos. Las cartas

cuadrados (m pl)	момун	momun
picas (f pl)	карга	karga
corazones (m pl)	кызыл ача	kızıl atʃa
tréboles (m pl)	чырым	tʃırım
as (m)	туз	tuz
rey (m)	король	korolʲ
dama (f)	матке	matke
sota (f)	балта	balta
carta (f)	оюн картасы	ojʉn kartası
cartas (f pl)	карталар	kartalar
triunfo (m)	көзүр	køzyr
baraja (f)	колода	koloda
punto (m)	очко	otʃko
dar (las cartas)	таратуу	taratuu
barajar (vt)	аралаштыруу	aralaʃtıruu
jugada (f)	жүрүү	dʒyryy
fullero (m)	шумпай	ʃumpaj

161. El casino. La ruleta

casino (m)	казино	kazino
ruleta (f)	рулетка	ruletka
puesta (f)	коюм	kojʉm
apostar (vt)	коюм коюу	kojʉm kojʉu
rojo (m)	кызыл	kızıl
negro (m)	кара	kara
apostar al rojo	кызылга коюу	kızılga kojʉu
apostar al negro	карага коюу	karaga kojʉu
crupier (m, f)	крупье	krupje
girar la ruleta	барабанды айлантуу	barabandı ajlantuu
reglas (f pl) de juego	оюн эрежеси	odʒʉn eredʒesi
ficha (f)	фишка	fiʃka
ganar (vi, vt)	утуу	utuu
ganancia (f)	утуу	utuu

| perder (vi) | жеӊилүү | dʒeŋilyy |
| pérdida (f) | уткузуу | utkuzuu |

jugador (m)	оюнчу	ojʉnʧu
black jack (m)	блэк джек	blek dʒek
juego (m) de dados	сөөк оюну	søøk ojʉnu
dados (m pl)	сөөктөр	søøktør
tragaperras (f)	оюн автоматы	ojʉn avtomatı

162. El descanso. Los juegos. Miscelánea

pasear (vi)	сейилдөө	sejildøø
paseo (m) (caminata)	жөө сейилдөө	dʒøø sejildøø
paseo (m) (en coche)	саякат	sajakat
aventura (f)	укмуштуу окуя	ukmuʃtuu okuja
picnic (m)	пикник	piknik

juego (m)	оюн	ojʉn
jugador (m)	оюнчу	ojʉnʧu
partido (m)	партия	partija

coleccionista (m)	жыйнакчы	dʒıjnakʧı
coleccionar (vt)	жыйноо	dʒıjnoo
colección (f)	жыйнак	dʒıjnak

crucigrama (m)	кроссворд	krossvord
hipódromo (m)	ат майданы	at majdanı
discoteca (f)	дискотека	diskoteka

| sauna (f) | сауна | sauna |
| lotería (f) | лотерея | lotereja |

marcha (f)	жөө сапар	dʒøø sapar
campo (m)	лагерь	lagerʲ
tienda (f) de campaña	чатыр	ʧatır
brújula (f)	компас	kompas
campista (m)	турист	turist

ver (la televisión)	көрүү	køryy
telespectador (m)	телекөрүүчү	telekøryyʧy
programa (m) de televisión	теле көрсөтүү	tele kørsøtyy

163. La fotografía

| cámara (f) fotográfica | фотоаппарат | fotoapparat |
| fotografía (f) (una foto) | фото | foto |

fotógrafo (m)	сүрөтчү	syrøtʧy
estudio (m) fotográfico	фотостудия	fotostudija
álbum (m) de fotos	фотоальбом	fotoalʲbom
objetivo (m)	объектив	obʰjektiv
teleobjetivo (m)	телеобъектив	teleobʰjektiv

filtro (m)	фильтр	fil'tr
lente (m)	линза	linza
óptica (f)	оптика	optika
diafragma (m)	диафрагма	diafragma
tiempo (m) de exposición	тушугуу	tuʃuguu
visor (m)	көрүнүш табуучу	kørynyʃ tabuutʃu
cámara (f) digital	санарип камерасы	sanarip kamerası
trípode (m)	үч бут	ytʃ but
flash (m)	жарк этүү	dʒark etyy
fotografiar (vt)	сүрөткө тартуу	syrøtkø tartuu
hacer fotos	тартуу	tartuu
fotografiarse (vr)	сүрөткө түшүү	syrøtkø tyʃyy
foco (m)	фокус	fokus
enfocar (vt)	фокусту оңдоо	fokustu oŋdoo
nítido (adj)	фокуста	fokusta
nitidez (f)	дааналык	daanalık
contraste (m)	контраст	kontrast
contrastante (adj)	контрасттагы	kontrasttagı
foto (f)	сүрөт	syrøt
negativo (m)	негатив	negativ
película (f) fotográfica	фотоплёнка	fotopl'onka
fotograma (m)	кадр	kadr
imprimir (vt)	басып чыгаруу	basıp tʃıgaruu

164. La playa. La natación

playa (f)	суу жээги	suu dʒeegi
arena (f)	кум	kum
desierto (playa ~a)	ээн суу жээги	een suu dʒeegi
bronceado (m)	күнгө күйүү	kyngø kyjyy
broncearse (vr)	күнгө кактануу	kyngø kaktanuu
bronceado (adj)	күнгө күйгөн	kyngø kyjgøn
protector (m) solar	күнгө күйүш үчүн крем	kyngø kyjyʃ ytʃyn krem
bikini (m)	бикини	bikini
traje (m) de baño	купальник	kupal'nik
bañador (m)	плавки	plavki
piscina (f)	бассейн	bassejn
nadar (vi)	сүзүү	syzyy
ducha (f)	душ	duʃ
cambiarse (vr)	кийим алмаштыруу	kijim almaʃtıruu
toalla (f)	сүлгү	sylgy
barca (f)	кайык	kajık
lancha (f) motora	катер	kater
esquís (m pl) acuáticos	суу чаңгысы	suu tʃaŋgısı

bicicleta (f) acuática	суу велосипеди	suu velosipedi
surf (m)	тактай тебүү	taktaj tebyy
surfista (m)	тактай тебүүчү	taktaj tebyyʧy
equipo (m) de buceo	акваланг	akvalang
aletas (f pl)	ласты	lastı
máscara (f) de buceo	маска	maska
buceador (m)	сууга сүңгүү	suuga syŋgyy
bucear (vi)	сүңгүү	syŋgyy
bajo el agua (adv)	суу астында	suu astında
sombrilla (f)	зонт	zont
tumbona (f)	шезлонг	ʃezlong
gafas (f pl) de sol	көз айнек	køz ajnek
colchoneta (f) inflable	сүзүү үчүн матрас	syzyy yʧyn matras
jugar (divertirse)	ойноо	ojnoo
bañarse (vr)	сууга түшүү	suuga tyʃyy
pelota (f) de playa	топ	top
inflar (vt)	үйлөө	yjløø
inflable (colchoneta ~)	үйлөнмө	yjlønmø
ola (f)	толкун	tolkun
boya (f)	буй	buj
ahogarse (vr)	чөгүү	ʧøgyy
salvar (vt)	куткаруу	kutkaruu
chaleco (m) salvavidas	куткаруучу күрмө	kutkaruuʧu kyrmø
observar (vt)	байкоо	bajkoo
socorrista (m)	куткаруучу	kutkaruuʧu

EL EQUIPO TÉCNICO. EL TRANSPORTE

El equipo técnico

165. El computador

ordenador (m)	компьютер	kompjuter
ordenador (m) portátil	ноутбук	noutbuk
encender (vt)	күйгүзүү	kyjgyzyy
apagar (vt)	өчүрүү	øʧyryy
teclado (m)	ариптакта	ariptakta
tecla (f)	баскыч	baskıʧ
ratón (m)	чычкан	ʧıʧkan
alfombrilla (f) para ratón	килемче	kilemʧe
botón (m)	баскыч	baskıʧ
cursor (m)	курсор	kursor
monitor (m)	монитор	monitor
pantalla (f)	экран	ekran
disco (m) duro	катуу диск	katuu disk
volumen (m) de disco duro	катуу дисктин көлөмү	katuu disktin kølømy
memoria (f)	эс тутум	es tutum
memoria (f) operativa	оперативдик эс тутум	operativdik es tutum
archivo, fichero (m)	файл	fajl
carpeta (f)	папка	papka
abrir (vt)	ачуу	aʧuu
cerrar (vt)	жабуу	dʒabuu
guardar (un archivo)	сактоо	saktoo
borrar (vt)	жок кылуу	dʒok kıluu
copiar (vt)	көчүрүү	køʧyryy
ordenar (vt) (~ de A a Z, etc.)	иреттөө	irettøø
copiar (vt)	өткөрүү	øtkøryy
programa (m)	программа	programma
software (m)	программалык	programmalık
programador (m)	программист	programmist
programar (vt)	программалаштыруу	programmalaʃtıruu
hacker (m)	хакер	χaker
contraseña (f)	сырсөз	sırsøz
virus (m)	вирус	virus
detectar (vt)	издеп табуу	izdep tabuu
octeto (m)	байт	bajt

megaocteto (m)	мегабайт	megabajt
datos (m pl)	маалыматтар	maalımattar
base (f) de datos	маалымат базасы	maalımat bazası
cable (m)	кабель	kabelʲ
desconectar (vt)	ажыратуу	adʒıratuu
conectar (vt)	туташтыруу	tutaʃtıruu

166. El internet. El correo electrónico

internet (m), red (f)	интернет	internet
navegador (m)	браузер	brauzer
buscador (m)	издөө аспабы	izdøø aspabı
proveedor (m)	провайдер	provajder
webmaster (m)	веб-мастер	web-master
sitio (m) web	веб-сайт	web-sajt
página (f) web	веб-баракча	web-baraktʃa
dirección (f)	дарек	darek
libro (m) de direcciones	дарек китепчеси	darek kiteptʃesi
buzón (m)	почта ящиги	potʃta jaʃtʃigi
correo (m)	почта	potʃta
lleno (adj)	толуп калган	tolup kalgan
mensaje (m)	кабар	kabar
correo (m) entrante	келген кабарлар	kelgen kabarlar
correo (m) saliente	жөнөтүлгөн кабарлар	dʒønøtylgøn kabarlar
expedidor (m)	жөнөтүүчү	dʒønøtyytʃy
enviar (vt)	жөнөтүү	dʒønøtyy
envío (m)	жөнөтүү	dʒønøtyy
destinatario (m)	алуучу	aluutʃu
recibir (vt)	алуу	aluu
correspondencia (f)	жазышуу	dʒazıʃuu
escribirse con ...	жазышуу	dʒazıʃuu
archivo, fichero (m)	файл	fajl
descargar (vt)	жүктөө	dʒyktøø
crear (vt)	жаратуу	dʒaratuu
borrar (vt)	жок кылуу	dʒok kıluu
borrado (adj)	жок кылынган	dʒok kılıngan
conexión (f) (ADSL, etc.)	байланыш	bajlanıʃ
velocidad (f)	ылдамдык	ıldamdık
módem (m)	модем	modem
acceso (m)	жеткирилүү	dʒetkirilyy
puerto (m)	порт	port
conexión (f) (establecer la ~)	туташуу	tutaʃuu
conectarse a ...	... туташуу	... tutaʃuu

| seleccionar (vt) | тандоо | tandoo |
| buscar (vt) | ... издее | ... izdøø |

167. La electricidad

electricidad (f)	электр кубаты	elektr kubatı
eléctrico (adj)	электрикалык	elektrikalık
central (f) eléctrica	электростанция	elektrostanʦija
energía (f)	энергия	energija
energía (f) eléctrica	электр кубаты	elektr kubatı

bombilla (f)	лампочка	lampotʃka
linterna (f)	шам	ʃam
farola (f)	шам	ʃam

luz (f)	жарык	dʒarık
encender (vt)	күйгүзүү	kyjgyzyy
apagar (vt)	өчүрүү	øtʃyryy
apagar la luz	жарыкты өчүрүү	dʒarıktı øtʃyryy

quemarse (vr)	күйүп кетүү	kyjyp ketyy
circuito (m) corto	кыска туташуу	kıska tutaʃuu
ruptura (f)	үзүлүү	yzylyy
contacto (m)	контакт	kontakt

interruptor (m)	өчүргүч	øtʃyrgytʃ
enchufe (m)	розетка	rozetka
clavija (f)	сайгыч	sajgıtʃ
alargador (m)	узарткыч	uzartkıtʃ

fusible (m)	эриме сактагыч	erime saktagıtʃ
hilo (m)	зым	zım
instalación (f) eléctrica	электр зымы	elektr zımı

amperio (m)	ампер	amper
amperaje (m)	токтун күчү	toktun kytʃy
voltio (m)	вольт	volʲt
voltaje (m)	чыңалуу	tʃıŋaluu

| aparato (m) eléctrico | электр алет | elektr alet |
| indicador (m) | көрсөткүч | kørsøtkytʃ |

electricista (m)	электрик	elektrik
soldar (vt)	каңдоо	kaŋdoo
soldador (m)	каңдагыч аспап	kaŋdagıtʃ aspap
corriente (f)	электр тогу	elektr togu

168. Las herramientas

instrumento (m)	аспап	aspap
instrumentos (m pl)	аспаптар	aspaptar
maquinaria (f)	жабдуу	dʒabduu

martillo (m)	балка	balka
destornillador (m)	бурагыч	buragıtʃ
hacha (f)	балта	balta
sierra (f)	араа	araa
serrar (vt)	аралоо	araloo
cepillo (m)	тактай сүргүч	taktaj syrgytʃ
cepillar (vt)	сүргүү	syryy
soldador (m)	кандагыч аспап	kaŋdagıtʃ aspap
soldar (vt)	кандоо	kaŋdoo
lima (f)	өгөө	øgøø
tenazas (f pl)	аттиш	attiʃ
alicates (m pl)	жалпак тиштүү кычкач	dʒalpak tiʃtyy kıtʃkatʃ
escoplo (m)	тешкич	teʃkitʃ
broca (f)	бургу	burgu
taladro (m)	үшкү	yʃky
taladrar (vi, vt)	бургулап тешүү	burgulap teʃyy
cuchillo (m)	бычак	bıtʃak
navaja (f)	чөнтөк бычак	tʃøntøk bıtʃak
filo (m)	миз	miz
agudo (adj)	курч	kurtʃ
embotado (adj)	мокок	mokok
embotarse (vr)	мокотулуу	mokotuluu
afilar (vt)	курчутуу	kurtʃutuu
perno (m)	буроо	buroo
tuerca (f)	бурама	burama
filete (m)	бураманын сайы	buramanın sajı
tornillo (m)	буроо мык	buroo mık
clavo (m)	мык	mık
cabeza (f) del clavo	баш	baʃ
regla (f)	сызгыч	sızgıtʃ
cinta (f) métrica	рулетка	ruletka
nivel (m) de burbuja	деңгээл	deŋgeel
lupa (f)	чоңойтуч	tʃoŋojtutʃ
aparato (m) de medida	ченөөчү аспап	tʃenøøtʃy aspap
medir (vt)	ченөө	tʃenøø
escala (f) (~ métrica)	шкала	ʃkala
lectura (f)	көрсөтүү ченем	kørsøtyy tʃenem
compresor (m)	компрессор	kompressor
microscopio (m)	микроскоп	mikroskop
bomba (f) (~ de agua)	соргу	sorgu
robot (m)	робот	robot
láser (m)	лазер	lazer
llave (f) de tuerca	гайка ачкычы	gajka atʃkıtʃı
cinta (f) adhesiva	жабышкак тасма	dʒabıʃkak tasma

pegamento (m)	желим	ʤelim
papel (m) de lija	кум кагаз	kum kagaz
resorte (m)	серпилгич	serpilgiʧ
imán (m)	магнит	magnit
guantes (m pl)	колкап	kolkap
cuerda (f)	аркан	arkan
cordón (m)	жип	ʤip
hilo (m) (~ eléctrico)	зым	zɪm
cable (m)	кабель	kabelʲ
almádana (f)	барскан	barskan
barra (f)	лом	lom
escalera (f) portátil	шаты	ʃatɪ
escalera (f) de tijera	кичинекей шаты	kiʧinekej ʃatɪ
atornillar (vt)	бурап бекитүү	burap bekityy
destornillar (vt)	бурап чыгаруу	burap ʧɪgaruu
apretar (vt)	кысуу	kɪsuu
pegar (vt)	жабыштыруу	ʤabɪʃtɪruu
cortar (vt)	кесүү	kesyy
fallo (m)	бузулгандык	buzulgandɪk
reparación (f)	оңдоо	oŋdoo
reparar (vt)	оңдоо	oŋdoo
regular, ajustar (vt)	тууралоо	tuuraloo
verificar (vt)	текшерүү	tekʃeryy
control (m)	текшерүү	tekʃeryy
lectura (f) (~ del contador)	көрсөтүү ченем	kørsøtyy ʧenem
fiable (máquina)	ишеничтүү	iʃeniʧtyy
complicado (adj)	кыйын	kɪjɪn
oxidarse (vr)	дат басуу	dat basuu
oxidado (adj)	дат баскан	dat baskan
óxido (m)	дат	dat

149

El transporte

169. El avión

avión (m)	учак	utʃak
billete (m) de avión	авиабилет	aviabilet
compañía (f) aérea	авиакомпания	aviakompanija
aeropuerto (m)	аэропорт	aeroport
supersónico (adj)	сверхзвуковой	sverχzvukovoj
comandante (m)	кеме командири	keme komandiri
tripulación (f)	экипаж	ekipadʒ
piloto (m)	учкуч	utʃkutʃ
azafata (f)	стюардесса	stuardessa
navegador (m)	штурман	ʃturman
alas (f pl)	канаттар	kanattar
cola (f)	куйрук	kujruk
cabina (f)	кабина	kabina
motor (m)	кыймылдаткыч	kıjmıldatkıtʃ
tren (m) de aterrizaje	шасси	ʃassi
turbina (f)	турбина	turbina
hélice (f)	пропеллер	propeller
caja (f) negra	кара куту	kara kutu
timón (m)	штурвал	ʃturval
combustible (m)	күйгүчү май	kyjyytʃy may
instructivo (m) de seguridad	коопсуздук көрсөтмөсү	koopsuzduk kørsøtmøsy
respirador (m) de oxígeno	кислород чүмбөтү	kislorod tʃymbøty
uniforme (m)	бир беткей кийим	bir betkey kijim
chaleco (m) salvavidas	куткаруучу күрмө	kutkaruutʃu kyrmø
paracaídas (m)	парашют	paraʃut
despegue (m)	учуп көтөрүлүү	utʃup køtørylyy
despegar (vi)	учуп көтөрүлүү	utʃup køtørylyy
pista (f) de despegue	учуп чыгуу тилкеси	utʃup tʃıguu tilkesi
visibilidad (f)	көрүнүш	kørynyʃ
vuelo (m)	учуу	utʃuu
altura (f)	бийиктик	bijiktik
pozo (m) de aire	аба чүңкуру	aba tʃyŋkuru
asiento (m)	орун	orun
auriculares (m pl)	кулакчын	kulaktʃın
mesita (f) plegable	бүктөлмө стол	byktølmø stol
ventana (f)	иллюминатор	illuminator
pasillo (m)	өтмөк	øtmøk

170. El tren

tren (m)	поезд	poezd
tren (m) eléctrico	электричка	elektritʃka
tren (m) rápido	бат жүрүүчү поезд	bat dʒyryytʃy poezd
locomotora (f) diésel	тепловоз	teplovoz
tren (m) de vapor	паровоз	parovoz
coche (m)	вагон	vagon
coche (m) restaurante	вагон-ресторан	vagon-restoran
rieles (m pl)	рельсалар	relʲsalar
ferrocarril (m)	темир жолу	temir dʒolu
traviesa (f)	шпала	ʃpala
plataforma (f)	платформа	platforma
vía (f)	жол	dʒol
semáforo (m)	семафор	semafor
estación (f)	бекет	beket
maquinista (m)	машинист	maʃinist
maletero (m)	жук ташуучу	dʒuk taʃuutʃu
mozo (m) del vagón	проводник	provodnik
pasajero (m)	жүргүнчү	dʒyrgyntʃy
revisor (m)	текшерүүчү	tekʃeryytʃy
corredor (m)	коридор	koridor
freno (m) de urgencia	стоп-кран	stop-kran
compartimiento (m)	купе	kupe
litera (f)	текче	tektʃe
litera (f) de arriba	үстүнкү текче	ystyŋky tektʃe
litera (f) de abajo	ылдыйкы текче	ıldıjkı tektʃe
ropa (f) de cama	жууркан-төшөк	dʒuurkan-tøʃøk
billete (m)	билет	bilet
horario (m)	ырааттама	ıraattama
pantalla (f) de información	табло	tablo
partir (vi)	женөө	dʒønøø
partida (f) (del tren)	женөө	dʒønøø
llegar (tren)	келүү	kelyy
llegada (f)	келүү	kelyy
llegar en tren	поезд менен келүү	poezd menen kelyy
tomar el tren	поездге отуруу	poezdge oturuu
bajar del tren	поездден түшүү	poezdden tyʃyy
descarrilamiento (m)	кыйроо	kıjroo
descarrilarse (vr)	рельсадан чыгып кетүү	relʲsadan tʃıgıp ketyy
tren (m) de vapor	паровоз	parovoz
fogonero (m)	от жагуучу	ot dʒaguutʃu
hogar (m)	меш	meʃ
carbón (m)	көмүр	kømyr

171. El barco

buque (m)	кеме	keme
navío (m)	кеме	keme
buque (m) de vapor	пароход	paroχod
motonave (m)	теплоход	teploχod
trasatlántico (m)	лайнер	lajner
crucero (m)	крейсер	krejser
yate (m)	яхта	jaχta
remolcador (m)	буксир	buksir
barcaza (f)	баржа	bardʒa
ferry (m)	паром	parom
velero (m)	парус	parus
bergantín (m)	бригантина	brigantina
rompehielos (m)	муз жаргыч кеме	muz dʒargıtʃ keme
submarino (m)	суу астында жүрүүчү кеме	suu astında dʒyryytʃy keme
bote (m) de remo	кайык	kajık
bote (m)	шлюпка	ʃʉpka
bote (m) salvavidas	куткаруу шлюпкасы	kutkaruu ʃʉpkası
lancha (f) motora	катер	kater
capitán (m)	капитан	kapitan
marinero (m)	матрос	matros
marino (m)	деңизчи	deŋiztʃi
tripulación (f)	экипаж	ekipadʒ
contramaestre (m)	боцман	botsman
grumete (m)	юнга	jʉnga
cocinero (m) de abordo	кок	kok
médico (m) del buque	кеме доктуру	keme dokturu
cubierta (f)	палуба	paluba
mástil (m)	мачта	matʃta
vela (f)	парус	parus
bodega (f)	трюм	trʉm
proa (f)	тумшук	tumʃuk
popa (f)	кеменин арткы бөлүгү	kemenin artkı bølygy
remo (m)	калак	kalak
hélice (f)	винт	vint
camarote (m)	каюта	kajʉta
sala (f) de oficiales	кают-компания	kajʉt-kompanija
sala (f) de máquinas	машина бөлүгү	maʃina bølygy
puente (m) de mando	капитан мостиги	kapitan mostigi
sala (f) de radio	радиорубка	radiorubka
onda (f)	толкун	tolkun
cuaderno (m) de bitácora	кеме журналы	keme dʒurnalı
anteojo (m)	дүрбү	dyrby

| campana (f) | коңгуроо | koŋguroo |
| bandera (f) | байрак | bajrak |

| cabo (m) (maroma) | аркан | arkan |
| nudo (m) | түйүн | tyjyn |

| pasamano (m) | туткуч | tutkuʧ |
| pasarela (f) | трап | trap |

ancla (f)	кеме казык	keme kazık
levar ancla	кеме казыкты көтөрүү	keme kazıktı kөtөryy
echar ancla	кеме казыкты таштоо	keme kazıktı taʃtoo
cadena (f) del ancla	казык чынжыры	kazık ʧindʒırı

puerto (m)	порт	port
embarcadero (m)	причал	pritʃal
amarrar (vt)	келип токтоо	kelip toktoo
desamarrar (vt)	жээктен алыстоо	dʒeekten alıstoo

viaje (m)	саякат	sajakat
crucero (m) (viaje)	деңиз саякаты	deŋiz sajakatı
derrota (f) (rumbo)	курс	kurs
itinerario (m)	каттам	kattam

canal (m) navegable	фарватер	farvater
bajío (m)	тайыз жер	tajız dʒer
encallar (vi)	тайыз жерге отуруу	tajız dʒerge oturuu

tempestad (f)	бороон чапкын	boroon ʧapkın
señal (f)	сигнал	signal
hundirse (vr)	чөгүү	ʧөgyy
¡Hombre al agua!	Сууда адам бар!	suuda adam bar!
SOS	SOS	sos
aro (m) salvavidas	куткаруучу тегерек	kutkaruuʧu tegerek

172. El aeropuerto

aeropuerto (m)	аэропорт	aeroport
avión (m)	учак	uʧak
compañía (f) aérea	авиакомпания	aviakompanija
controlador (m) aéreo	авиадиспетчер	aviadispetʧer

despegue (m)	учуп кетүү	uʧup ketyy
llegada (f)	учуп келүү	uʧup kelyy
llegar (en avión)	учуп келүү	uʧup kelyy

| hora (f) de salida | учуп кетүү убактысы | uʧup ketyy ubaktısı |
| hora (f) de llegada | учуп келүү убактысы | uʧup kelyy ubaktısı |

| retrasarse (vr) | кармалуу | karmaluu |
| retraso (m) de vuelo | учуп кетүүнүн кечигиши | uʧup ketyynyn keʧigiʃi |

| pantalla (f) de información | маалымат таблосу | maalımat tablosu |
| información (f) | маалымат | maalımat |

| anunciar (vt) | кулактандыруу | kulaktandıruu |
| vuelo (m) | рейс | rejs |

| aduana (f) | бажыкана | badʒıkana |
| aduanero (m) | бажы кызматкери | badʒı kızmatkeri |

declaración (f) de aduana	бажы декларациясы	badʒı deklaratsijası
rellenar (vt)	толтуруу	tolturuu
rellenar la declaración	декларация толтуруу	deklaratsija tolturuu
control (m) de pasaportes	паспорт текшерүү	pasport tekʃeryy

equipaje (m)	жүк	dʒyk
equipaje (m) de mano	кол жүгү	kol dʒygy
carrito (m) de equipaje	араба	araba

aterrizaje (m)	конуу	konuu
pista (f) de aterrizaje	конуу тилкеси	konuu tilkesi
aterrizar (vi)	конуу	konuu
escaleras (f pl) (de avión)	трап	trap

facturación (f) (check-in)	катталуу	kattaluu
mostrador (m) de facturación	каттоо стойкасы	kattoo stojkası
hacer el check-in	катталуу	kattaluu
tarjeta (f) de embarque	отуруу үчүн талон	oturuu ytʃyn talon
puerta (f) de embarque	чыгуу	tʃıguu

tránsito (m)	транзит	tranzit
esperar (aguardar)	күтүү	kytyy
zona (f) de preembarque	күтүү залы	kutyy zalı
despedir (vt)	узатуу	uzatuu
despedirse (vr)	коштошуу	koʃtoʃuu

173. La bicicleta. La motocicleta

bicicleta (f)	велосипед	velosiped
scooter (f)	мотороллер	motoroller
motocicleta (f)	мотоцикл	mototsikl

ir en bicicleta	велосипедде жүрүү	velosipedde dʒyryy
manillar (m)	руль	rulʲ
pedal (m)	педаль	pedalʲ
frenos (m pl)	тормоз	tormoz
sillín (m)	отургуч	oturgutʃ

| bomba (f) | соркыскыч | sorkıskıtʃ |
| portaequipajes (m) | багажник | bagadʒnik |

| faro (m) | фонарь | fonarʲ |
| casco (m) | шлем | ʃlem |

rueda (f)	дөңгөлөк	døŋgøløk
guardabarros (m)	калкан	kalkan
llanta (f)	дөңгөлөктүн алкагы	døŋgøløktyn alkagı
rayo (m)	чабак	tʃabak

Los coches

174. Tipos de carros

coche (m)	автоунаа	avtounaa
coche (m) deportivo	спорттук автоунаа	sporttuk avtounaa
limusina (f)	лимузин	limuzin
todoterreno (m)	жолтандабас	dʒoltandabas
cabriolé (m)	кабриолет	kabriolet
microbús (m)	микроавтобус	mikroavtobus
ambulancia (f)	тез жардам	tez dʒardam
quitanieves (m)	кар күрөөчү машина	kar kyrøøtʃy maʃina
camión (m)	жүк ташуучу машина	dʒyk taʃuutʃu maʃina
camión (m) cisterna	бензовоз	benzovoz
camioneta (f)	фургон	furgon
remolcador (m)	тягач	tʲagatʃ
remolque (m)	чиркегич	tʃirkegitʃ
confortable (adj)	жайлуу	dʒajluu
de ocasión (adj)	колдонулган	koldonulgan

175. Los carros. Taller de pintura

capó (m)	капот	kapot
guardabarros (m)	калкан	kalkan
techo (m)	үстү	ysty
parabrisas (m)	шамалдан тоскон айнек	ʃamaldan toskon ajnek
espejo (m) retrovisor	арткы күзгү	artkı kyzgy
limpiador (m)	айнек жуугуч	ajnek dʒuugutʃ
limpiaparabrisas (m)	щётка	ʃtʲotka
ventana (f) lateral	каптал айнек	kaptal ajnek
elevalunas (m)	айнек көтөргүч	ajnek køtørgytʃ
antena (f)	антенна	antenna
techo (m) solar	люк	lʉk
parachoques (m)	бампер	bamper
maletero (m)	жүк салгыч	dʒyk salgıtʃ
baca (f) (portaequipajes)	жүк салгыч	dʒyk salgıtʃ
puerta (f)	эшик	eʃik
tirador (m) de puerta	кармагыч	karmagıtʃ
cerradura (f)	кулпу	kulpu
matrícula (f)	номер	nomer
silenciador (m)	глушитель	gluʃitelʲ

155

tanque (m) de gasolina	бензобак	benzobak
tubo (m) de escape	калдыктар түтүгү	kaldıktar tytygy
acelerador (m)	газ	gaz
pedal (m)	педаль	pedalʲ
pedal (m) de acelerador	газ педали	gaz pedali
freno (m)	тормоз	tormoz
pedal (m) de freno	тормоздун педалы	tormozdun pedalı
frenar (vi)	тормоз басуу	tormoz basuu
freno (m) de mano	токтомо тормозу	toktomo tormozu
embrague (m)	илиштирүү	iliʃtiryy
pedal (m) de embrague	илиштирүү педали	iliʃtiryy pedali
disco (m) de embrague	илиштирүү диски	iliʃtiryy diski
amortiguador (m)	амортизатор	amortizator
rueda (f)	дөңгөлөк	døŋgøløk
rueda (f) de repuesto	запас дөңгөлөгү	zapas døŋgøløgy
neumático (m)	покрышка	pokrıʃka
tapacubo (m)	жапкыч	dʒapkıtʃ
ruedas (f pl) motrices	салма дөңгөлөктөр	salma døŋgøløktør
de tracción delantera	алдыңкы дөңгөлөк салмалуу	aldıŋkı døŋgøløk salmaluu
de tracción trasera	арткы дөңгөлөк салмалуу	artkı døŋgøløk salmaluu
de tracción integral	бардык дөңгөлөк салмалуу	bardık døŋgøløk salmaluu
caja (f) de cambios	бергилик куту	bergilik kutu
automático (adj)	автоматтык	avtomattık
mecánico (adj)	механикалуу	meҳanikaluu
palanca (f) de cambios	бергилик кутунун жылышуусу	bergilik kutunun dʒılıʃuusu
faro (m) delantero	фара	fara
faros (m pl)	фаралар	faralar
luz (f) de cruce	жакынкы чырак	dʒakınkı tʃırak
luz (f) de carretera	алыскы чырак	alıskı tʃırak
luz (f) de freno	стоп-сигнал	stop-signal
luz (f) de posición	габарит чырактары	gabarit tʃıraktarı
luces (f pl) de emergencia	авария чырактары	avarija tʃıraktarı
luces (f pl) antiniebla	туманга каршы чырактар	tumanga karʃı tʃıraktar
intermitente (m)	бурулуш чырагы	buruluʃ tʃıragı
luz (f) de marcha atrás	арткы чырак	artkı tʃırak

176. Los carros. El compartimento de pasajeros

habitáculo (m)	салон	salon
de cuero (adj)	тери	teri
de felpa (adj)	велюр	velʉr
revestimiento (m)	каптоо	kaptoo

instrumento (m)	алет	alet
salpicadero (m)	алет панели	alet paneli
velocímetro (m)	спидометр	spidometr
aguja (f)	жебе	dʒebe

cuentakilómetros (m)	эсептегич	eseptegitʃ
indicador (m)	көрсөткүч	kørsøtkytʃ
nivel (m)	деңгээл	deŋgeel
testigo (m) (~ luminoso)	көрсөткүч	kørsøtkytʃ

volante (m)	руль	ruli
bocina (f)	сигнал	signal
botón (m)	баскыч	baskɪtʃ
interruptor (m)	которгуч	kotorgutʃ

asiento (m)	орун	orun
respaldo (m)	жөлөнгүч	dʒøløngytʃ
reposacabezas (m)	баш жөлөгүч	baʃ dʒøløgytʃ
cinturón (m) de seguridad	орундук куру	orunduk kuru
abrocharse el cinturón	курду тагынуу	kurdu tagɪnuu
reglaje (m)	жөндөө	dʒøndøø

bolsa (f) de aire (airbag)	аба жаздыкчасы	aba dʒazdɪktʃası
climatizador (m)	аба желдеткич	aba dʒeldetkitʃ

radio (f)	үналгы	ynalgɪ
reproductor (m) de CD	CD-ойноткуч	sidi-ojnotkutʃ
encender (vt)	жүргүзүү	dʒyrgyzyy
antena (f)	антенна	antenna
guantera (f)	колкап бөлүмү	kolkap bølymy
cenicero (m)	күл салгыч	kyl salgɪtʃ

177. Los carros. El motor

motor (m)	кыймылдаткыч	kɪjmɪldatkɪtʃ
motor (m)	мотор	motor
diesel (adj)	дизель менен	dizeli menen
a gasolina (adj)	бензин менен	benzin menen

volumen (m) del motor	кыймылдаткычтын көлөмү	kɪjmɪldatkɪtʃtın kølømy
potencia (f)	кубатуулугу	kubatuulugu
caballo (m) de fuerza	ат күчү	at kytʃy
pistón (m)	бишкек	biʃkek
cilindro (m)	цилиндр	tsɪlindr
válvula (f)	сарпкапкак	sarpkapkak

inyector (m)	бүрккүч	byrkkytʃ
generador (m)	генератор	generator
carburador (m)	карбюратор	karbυrator
aceite (m) de motor	мотор майы	motor majı

radiador (m)	радиатор	radiator
liquido (m) refrigerante	суутуучу суюктук	suutuutʃu sujυktuk

ventilador (m)	желдеткич	ʤeldetkitʃ
batería (f)	аккумулятор	akkumulʼator
estárter (m)	стартер	starter
encendido (m)	от алдыруу	ot aldıruu
bujía (f) de ignición	от алдыруу шамы	ot aldıruu ʃamı

terminal (f)	клемма	klemma
terminal (f) positiva	плюс	plʉs
terminal (f) negativa	минус	minus
fusible (m)	эриме сактагыч	erime saktagıtʃ

filtro (m) de aire	аба чыпкасы	aba tʃıpkası
filtro (m) de aceite	май чыпкасы	maj tʃıpkası
filtro (m) de combustible	күйүүчү май чыпкасы	kyjyytʃy may tʃıpkası

178. Los carros. Los choques. La reparación

accidente (m)	авто урунушу	avto urunuʃu
accidente (m) de tráfico	жол кырсыгы	ʤol kırsıgı
chocar contra ...	урунуу	urunuu
tener un accidente	талкалануу	talkalanuu
daño (m)	бузулуу	buzuluu
intacto (adj)	бүтүн	bytyn

pana (f)	бузулуу	buzuluu
averiarse (vr)	бузулуп калуу	buzulup kaluu
remolque (m) (cuerda)	сүйрөө арканы	syjrøø arkanı

pinchazo (m)	тешилип калуу	teʃilip kaluu
desinflarse (vr)	желин чыгаруу	ʤelin tʃıgaruu
inflar (vt)	үйлөтүү	yjløtyy
presión (f)	басым	basım
verificar (vt)	текшерүү	tekʃeryy

reparación (f)	оңдоо	oŋdoo
taller (m)	автосервис	avtoservis
parte (f) de repuesto	белен тетик	belen tetik
parte (f)	тетик	tetik

perno (m)	буроо	buroo
tornillo (m)	буралма	buralma
tuerca (f)	бурама	burama
arandela (f)	эбелек	ebelek
rodamiento (m)	мунакжаздам	munakʤazdam

tubo (m)	түтүк	tytyk
junta (f)	төшөм	tøʃøm
hilo (m)	зым	zım

gato (m)	домкрат	domkrat
llave (f) de tuerca	гайка ачкычы	gajka atʃkıtʃı
martillo (m)	балка	balka
bomba (f)	соркыскыч	sorkıskıtʃ
destornillador (m)	бурагыч	buragıtʃ

extintor (m)	өрт өчүргүч	ørt øʧyrgyʧ
triángulo (m) de avería	эскертүү үчбурчтук	eskertyy yʧburʧtuk
calarse (vr)	өчүп калуу	øʧyp kaluu
parada (f) (del motor)	иштебей калуу	iʃtebej kaluu
estar averiado	бузулуп калуу	buzulup kaluu
recalentarse (vr)	кайнап кетүү	kajnap ketyy
estar atascado	тыгылуу	tıgıluu
congelarse (vr)	тоңуп калуу	toɳup kaluu
reventar (vi)	жарылып кетүү	dʒarılıp ketyy
presión (f)	басым	basım
nivel (m)	деңгээл	deɳgeel
flojo (correa ~a)	бош	boʃ
abolladura (f)	кабырылуу	kabırıluu
ruido (m) (en el motor)	такылдоо	takıldoo
grieta (f)	жарака	dʒaraka
rozadura (f)	чийилип калуу	ʧijilip kaluu

179. Los carros. La calle

camino (m)	жол	dʒol
autovía (f)	кан жол	kan dʒol
carretera (f)	шоссе	ʃosse
dirección (f)	багыт	bagıt
distancia (f)	аралык	aralık
puente (m)	көпүрө	køpyrø
aparcamiento (m)	унаа токтоочу жай	unaa toktooʧu dʒaj
plaza (f)	аянт	ajant
intercambiador (m)	баштан өйдө өткөн жол	baʃtan øjdø øtkøn dʒol
túnel (m)	тоннель	tonnelʲ
gasolinera (f)	май куюучу станция	maj kujuuʧu stantsija
aparcamiento (m)	унаа токтоочу жай	unaa toktooʧu dʒaj
surtidor (m)	колонка	kolonka
taller (m)	автосервис	avtoservis
cargar gasolina	май куюу	maj kujuu
combustible (m)	күйүүчү май	kyjyyʧy may
bidón (m) de gasolina	канистра	kanistra
asfalto (m)	асфальт	asfalʲt
señalización (f) vial	салынган тамга	salıngan tamga
bordillo (m)	бордюр	bordʉr
barrera (f) de seguridad	тосмо	tosmo
cuneta (f)	арык	arık
borde (m) de la carretera	жол чети	dʒol ʧeti
farola (f)	чырак мамы	ʧırak mamı
conducir (vi, vt)	айдоо	ajdoo
girar (~ a la izquierda)	бурулуу	buruluu
dar la vuelta en U	артка кайтуу	artka kajtuu

marcha (f) atrás	артка айдоо	artka ajdoo
tocar la bocina	сигнал берүү	signal beryy
bocinazo (m)	дабыш сигналы	dabiʃ signalı
atascarse (vr)	тыгылып калуу	tıgılıp kaluu
patinar (vi)	сүйрөө	syjrøø
parar (el motor)	басаңдатуу	basaŋdatuu

velocidad (f)	ылдамдык	ıldamdık
exceder la velocidad	ылдамдыктан ашуу	ıldamdıktan aʃuu
multar (vt)	айып салуу	ajıp saluu
semáforo (m)	светофор	svetofor
permiso (m) de conducir	айдоочу күбөлүгү	ajdootʃu kybølygy

paso (m) a nivel	кесип өтмө	kesip øtmø
cruce (m)	кесилиш	kesiliʃ
paso (m) de peatones	жөө жүрүүчүлөр жолу	dʒøø dʒyryytʃylør dʒolu
curva (f)	бурулуш	buruluʃ
zona (f) de peatones	жөө жүрүүчүлөр алкагы	dʒøø dʒyryytʃylør alkagı

180. Las señales de tráfico

reglas (f pl) de tránsito	жол эрежеси	dʒol eredʒesi
señal (m) de tráfico	белги	belgi
adelantamiento (m)	озуп өтүү	ozup øtyy
curva (f)	бурулуш	buruluʃ
vuelta (f) en U	артка кайтуу	artka kajtuu
rotonda (f)	айланма кыймыл	ajlanma kıjmıl

prohibido el paso	кирүүгө болбойт	kiryygø bolbojt
circulación prohibida	жол кыймылы жок	dʒol kıjmılı dʒok
prohibido adelantar	озуп өтүү жок	ozup øtyy dʒok
prohibido aparcar	унаа токтотуу жок	unaa toktotuu dʒok
prohibido parar	токтолуу жок	toktoluu dʒok

curva (f) peligrosa	кескин бурулуш	keskin buruluʃ
bajada con fuerte pendiente	тик эңкейиш	tik eŋkejiʃ
sentido (m) único	бир тараптуу	bir taraptuu
paso (m) de peatones	жөө жүрүүчүлөр жолу	dʒøø dʒyryytʃylør dʒolu
pavimento (m) deslizante	тайгалак жол	tajgalak dʒol
ceda el paso	жолду бер	dʒoldu ber

LA GENTE. ACONTECIMIENTOS DE LA VIDA

Acontecimentos de la vida

181. Los días festivos. Los eventos

fiesta (f)	майрам	majram
fiesta (f) nacional	улуттук	uluttuk
día (m) de fiesta	майрам күнү	majram kyny
festejar (vt)	майрамдоо	majramdoo
evento (m)	окуя	okuja
medida (f)	иш-чара	iʃ-ʧara
banquete (m)	банкет	banket
recepción (f)	кабыл алуу	kabıl aluu
festín (m)	той	toj
aniversario (m)	жылдык	ʤıldık
jubileo (m)	юбилей	ʝubilej
celebrar (vt)	белгилее	belgiløø
Año (m) Nuevo	Жаны жыл	ʤanı ʤıl
¡Feliz Año Nuevo!	Жаны Жылыңар менен!	ʤanı ʤılıŋar menen!
Papá Noel (m)	Аяз ата, Санта Клаус	ajaz ata, santa klaus
Navidad (f)	Рождество	roʤdestvo
¡Feliz Navidad!	Рождество майрамыңыз менен!	roʤdestvo majramıŋız menen!
árbol (m) de Navidad	Жаңы жылдык балаты	ʤaŋı ʤıldık balatı
fuegos (m pl) artificiales	салют	salʉt
boda (f)	үйленүү той	yjlønyy toy
novio (m)	күйее	kyjøø
novia (f)	колукту	koluktu
invitar (vt)	чакыруу	ʧakıruu
tarjeta (f) de invitación	чакыруу	ʧakıruu
invitado (m)	конок	konok
visitar (vt) (a los amigos)	конокко баруу	konokko baruu
recibir a los invitados	конок тосуу	konok tosuu
regalo (m)	белек	belek
regalar (vt)	белек берүү	belek beryy
recibir regalos	белек алуу	belek aluu
ramo (m) de flores	десте	deste
felicitación (f)	куттуктоо	kuttuktoo
felicitar (vt)	куттуктоо	kuttuktoo

tarjeta (f) de felicitación	куттуктоо ачык каты	kuttuktoo atʃık katı
enviar una tarjeta	ачык катты жөнөтүү	atʃık kattı dʒønøtyy
recibir una tarjeta	ачык катты алуу	atʃık kattı aluu
brindis (m)	каалоо тилек	kaaloo tilek
ofrecer (~ una copa)	ооз тийгизүү	ooz tijgizyy
champaña (f)	шампан	ʃampan
divertirse (vr)	көңүл ачуу	køŋyl atʃuu
diversión (f)	көңүлдүүлүк	køŋyldyylyk
alegría (f) (emoción)	кубаныч	kubanıtʃ
baile (m)	бий	bij
bailar (vi, vt)	бийлөө	bijløø
vals (m)	вальс	valˡs
tango (m)	танго	tango

182. Los funerales. El entierro

cementerio (m)	мүрзө	myrzø
tumba (f)	мүрзө	myrzø
cruz (f)	крест	krest
lápida (f)	мүрзө үстүндөгү жазуу	myrzø ystyndøgy dʒazuu
verja (f)	тосмо	tosmo
capilla (f)	кичинекей чиркөө	kitʃinekej tʃirkøø
muerte (f)	өлүм	ølym
morir (vi)	өлүү	ølyy
difunto (m)	маркум	markum
luto (m)	аза	aza
enterrar (vt)	көмүү	kømyy
funeraria (f)	ырасым бюросу	ırasım bʉrosu
entierro (m)	сөөк узатуу жана көмүү	søøk uzatuu dʒana kømyy
corona (f) funeraria	гүлчамбар	gyltʃambar
ataúd (m)	табыт	tabıt
coche (m) fúnebre	катафалк	katafalk
mortaja (f)	кепин	kepin
cortejo (m) fúnebre	узатуу жүрүшү	uzatuu dʒyryʃy
urna (f) funeraria	сөөк күлдүн кутусу	søøk kyldyn kutusu
crematorio (m)	крематорий	krematorij
necrología (f)	некролог	nekrolog
llorar (vi)	ыйлоо	ıjloo
sollozar (vi)	боздоп ыйлоо	bozdop ıjloo

183. La guerra. Los soldados

sección (f)	взвод	vzvod
compañía (f)	рота	rota

regimiento (m)	полк	polk
ejército (m)	армия	armija
división (f)	дивизия	divizija

destacamento (m)	отряд	otrʲad
hueste (f)	куралдуу аскер	kuralduu asker

soldado (m)	аскер	asker
oficial (m)	офицер	ofitser

soldado (m) raso	катардагы жоокер	katardagı dʒooker
sargento (m)	сержант	serdʒant
teniente (m)	лейтенант	lejtenant
capitán (m)	капитан	kapitan
mayor (m)	майор	major
coronel (m)	полковник	polkovnik
general (m)	генерал	general

marino (m)	деңизчи	deŋiztʃi
capitán (m)	капитан	kapitan
contramaestre (m)	боцман	botsman

artillero (m)	артиллерист	artillerist
paracaidista (m)	десантник	desantnik
piloto (m)	учкуч	utʃkutʃ
navegador (m)	штурман	ʃturman
mecánico (m)	механик	meχanik

zapador (m)	сапёр	sapʲor
paracaidista (m)	парашютист	paraʃutist
explorador (m)	чалгынчы	tʃalgıntʃı
francotirador (m)	көзатар	køzatar

patrulla (f)	жол-күзөт	dʒol-kyzøt
patrullar (vi, vt)	жол-күзөткө чыгуу	dʒol-kyzøtkø tʃıguu
centinela (m)	сакчы	saktʃı

guerrero (m)	жоокер	dʒooker
patriota (m)	мекенчил	mekentʃil

héroe (m)	баатыр	baatır
heroína (f)	баатыр айым	baatır ajım

traidor (m)	чыккынчы	tʃıkkıntʃı
traicionar (vt)	кыянаттык кылуу	kıjanattık kıluu

desertor (m)	качкын	katʃkın
desertar (vi)	качуу	katʃuu

mercenario (m)	жалданма	dʒaldanma
recluta (m)	жаңы алынган аскер	dʒaŋı alıngan asker
voluntario (m)	ыктыярчы	ıktıjartʃı

muerto (m)	өлтүрүлгөн	øltyrylgøn
herido (m)	жарадар	dʒaradar
prisionero (m)	туткун	tutkun

184. La guerra. Las maniobras militares. Unidad 1

guerra (f)	согуш	soguʃ
estar en guerra	согушуу	soguʃuu
guerra (f) civil	жарандык согуш	dʒarandık soguʃ
pérfidamente (adv)	жүзү каралык менен кол салуу	dʒyzy karalık menen kol saluu
declaración (f) de guerra	согушту жарыялоо	soguʃtu dʒarıjaloo
declarar (~ la guerra)	согуш жарыялоо	soguʃ dʒarıjaloo
agresión (f)	агрессия	agressija
atacar (~ a un país)	кол салуу	kol saluu
invadir (vt)	басып алуу	basıp aluu
invasor (m)	баскынчы	baskıntʃı
conquistador (m)	басып алуучу	basıp aluutʃu
defensa (f)	коргонуу	korgonuu
defender (vt)	коргоо	korgoo
defenderse (vr)	коргонуу	korgonuu
enemigo (m)	душман	duʃman
adversario (m)	каршылаш	karʃilaʃ
enemigo (adj)	душмандын	duʃmandın
estrategia (f)	стратегия	strategija
táctica (f)	тактика	taktika
orden (f)	буйрук	bujruk
comando (m)	команда	komanda
ordenar (vt)	буйрук берүү	bujruk beryy
misión (f)	тапшырма	tapʃırma
secreto (adj)	жашыруун	dʒaʃıruun
batalla (f)	салгылаш	salgılaʃ
batalla (f)	согуш	soguʃ
combate (m)	салгылаш	salgılaʃ
ataque (m)	чабуул	tʃabuul
asalto (m)	чабуул	tʃabuul
tomar por asalto	чабуул жасоо	tʃabuul dʒasoo
asedio (m), sitio (m)	тегеректеп курчоо	tegerektep kurtʃoo
ofensiva (f)	чабуул	tʃabuul
tomar la ofensiva	чабуул салуу	tʃabuul saluu
retirada (f)	чегинүү	tʃeginyy
retirarse (vr)	чегинүү	tʃeginyy
envolvimiento (m)	курчоо	kurtʃoo
cercar (vt)	курчоого алуу	kurtʃoogo aluu
bombardeo (m)	бомба жаадыруу	bomba dʒaadıruu
lanzar una bomba	бомба таштоо	bomba taʃtoo
bombear (vt)	бомба жаадыруу	bomba dʒaadıruu

explosión (f)	жарылуу	dʒarıluu
tiro (m), disparo (m)	атылуу	atıluu
disparar (vi)	атуу	atuu
tiroteo (m)	атуу	atuu

apuntar a ...	мээлөө	meelөө
encarar (apuntar)	мээлөө	meelөө
alcanzar (el objetivo)	тийүү	tijyy

hundir (vt)	чөктүрүү	tʃøktyryy
brecha (f) (~ en el casco)	тешик	teʃik
hundirse (vr)	суу астына кетүү	suu astına ketyy

frente (m)	майдан	majdan
evacuación (f)	эвакуация	evakuatsija
evacuar (vt)	эвакуациялоо	evakuatsijaloo

trinchera (f)	окоп	okop
alambre (m) de púas	тикендүү зым	tikendyy zım
barrera (f) (~ antitanque)	тосмо	tosmo
torre (f) de vigilancia	мунара	munara

hospital (m)	госпиталь	gospitalʲ
herir (vt)	жарадар кылуу	dʒaradar kıluu
herida (f)	жара	dʒara
herido (m)	жарадар	dʒaradar
recibir una herida	жаракат алуу	dʒarakat aluu
grave (herida)	оор жаракат	oor dʒarakat

185. La guerra. Las maniobras militares. Unidad 2

cautiverio (m)	туткун	tutkun
capturar (vt)	туткунга алуу	tutkunga aluu
estar en cautiverio	туткунда болуу	tutkunda boluu
caer prisionero	туткунга түшүү	tutkunga tyʃyy

campo (m) de concentración	концлагерь	kontslagerʲ
prisionero (m)	туткун	tutkun
escapar (de cautiverio)	качуу	katʃuu

traicionar (vt)	кыянаттык кылуу	kıjanattık kıluu
traidor (m)	чыккынчы	tʃıkkıntʃı
traición (f)	чыккынчылык	tʃıkkıntʃılık

| fusilar (vt) | атып өлтүрүү | atıp øltyryy |
| fusilamiento (m) | атып өлтүрүү | atıp øltyryy |

equipo (m) (uniforme, etc.)	аскер кийими	asker kijimi
hombrera (f)	погон	pogon
máscara (f) antigás	противогаз	protivogaz

radio transmisor (m)	рация	ratsija
cifra (f) (código)	шифр	ʃifr
conspiración (f)	жекеликте сактоо	dʒekelikte saktoo

contraseña (f)	сырсөз	sırsøz
mina (f) terrestre	мина	mina
minar (poner minas)	миналоо	minaloo
campo (m) minado	мина талаасы	mina talaası
alarma (f) aérea	аба айгайы	aba ajgajı
alarma (f)	айгай	ajgaj
señal (f)	сигнал	signal
cohete (m) de señales	сигнал ракетасы	signal raketası
estado (m) mayor	штаб	ʃtab
reconocimiento (m)	чалгын	tʃalgın
situación (f)	кырдаал	kırdaal
informe (m)	рапорт	raport
emboscada (f)	буктурма	bukturma
refuerzo (m)	кошумча күч	koʃumtʃa kytʃ
blanco (m)	бута	buta
terreno (m) de prueba	полигон	poligon
maniobras (f pl)	манервлер	manervler
pánico (m)	дүрбөлөң	dyrbøløŋ
devastación (f)	кыйроо	kıjroo
destrucciones (f pl)	кыйроо	kıjroo
destruir (vt)	кыйратуу	kıjratuu
sobrevivir (vi, vt)	тирүү калуу	tiryy kaluu
desarmar (vt)	куралсыздандыруу	kuralsızdandıruu
manejar (un arma)	мамиле кылуу	mamile kıluu
¡Firmes!	Түз тур!	tyz tur!
¡Descanso!	Эркин!	erkin!
hazaña (f)	эрдик	erdik
juramento (m)	ант	ant
jurar (vt)	ант берүү	ant beryy
condecoración (f)	сыйлык	sıjlık
condecorar (vt)	сыйлоо	sıjloo
medalla (f)	медаль	medalʲ
orden (f) (~ de Merito)	орден	orden
victoria (f)	жеңиш	dʒeŋiʃ
derrota (f)	жеңилүү	dʒeŋilyy
armisticio (m)	жарашуу	dʒaraʃuu
bandera (f)	байрак	bajrak
gloria (f)	даңк	daŋk
desfile (m) militar	парад	parad
marchar (desfilar)	марurta басуу	marʃta basuu

186. Las armas

arma (f)	курал	kural
arma (f) de fuego	курал жарак	kural dʒarak

arma (f) blanca	атылбас курал	atılbas kural
arma (f) química	химиялык курал	χimijalık kural
nuclear (adj)	ядерлүү	jaderlyy
arma (f) nuclear	ядерлүү курал	jaderlyy kural
bomba (f)	бомба	bomba
bomba (f) atómica	атом бомбасы	atom bombası
pistola (f)	тапанча	tapantʃa
fusil (m)	мылтык	mıltık
metralleta (f)	автомат	avtomat
ametralladora (f)	пулемёт	pulemʲot
boca (f)	мылтыктын оозу	mıltıktın oozu
cañón (m) (del arma)	ствол	stvol
calibre (m)	калибр	kalibr
gatillo (m)	курок	kurok
alza (f)	кароолго алуу	karoolgo aluu
cargador (m)	магазин	magazin
culata (f)	күндак	kyndak
granada (f) de mano	граната	granata
explosivo (m)	жарылуучу зат	dʒarıluutʃu zat
bala (f)	ок	ok
cartucho (m)	патрон	patron
carga (f)	дүрмөк	dyrmøk
pertrechos (m pl)	ок-дары	ok-darı
bombardero (m)	бомбалоочу	bombalootʃu
avión (m) de caza	кыйраткыч учак	kıjratkıtʃ utʃak
helicóptero (m)	вертолёт	vertolʲot
antiaéreo (m)	зенитка	zenitka
tanque (m)	танк	tank
cañón (m) (de un tanque)	замбирек	zambirek
artillería (f)	артиллерия	artillerija
cañón (m) (arma)	замбирек	zambirek
dirigir (un misil, etc.)	мээлөө	meeløø
obús (m)	снаряд	snarʲad
bomba (f) de mortero	мина	mina
mortero (m)	миномёт	minomʲot
trozo (m) de obús	сыныктар	sınıktar
submarino (m)	суу астында жүрүүчү кеме	suu astında dʒyryytʃy keme
torpedo (m)	торпеда	torpeda
misil (m)	ракета	raketa
cargar (pistola)	октоо	oktoo
tirar (vi)	атуу	atuu
apuntar a …	мээлөө	meeløø
bayoneta (f)	найза	najza

espada (f) (duelo a ~)	шпага	ʃpaga
sable (m)	кылыч	kılıtʃ
lanza (f)	найза	najza
arco (m)	жаа	dʒaa
flecha (f)	жебе	dʒebe
mosquete (m)	мушкет	muʃket
ballesta (f)	арбалет	arbalet

187. Los pueblos antiguos

primitivo (adj)	алгачкы	algatʃkı
prehistórico (adj)	тарыхтан илгери	tarıxtan ilgeri
antiguo (adj)	байыркы	bajırkı
Edad (f) de Piedra	Таш доору	taʃ dooru
Edad (f) de Bronce	Коло доору	kolo dooru
Edad (f) de Hielo	Муз доору	muz dooru
tribu (f)	уруу	uruu
caníbal (m)	адам жегич	adam dʒegitʃ
cazador (m)	аңчы	aŋtʃı
cazar (vi, vt)	аңчылык кылуу	aŋtʃılık kıluu
mamut (m)	мамонт	mamont
caverna (f)	үңкүр	yŋkyr
fuego (m)	от	ot
hoguera (f)	от	ot
pintura (f) rupestre	ташка чегерилген сүрөт	taʃka tʃegerilgen syrøt
útil (m)	эмгек куралы	emgek kuralı
lanza (f)	найза	najza
hacha (f) de piedra	таш балта	taʃ balta
estar en guerra	согушуу	soguʃuu
domesticar (vt)	колго көндүрүү	kolgo køndyryy
ídolo (m)	бут	but
adorar (vt)	сыйынуу	sıjınuu
superstición (f)	жок нерсеге ишенүү	dʒok nersege iʃenyy
rito (m)	ырым-жырым	ırım-dʒırım
evolución (f)	эволюция	evolutsija
desarrollo (m)	өнүгүү	ønygyy
desaparición (f)	жок болуу	dʒok boluu
adaptarse (vr)	ылайыкташуу	ılajıktaʃuu
arqueología (f)	археология	arxeologija
arqueólogo (m)	археолог	arxeolog
arqueológico (adj)	археологиялык	arxeologijalık
sitio (m) de excavación	казуу жери	kazuu dʒeri
excavaciones (f pl)	казуу иштери	kazuu iʃteri
hallazgo (m)	табылга	tabılga
fragmento (m)	фрагмент	fragment

188. La edad media

pueblo (m)	эл	el
pueblos (m pl)	элдер	elder
tribu (f)	уруу	uruu
tribus (f pl)	уруулар	uruular
bárbaros (m pl)	варварлар	varvarlar
galos (m pl)	галлдар	galldar
godos (m pl)	готтор	gottor
eslavos (m pl)	славяндар	slavˈandar
vikingos (m pl)	викингдер	vikingder
romanos (m pl)	римдиктер	rimdikter
romano (adj)	римдик	rimdik
bizantinos (m pl)	византиялыктар	vizantijalıktar
Bizancio (m)	Византия	vizantija
bizantino (adj)	византиялык	vizantijalık
emperador (m)	император	imperator
jefe (m)	башчы	baʃʧı
poderoso (adj)	кудуреттүү	kudurettyy
rey (m)	король, падыша	korolʲ, padıʃa
gobernador (m)	башкаруучу	baʃkaruutʃu
caballero (m)	рыцарь	rıtsarʲ
señor (m) feudal	феодал	feodal
feudal (adj)	феодалдуу	feodalduu
vasallo (m)	вассал	vassal
duque (m)	герцог	gertsog
conde (m)	граф	graf
barón (m)	барон	baron
obispo (m)	епископ	episkop
armadura (f)	курал жана соот-шайман	kural dʒana soot-ʃajman
escudo (m)	калкан	kalkan
espada (f) (danza de ~s)	кылыч	kılıʧ
visera (f)	туулганын бет калканы	tuulganın bet kalkanı
cota (f) de malla	зоот	zoot
cruzada (f)	крест астындагы черүү	krest astındagı ʧeryy
cruzado (m)	черүүгө чыгуучу	ʧeryygø ʧıguutʃu
territorio (m)	аймак	ajmak
atacar (~ a un país)	кол салуу	kol saluu
conquistar (vt)	ээ болуу	ee boluu
ocupar (invadir)	басып алуу	basıp aluu
asedio (m), sitio (m)	тегеректеп курчоо	tegerektep kurtʃoo
sitiado (adj)	курчалган	kurtʃalgan
asediar, sitiar (vt)	курчоого алуу	kurtʃoogo aluu
inquisición (f)	инквизиция	inkvizitsija
inquisidor (m)	инквизитор	inkvizitor

tortura (f)	кыйноо	kıjnoo
cruel (adj)	ырайымсыз	ırajımsız
hereje (m)	еретик	eretik
herejía (f)	ересь	eresʲ

navegación (f) marítima	деңизде сүзүү	deŋizde syzyy
pirata (m)	деңиз каракчысы	deŋiz karaktʃısı
piratería (f)	деңиз каракчылыгы	deŋiz karaktʃılıgı
abordaje (m)	абордаж	abordadʒ
botín (m)	олжо	oldʒo
tesoros (m pl)	казына	kazına

descubrimiento (m)	ачылыш	atʃılıʃ
descubrir (tierras nuevas)	таап ачуу	taap atʃuu
expedición (f)	экспедиция	ekspeditsija

mosquetero (m)	мушкетёр	muʃketʲor
cardenal (m)	кардинал	kardinal
heráldica (f)	геральдика	geralʲdika
heráldico (adj)	гералдык	geraldık

189. El líder. El jefe. Las autoridades

rey (m)	король, падыша	korolʲ, padıʃa
reina (f)	ханыша	χanıʃa
real (adj)	падышалык	padıʃalık
reino (m)	падышалык	padıʃalık

| príncipe (m) | канзаада | kanzaada |
| princesa (f) | ханбийке | χanbijke |

presidente (m)	президент	prezident
vicepresidente (m)	вице-президент	vitse-prezident
senador (m)	сенатор	senator

monarca (m)	монарх	monarχ
gobernador (m)	башкаруучу	baʃkaruutʃu
dictador (m)	диктатор	diktator
tirano (m)	зулум	zulum
magnate (m)	магнат	magnat

director (m)	директор	direktor
jefe (m)	башчы	baʃtʃı
gerente (m)	башкаруучу	baʃkaruutʃu
amo (m)	шеф	ʃef
dueño (m)	кожоюн	kodʒodʒun

jefe (m), líder (m)	алдыңкы катардагы	aldıŋkı katardagı
jefe (m) (~ de delegación)	башчы	baʃtʃı
autoridades (f pl)	бийликтер	bijlikter
superiores (m pl)	башчылар	baʃtʃılar

| gobernador (m) | губернатор | gubernator |
| cónsul (m) | консул | konsul |

diplomático (m)	дипломат	diplomat
alcalde (m)	мэр	mer
sheriff (m)	шериф	ʃerif

emperador (m)	император	imperator
zar (m)	падыша	padıʃa
faraón (m)	фараон	faraon
jan (m), kan (m)	хан	χan

190. La calle. El camino. Las direcciones

| camino (m) | жол | ʤol |
| vía (f) | жол | ʤol |

carretera (f)	шоссе	ʃosse
autovía (f)	кан жол	kan ʤol
camino (m) nacional	улуттук жол	uluttuk ʤol

| camino (m) principal | негизги жол | negizgi ʤol |
| camino (m) de tierra | кыштактар арасындагы жол | kıʃtaktar arasındagı ʤol |

| sendero (m) | чыйыр жол | ʧıjır ʤol |
| senda (f) | чыйыр жол | ʧıjır ʤol |

¿Dónde?	Каерде?	kaerde?
¿A dónde?	Каяка?	kajaka?
¿De dónde?	Каяктан?	kajaktan?

| dirección (f) | багыт | bagıt |
| mostrar (~ el camino) | көрсөтүү | kørsøtyy |

a la izquierda (girar ~)	солго	solgo
a la derecha (girar)	оңго	oŋgo
todo recto (adv)	түз	tyz
atrás (adv)	артка	artka

curva (f)	бурулуш	buruluʃ
girar (~ a la izquierda)	бурулуу	buruluu
dar la vuelta en U	артка кайтуу	artka kajtuu

| divisarse (vr) | көрүнүп туруу | kørynyp turuu |
| aparecer (vi) | көрүнүү | kørynyy |

alto (m)	токтоо	toktoo
descansar (vi)	эс алуу	es aluu
reposo (m)	эс алуу	es aluu

perderse (vr)	адашып кетүү	adaʃıp ketyy
llevar a … (el camino)	…га алып баруу	…ga alıp baruu
llegar a …	…га чыгуу	…ga ʧıguu
tramo (m) (~ del camino)	жолдун бир бөлүгү	ʤoldun bir bølygy
asfalto (m)	асфальт	asfalʲt
bordillo (m)	бордюр	bordɵr

cuneta (f)	арык	arık
pozo (m) de alcantarillado	люк	lük
arcén (m)	жол чети	dʒol tʃeti
bache (m)	чуңкур	tʃuŋkur

| ir (a pie) | жөө басуу | dʒøø basuu |
| adelantar (vt) | ашып кетүү | aʃıp ketyy |

| paso (m) | кадам | kadam |
| a pie | жөө | dʒøø |

bloquear (vt)	тосуу	tosuu
barrera (f) (~ automática)	шлагбаум	ʃlagbaum
callejón (m) sin salida	туюк көчө	tujük køtʃø

191. Violar la ley. Los criminales. Unidad 1

bandido (m)	ууру-кески	uuru-keski
crimen (m)	кылмыш	kılmıʃ
criminal (m)	кылмышкер	kılmıʃker

ladrón (m)	ууру	uuru
robar (vt)	уурдоо	uurdoo
robo (m) (actividad)	ууруулук	uuruuluk
robo (m) (hurto)	уурдоо	uurdoo

secuestrar (vt)	ала качуу	ala katʃuu
secuestro (m)	ала качуу	ala katʃuu
secuestrador (m)	ала качуучу	ala katʃuutʃu

rescate (m)	кутказуу акчасы	kutkazuu aktʃası
exigir un rescate	кутказуу акчага	kutkazuu aktʃaga
	талап коюу	talap kojüu

robar (vt)	тоноо	tonoo
robo (m)	тоноо	tonoo
atracador (m)	тоноочу	tonootʃu

extorsionar (vt)	опузалоо	opuzaloo
extorsionista (m)	опузалоочу	opuzalootʃu
extorsión (f)	опуза	opuza

matar, asesinar (vt)	өлтүрүү	øltyryy
asesinato (m)	өлтүрүү	øltyryy
asesino (m)	киши өлтүргүч	kiʃi øltyrgytʃ

tiro (m), disparo (m)	атылуу	atıluu
disparar (vi)	атуу	atuu
matar (a tiros)	атып салуу	atıp saluu
tirar (vi)	атуу	atuu
tiroteo (m)	атышуу	atıʃuu

| incidente (m) | окуя | okuja |
| pelea (f) | уруш | uruʃ |

| ¡Socorro! | Жардамга! | dʒardamga! |
| víctima (f) | жапа чеккен | dʒapa ʧekken |

perjudicar (vt)	зыян келтирүү	zıjan keltiryy
daño (m)	залал	zalal
cadáver (m)	өлүк	ølyk
grave (un delito ~)	оор	oor

atacar (vt)	кол салуу	kol saluu
pegar (golpear)	уруу	uruu
apporear (vt)	ур-токмокко алуу	ur-tokmokko aluu
quitar (robar)	тартып алуу	tartıp aluu
acuchillar (vt)	союп өлтүрүү	sojup øltyryy
mutilar (vt)	майып кылуу	majıp kıluu
herir (vt)	жарадар кылуу	dʒaradar kıluu

chantaje (m)	шантаж кылуу	ʃantadʒ kıluu
hacer chantaje	шантаждоо	ʃantadʒdoo
chantajista (m)	шантажист	ʃantadʒist

extorsión (f)	рэкет	reket
extorsionador (m)	рэкетир	reketir
gángster (m)	гангстер	gangster
mafia (f)	мафия	mafija

carterista (m)	чөнтөк ууру	ʧøntøk uuru
ladrón (m) de viviendas	бузуп алуучу ууру	buzup aluuʧu uuru
contrabandismo (m)	контрабанда	kontrabanda
contrabandista (m)	контрабандачы	kontrabandaʧı

falsificación (f)	окшотуп жасоо	okʃotup dʒasoo
falsificar (vt)	жасалмалоо	dʒasalmaloo
falso (falsificado)	жасалма	dʒasalma

192. Violar la ley. Los criminales. Unidad 2

violación (f)	зордуктоо	zorduktoo
violar (vt)	зордуктоо	zorduktoo
violador (m)	зордукчул	zorduktʃul
maníaco (m)	маньяк	manjak

prostituta (f)	сойку	sojku
prostitución (f)	сойкучулук	sojkuʧuluk
chulo (m), proxeneta (m)	жак бакты	dʒak baktı

| drogadicto (m) | баңги | baŋgi |
| narcotraficante (m) | баңгизат сатуучу | baŋgizat satuuʧu |

hacer explotar	жардыруу	dʒardıruu
explosión (f)	жарылуу	dʒarıluu
incendiar (vt)	өрттөө	ørttøø
incendiario (m)	өрттөөчү	ørttøøʧy
terrorismo (m)	терроризм	terrorizm
terrorista (m)	террорист	terrorist

rehén (m)	заложник	zalodʒnik
estafar (vt)	алдоо	aldoo
estafa (f)	алдамчылык	aldamtʃılık
estafador (m)	алдамчы	aldamtʃı

sobornar (vt)	сатып алуу	satıp aluu
soborno (m) (delito)	сатып алуу	satıp aluu
soborno (m) (dinero, etc.)	пара	para

veneno (m)	уу	uu
envenenar (vt)	ууландыруу	uulandıruu
envenenarse (vr)	уулануу	uulanuu

suicidio (m)	жанын кыюу	dʒanın kıdʒuu
suicida (m, f)	жанын кыйгыч	dʒanın kıjgıtʃ

amenazar (vt)	коркутуу	korkutuu
amenaza (f)	коркунуч	korkunutʃ
atentar (vi)	кол салуу	kol saluu
atentado (m)	кол салуу	kol saluu

robar (un coche)	айдап кетүү	ajdap ketyy
secuestrar (un avión)	ала качуу	ala katʃuu

venganza (f)	кек	kek
vengar (vt)	өч алуу	øtʃ aluu

torturar (vt)	кыйноо	kıjnoo
tortura (f)	кыйноо	kıjnoo
atormentar (vt)	азапка салуу	azapka saluu

pirata (m)	деңиз каракчысы	deŋiz karaktʃısı
gamberro (m)	бейбаш	bejbaʃ
armado (adj)	куралданган	kuraldangan
violencia (f)	зордук	zorduk
ilegal (adj)	мыйзамдан тыш	mıjzamdan tıʃ

espionaje (m)	тыңчылык	tıŋtʃılık
espiar (vi, vt)	тыңчылык кылуу	tıŋtʃılık kıluu

193. La policía. La ley. Unidad 1

justicia (f)	адилеттүү сот	adilettyy sot
tribunal (m)	сот	sot

juez (m)	сот	sot
jurados (m pl)	сот калыстары	sot kalıstarı
tribunal (m) de jurados	калыстар соту	sot
juzgar (vt)	сотко тартуу	sotko tartuu

abogado (m)	жактоочу	dʒaktootʃu
acusado (m)	сот жообуна тартылган киши	sot dʒoobuna tartılgan kiʃi
banquillo (m) de los acusados	соттуулар отуруучу орун	sottuular oturuutʃu orun

inculpación (f)	айыптоо	ajıptoo
inculpado (m)	айыпталуучу	ajıptaluutʃu
sentencia (f)	өкүм	økym
sentenciar (vt)	өкүм чыгаруу	økym tʃıgaruu
culpable (m)	күнөөкөр	kynøøkør
castigar (vt)	жазалоо	dʒazaloo
castigo (m)	жаза	dʒaza
multa (f)	айып	ajıp
cadena (f) perpetua	өмүр бою	ømyr boju
pena (f) de muerte	өлүм жазасы	ølym dʒazası
silla (f) eléctrica	электр столу	elektr stolu
horca (f)	дарга	darga
ejecutar (vt)	өлүм жазасын аткаруу	ølym dʒazasın atkaruu
ejecución (f)	өлүм жазасын аткаруу	ølym dʒazasın atkaruu
prisión (f)	түрмө	tyrmø
celda (f)	камера	kamera
escolta (f)	конвой	konvoj
guardia (m) de prisiones	түрмө сакчысы	tyrmø saktʃısı
prisionero (m)	камактагы адам	kamaktagı adam
esposas (f pl)	кишен	kiʃen
esposar (vt)	кишен кийгизүү	kiʃen kijgizyy
escape (m)	качуу	katʃuu
escaparse (vr)	качуу	katʃuu
desaparecer (vi)	жоголуп кетүү	dʒogolup ketyy
liberar (vt)	бошотуу	boʃotuu
amnistía (f)	амнистия	amnistija
policía (f) (~ nacional)	полиция	politsija
policía (m)	полиция кызматкери	politsija kızmatkeri
comisaría (f) de policía	полиция бөлүмү	politsija bølymy
porra (f)	резина союлчасы	rezina sojultʃası
megáfono (m)	керней	kernej
coche (m) patrulla	жол күзөт машинасы	dʒol kyzøt maʃınası
sirena (f)	сирена	sirena
poner la sirena	сирананы басуу	sirenanı basuu
canto (m) de la sirena	сиренанын боздошу	sirenanın bozdoʃu
escena (f) del delito	кылмыш болгон жер	kılmıʃ bolgon dʒer
testigo (m)	күбө	kybø
libertad (f)	эркиндик	erkindik
cómplice (m)	шерик	ʃerik
escapar de …	из жашыруу	iz dʒaʃıruu
rastro (m)	из	iz

194. La policía. La ley. Unidad 2

búsqueda (f)	издөө	izdøø
buscar (~ el criminal)	... издөө	... izdøø
sospecha (f)	шек	ʃek
sospechoso (adj)	шектүү	ʃektyy
parar (~ en la calle)	токтотуу	toktotuu
retener (vt)	кармоо	karmoo
causa (f) (~ penal)	иш	iʃ
investigación (f)	териштирүү	teriʃtiryy
detective (m)	аңдуучу	aŋduutʃu
investigador (m)	тергөөчү	tergøøtʃy
versión (f)	жоромол	dʒoromol
motivo (m)	себеп	sebep
interrogatorio (m)	сурак	surak
interrogar (vt)	суракка алуу	surakka aluu
interrogar (al testigo)	сураштыруу	suraʃtıruu
control (m) (de vehículos, etc.)	текшерүү	tekʃeryy
redada (f)	тегеректөө	tegerektøø
registro (m) (~ de la casa)	тинтүү	tintyy
persecución (f)	куу	kuu
perseguir (vt)	изине түшүү	izine tyʃyy
rastrear (~ al criminal)	изине түшүү	izine tyʃyy
arresto (m)	камак	kamak
arrestar (vt)	камакка алуу	kamakka aluu
capturar (vt)	кармоо	karmoo
captura (f)	колго түшүрүү	kolgo tyʃyryy
documento (m)	документ	dokument
prueba (f)	далил	dalil
probar (vt)	далилдөө	dalildøø
huella (f) (pisada)	из	iz
huellas (f pl) digitales	манжанын изи	mandʒanın izi
elemento (m) de prueba	далил	dalil
coartada (f)	алиби	alibi
inocente (no culpable)	бейкүнөө	bejkynøø
injusticia (f)	адилетсиздик	adiletsizdik
injusto (adj)	адилетсиз	adiletsiz
criminal (adj)	кылмыштуу	kılmıʃtuu
confiscar (vt)	тартып алуу	tartıp aluu
narcótico (f)	баңгизат	baŋgizat
arma (f)	курал	kural
desarmar (vt)	куралсыздандыруу	kuralsızdandıruu
ordenar (vt)	буйрук берүү	bujruk beryy
desaparecer (vi)	жоголуп кетүү	dʒogolup ketyy
ley (f)	мыйзам	mıjzam
legal (adj)	мыйзамдуу	mıjzamduu
ilegal (adj)	мыйзамдан тыш	mıjzamdan tıʃ

| responsabilidad (f) | жоопкерчилик | dʒoopkertʃilik |
| responsable (adj) | жоопкерчиликтүү | dʒoopkertʃiliktyy |

LA NATURALEZA

La tierra. Unidad 1

195. El espacio

cosmos (m)	космос	kosmos
espacial, cósmico (adj)	космос	kosmos
espacio (m) cósmico	космос мейкиндиги	kosmos mejkindigi
mundo (m)	дүйнө	dyjnø
universo (m)	аалам	aalam
galaxia (f)	галактика	galaktika
estrella (f)	жылдыз	dʒıldız
constelación (f)	жылдыздар	dʒıldızdar
planeta (m)	планета	planeta
satélite (m)	жолдош	dʒoldoʃ
meteorito (m)	метеорит	meteorit
cometa (f)	комета	kometa
asteroide (m)	астероид	asteroid
órbita (f)	орбита	orbita
girar (vi)	айлануу	ajlanuu
atmósfera (f)	атмосфера	atmosfera
Sol (m)	күн	kyn
Sistema (m) Solar	күн системасы	kyn sisteması
eclipse (m) de Sol	күндүн тутулушу	kyndyn tutuluʃu
Tierra (f)	Жер	dʒer
Luna (f)	Ай	aj
Marte (m)	Марс	mars
Venus (f)	Венера	venera
Júpiter (m)	Юпитер	jupiter
Saturno (m)	Сатурн	saturn
Mercurio (m)	Меркурий	merkurij
Urano (m)	Уран	uran
Neptuno (m)	Нептун	neptun
Plutón (m)	Плутон	pluton
la Vía Láctea	Саманчынын жолу	samantʃının dʒolu
la Osa Mayor	Чоң Жетиген	tʃoŋ dʒetigen
la Estrella Polar	Полярдык Жылдыз	polʲardık dʒıldız
marciano (m)	марсианин	marsianin
extraterrestre (m)	инопланетянин	inoplanetʲanin

| planetícola (m) | келгин | kelgin |
| platillo (m) volante | учуучу табак | utʃuutʃu tabak |

nave (f) espacial	космос кемеси	kosmos kemesi
estación (f) orbital	орбитадагы станция	orbitadagı stantsija
despegue (m)	старт	start

motor (m)	кыймылдаткыч	kıjmıldatkıtʃ
tobera (f)	сопло	soplo
combustible (m)	күйгүүчү май	kyjyytʃy may

carlinga (f)	кабина	kabina
antena (f)	антенна	antenna
ventana (f)	иллюминатор	illuminator
batería (f) solar	күн батареясы	kyn batarejası
escafandra (f)	скафандр	skafandr

| ingravidez (f) | салмаксыздык | salmaksızdık |
| oxígeno (m) | кислород | kislorod |

| atraque (m) | жалгаштыруу | dʒalgaʃtıruu |
| realizar el atraque | жалгаштыруу | dʒalgaʃtıruu |

observatorio (m)	обсерватория	observatorija
telescopio (m)	телескоп	teleskop
observar (vt)	байкоо	bajkoo
explorar (~ el universo)	изилдөө	izildøø

196. La tierra

Tierra (f)	Жер	dʒer
globo (m) terrestre	жер шары	dʒer ʃarı
planeta (m)	планета	planeta

atmósfera (f)	атмосфера	atmosfera
geografía (f)	география	geografija
naturaleza (f)	табийгат	tabijgat

globo (m) terráqueo	глобус	globus
mapa (m)	карта	karta
atlas (m)	атлас	atlas

| Europa (f) | Европа | evropa |
| Asia (f) | Азия | azija |

| África (f) | Африка | afrika |
| Australia (f) | Австралия | avstralija |

América (f)	Америка	amerika
América (f) del Norte	Северная Америка	severnaja amerika
América (f) del Sur	Южная Америка	jʉdʒnaja amerika

| Antártida (f) | Антарктида | antarktida |
| Ártico (m) | Арктика | arktika |

197. Los puntos cardinales

norte (m)	түндүк	tyndyk
al norte	түндүккө	tyndykkø
en el norte	түндүктө	tyndyktø
del norte (adj)	түндүк	tyndyk
sur (m)	түштүк	tyʃtyk
al sur	түштүккө	tyʃtykkø
en el sur	түштүктө	tyʃtyktø
del sur (adj)	түштүк	tyʃtyk
oeste (m)	батыш	batıʃ
al oeste	батышка	batıʃka
en el oeste	батышта	batıʃta
del oeste (adj)	батыш	batıʃ
este (m)	чыгыш	ʧıgıʃ
al este	чыгышка	ʧıgıʃka
en el este	чыгышта	ʧıgıʃta
del este (adj)	чыгыш	ʧıgıʃ

198. El mar. El océano

mar (m)	деңиз	deŋiz
océano (m)	мухит	muχit
golfo (m)	булуң	buluŋ
estrecho (m)	кысык	kısık
tierra (f) firme	жер	dʒer
continente (m)	материк	materik
isla (f)	арал	aral
península (f)	жарым арал	dʒarım aral
archipiélago (m)	архипелаг	arχipelag
bahía (f)	булуң	buluŋ
puerto (m)	гавань	gavanʲ
laguna (f)	лагуна	laguna
cabo (m)	тумшук	tumʃuk
atolón (m)	атолл	atoll
arrecife (m)	риф	rif
coral (m)	маржан	mardʒan
arrecife (m) de coral	маржан рифи	mardʒan rifi
profundo (adj)	терең	tereŋ
profundidad (f)	терeңдик	tereŋdik
abismo (m)	түбү жок	tyby dʒok
fosa (f) oceánica	ойдуң	ojduŋ
corriente (f)	агым	agım
bañar (rodear)	курчап туруу	kurʧap turuu

| orilla (f) | жээк | ʤeek |
| costa (f) | жээк | ʤeek |

flujo (m)	суунун көтөрүлүшү	suunun køtørylyʃy
reflujo (m)	суунун тартылуусу	suunun tartıluusu
banco (m) de arena	тайыздык	tajızdık
fondo (m)	суунун түбү	suunun tyby

ola (f)	толкун	tolkun
cresta (f) de la ola	толкундун кыры	tolkundun kırı
espuma (f)	көбүк	købyk

tempestad (f)	бороон чапкын	boroon ʧapkın
huracán (m)	бороон	boroon
tsunami (m)	цунами	tsunami
bonanza (f)	штиль	ʃtilʲ
calmo, tranquilo	тынч	tınʧ

| polo (m) | уюл | ujʉl |
| polar (adj) | полярдык | polʲardık |

latitud (f)	кеңдик	keŋdik
longitud (f)	узундук	uzunduk
paralelo (m)	параллель	parallelʲ
ecuador (m)	экватор	ekvator

cielo (m)	асман	asman
horizonte (m)	горизонт	gorizont
aire (m)	аба	aba

faro (m)	маяк	majak
bucear (vi)	сүңгүү	syŋgyy
hundirse (vr)	чөгүп кетүү	ʧøgyp ketyy
tesoros (m pl)	казына	kazına

199. Los nombres de los mares y los océanos

océano (m) Atlántico	Атлантика мухити	atlantika muχiti
océano (m) Índico	Индия мухити	indija muχiti
océano (m) Pacífico	Тынч мухити	tınʧ muχiti
océano (m) Glacial Ártico	Түндүк Муз мухити	tyndyk muz muχiti

mar (m) Negro	Кара деңиз	kara deŋiz
mar (m) Rojo	Кызыл деңиз	kızıl deŋiz
mar (m) Amarillo	Сары деңиз	sarı deŋiz
mar (m) Blanco	Ак деңиз	ak deŋiz

mar (m) Caspio	Каспий деңизи	kaspij deŋizi
mar (m) Muerto	Өлүк деңиз	ølyk deŋiz
mar (m) Mediterráneo	Жер Ортолук деңиз	ʤer ortoluk deŋiz

mar (m) Egeo	Эгей деңизи	egej deŋizi
mar (m) Adriático	Адриатика деңизи	adriatika deŋizi
mar (m) Arábigo	Аравия деңизи	aravija deŋizi

mar (m) del Japón	Япон деңизи	japon deŋizi
mar (m) de Bering	Беринг деңизи	bering deŋizi
mar (m) de la China Meridional	Түштүк-Кытай деңизи	tyʃtyk-kıtaj deŋizi

mar (m) del Coral	Маржан деңизи	mardʒan deŋizi
mar (m) de Tasmania	Тасман деңизи	tasman deŋizi
mar (m) Caribe	Кариб деңизи	karib deŋizi

| mar (m) de Barents | Баренц деңизи | barents deŋizi |
| mar (m) de Kara | Карск деңизи | karsk deŋizi |

mar (m) del Norte	Түндүк деңиз	tyndyk deŋiz
mar (m) Báltico	Балтика деңизи	baltika deŋizi
mar (m) de Noruega	Норвегиялык деңизи	norvegijalık deŋizi

200. Las montañas

montaña (f)	тоо	too
cadena (f) de montañas	тоо тизмеги	too tizmegi
cresta (f) de montañas	тоо кыркалары	too kırkaları

cima (f)	чоку	tʃoku
pico (m)	чоку	tʃoku
pie (m)	тоо этеги	too etegi
cuesta (f)	эңкейиш	eŋkejiʃ

volcán (m)	вулкан	vulkan
volcán (m) activo	күйүп жаткан	kyjyp dʒatkan
volcán (m) apagado	өчүп калган вулкан	øtʃyp kalgan vulkan

erupción (f)	атырылып чыгуу	atırılıp tʃıguu
cráter (m)	кратер	krater
magma (f)	магма	magma
lava (f)	лава	lava
fundido (lava ~a)	кызыган	kızıgan

cañón (m)	каньон	kanʲon
desfiladero (m)	капчыгай	kaptʃıgaj
grieta (f)	жарака	dʒaraka
precipicio (m)	жар	dʒar

puerto (m) (paso)	ашуу	aʃuu
meseta (f)	дөңсөө	døŋsøø
roca (f)	зоока	zooka
colina (f)	дөбө	døbø

glaciar (m)	муз	muz
cascada (f)	шаркыратма	ʃarkıratma
geiser (m)	гейзер	gejzer
lago (m)	көл	køl

| llanura (f) | түздүк | tyzdyk |
| paisaje (m) | теребел | terebel |

eco (m)	жаңырык	dʒaŋırık
alpinista (m)	альпинист	alʲpinist
escalador (m)	скалолаз	skalolaz
conquistar (vt)	багындыруу	bagındıruu
ascensión (f)	тоонун чокусуна чыгуу	toonun ʧokusuna ʧıguu

201. Los nombres de las montañas

Alpes (m pl)	Альп тоолору	alʲp tooloru
Montblanc (m)	Монблан	monblan
Pirineos (m pl)	Пиреней тоолору	pirenej tooloru

Cárpatos (m pl)	Карпат тоолору	karpat tooloru
Urales (m pl)	Урал тоолору	ural tooloru
Cáucaso (m)	Кавказ тоолору	kavkaz tooloru
Elbrus (m)	Эльбрус	elʲbrus

Altai (m)	Алтай тоолору	altaj tooloru
Tian-Shan (m)	Тянь-Шань	tjanʲ-ʃanʲ
Pamir (m)	Памир тоолору	pamir tooloru
Himalayos (m pl)	Гималай тоолору	gimalaj tooloru
Everest (m)	Эверест	everest

| Andes (m pl) | Анд тоолору | and tooloru |
| Kilimanjaro (m) | Килиманджаро | kilimandʒaro |

202. Los ríos

río (m)	дарыя	darıja
manantial (m)	булак	bulak
lecho (m) (curso de agua)	сай	saj
cuenca (f) fluvial	бассейн	bassejn
desembocar en ...	... куюю	... kujʉu

| afluente (m) | куйма | kujma |
| ribera (f) | жээк | dʒeek |

corriente (f)	агым	agım
río abajo (adv)	агым боюнча	agım bojʉnʧa
río arriba (adv)	агымга каршы	agımga karʃı

inundación (f)	ташкын	taʃkın
riada (f)	суу ташкыны	suu taʃkını
desbordarse (vr)	дайранын ташышы	dajranın taʃıʃı
inundar (vt)	суу каптоо	suu kaptoo

| bajo (m) arenoso | тайыздык | tajızdık |
| rápido (m) | босого | bosogo |

presa (f)	тогоон	togoon
canal (m)	канал	kanal
lago (m) artificiale	суу сактагыч	suu saktagıʧ

esclusa (f)	шлюз	ʃlʉz
cuerpo (m) de agua	көлмө	kølmø
pantano (m)	саз	saz
ciénaga (m)	баткак	batkak
remolino (m)	айлампа	ajlampa

arroyo (m)	суу	suu
potable (adj)	ичилчу суу	itʃiltʃy suu
dulce (agua ~)	тузсуз	tuzsuz

| hielo (m) | муз | muz |
| helarse (el lago, etc.) | тоңуп калуу | toŋup kaluu |

203. Los nombres de los ríos

| Sena (m) | Сена | sena |
| Loira (m) | Луара | luara |

Támesis (m)	Темза	temza
Rin (m)	Рейн	rejn
Danubio (m)	Дунай	dunaj

Volga (m)	Волга	volga
Don (m)	Дон	don
Lena (m)	Лена	lena

Río (m) Amarillo	Хуанхэ	χuanχe
Río (m) Azul	Янцзы	janıszı
Mekong (m)	Меконг	mekong
Ganges (m)	Ганг	gang

Nilo (m)	Нил	nil
Congo (m)	Конго	kongo
Okavango (m)	Оканго	okavango
Zambeze (m)	Замбези	zambezi
Limpopo (m)	Лимпопо	limpopo
Misisipí (m)	Миссисипи	missisipi

204. El bosque

| bosque (m) | токой | tokoj |
| de bosque (adj) | токойлуу | tokojluu |

espesura (f)	чытырман токой	tʃıtırman tokoj
bosquecillo (m)	токойчо	tokojtʃo
claro (m)	аянт	ajant

| maleza (f) | бадал | badal |
| matorral (m) | бадал | badal |

| senda (f) | чыйыр жол | tʃıjır dʒol |
| barranco (m) | жар | dʒar |

árbol (m)	дарак	darak
hoja (f)	жалбырак	dʒalbırak
follaje (m)	жалбырак	dʒalbırak

caída (f) de hojas	жалбырак түшүү мезгили	dʒalbırak tyʃyy mezgili
caer (las hojas)	түшүү	tyʃyy
cima (f)	чоку	tʃoku

rama (f)	бутак	butak
rama (f) (gruesa)	бутак	butak
brote (m)	бүчүр	bytʃyr
aguja (f)	ийне	ijne
piña (f)	тобурчак	toburtʃak

agujero (m)	көңдөй	køŋdøj
nido (m)	уя	uja
madriguera (f)	ийин	ijin

tronco (m)	сөңгөк	søŋgøk
raíz (f)	тамыр	tamır
corteza (f)	кыртыш	kırtıʃ
musgo (m)	мох	moχ

extirpar (vt)	дүмүрүн казуу	dymyryn kazuu
talar (vt)	кыюу	kıjɵu
deforestar (vt)	токойду кыюу	tokojdu kıjɵu
tocón (m)	дүмүр	dymyr

hoguera (f)	от	ot
incendio (m)	өрт	ørt
apagar (~ el incendio)	өчүрүү	øtʃyryy

guarda (m) forestal	токойчу	tokojtʃu
protección (f)	өсүмдүктөрдү коргоо	øsymdyktørdy korgoo
proteger (vt)	сактоо	saktoo
cazador (m) furtivo	браконьер	brakonjer
cepo (m)	капкан	kapkan

recoger (setas)	терүү	teryy
recoger (bayas)	терүү	teryy
perderse (vr)	адашып кетүү	adaʃıp ketyy

205. Los recursos naturales

recursos (m pl) naturales	жаратылыш байлыктары	dʒaratılıʃ bajlıktarı
minerales (m pl)	пайдалуу кендер	pajdaluu kender
depósitos (m pl)	кен	ken
yacimiento (m)	кендүү жер	kendyy dʒer

extraer (vt)	казуу	kazuu
extracción (f)	казуу	kazuu
mineral (m)	кен	ken
mina (f)	шахта	ʃaχta
pozo (m) de mina	шахта	ʃaχta

minero (m)	кенчи	kentʃi
gas (m)	газ	gaz
gasoducto (m)	газопровод	gazoprovod

petróleo (m)	мунайзат	munajzat
oleoducto (m)	мунайзар түтүгү	munajzar tytygy
torre (f) petrolera	мунайзат скважинасы	munajzat skvadʒinası
torre (f) de sondeo	мунайзат мунарасы	munajzat munarası
petrolero (m)	танкер	tanker

arena (f)	кум	kum
caliza (f)	акиташ	akitaʃ
grava (f)	шагыл	ʃagıl
turba (f)	торф	torf
arcilla (f)	ылай	ılaj
carbón (m)	көмүр	kømyr

hierro (m)	темир	temir
oro (m)	алтын	altın
plata (f)	күмүш	kymyʃ
níquel (m)	никель	nikelʲ
cobre (m)	жез	dʒez

zinc (m)	цинк	tsınk
manganeso (m)	марганец	marganets
mercurio (m)	сымап	sımap
plomo (m)	коргошун	korgoʃun

mineral (m)	минерал	mineral
cristal (m)	кристалл	kristall
mármol (m)	мрамор	mramor
uranio (m)	уран	uran

La tierra. Unidad 2

206. El tiempo

tiempo (m)	аба-ырайы	aba-ırajı
previsión (m) del tiempo	аба-ырайы боюнча маалымат	aba-ırajı bojunʧa maalımat
temperatura (f)	температура	temperatura
termómetro (m)	термометр	termometr
barómetro (m)	барометр	barometr
húmedo (adj)	нымдуу	nımduu
humedad (f)	ным	nım
bochorno (m)	ысык	ısık
tórrido (adj)	кыйын ысык	kıjın ısık
hace mucho calor	ысык	ısık
hace calor (templado)	жылуу	dʒıluu
templado (adj)	жылуу	dʒıluu
hace frío	суук	suuk
frío (adj)	суук	suuk
sol (m)	күн	kyn
brillar (vi)	күн тийүү	kyn tijyy
soleado (un día ~)	күн ачык	kyn aʧık
elevarse (el sol)	чыгуу	ʧıguu
ponerse (vr)	батуу	batuu
nube (f)	булут	bulut
nuboso (adj)	булуттуу	buluttuu
nubarrón (m)	булут	bulut
nublado (adj)	күн бүркөк	kyn byrkøk
lluvia (f)	жамгыр	dʒamgır
está lloviendo	жамгыр жаап жатат	dʒamgır dʒaap dʒatat
lluvioso (adj)	жаандуу	dʒaanduu
lloviznar (vi)	дыбыратуу	dıbıratuu
aguacero (m)	нөшөрлөгөн жаан	nøʃørløgøn dʒaan
chaparrón (m)	нөшөр	nøʃør
fuerte (la lluvia ~)	катуу	katuu
charco (m)	көлчүк	køltʧyk
mojarse (vr)	суу болуу	suu boluu
niebla (f)	туман	tuman
nebuloso (adj)	тумандуу	tumanduu
nieve (f)	кар	kar
está nevando	кар жаап жатат	kar dʒaap dʒatat

207. Los eventos climáticos severos. Los desastres naturales

tormenta (f)	чагылгандуу жаан	tʃagılganduu dʒaan
relámpago (m)	чагылган	tʃagılgan
relampaguear (vi)	жарк этүү	dʒark etyy
trueno (m)	күн күркүрөө	kyn kyrkyrøø
tronar (vi)	күн күркүрөө	kyn kyrkyrøø
está tronando	күн күркүрөп жатат	kyn kyrkyrøp dʒatat
granizo (m)	мөндүр	møndyr
está granizando	мөндүр түшүп жатат	møndyr tyʃyp dʒatat
inundar (vt)	суу каптоо	suu kaptoo
inundación (f)	ташкын	taʃkın
terremoto (m)	жер титирөө	dʒer titirøø
sacudida (f)	жердин силкиниши	dʒerdin silkiniʃi
epicentro (m)	эпицентр	epitsentr
erupción (f)	атырылып чыгуу	atırılıp tʃıguu
lava (f)	лава	lava
torbellino (m)	куюн	kujʉn
tornado (m)	торнадо	tornado
tifón (m)	тайфун	tajfun
huracán (m)	бороон	boroon
tempestad (f)	бороон чапкын	boroon tʃapkın
tsunami (m)	цунами	tsunami
ciclón (m)	циклон	tsıklon
mal tiempo (m)	жаан-чачындуу күн	dʒaan-tʃatʃınduu kyn
incendio (m)	өрт	ørt
catástrofe (f)	кыйроо	kıjroo
meteorito (m)	метеорит	meteorit
avalancha (f)	көчкү	køtʃky
alud (m) de nieve	кар көчкүсү	kar køtʃkysy
ventisca (f)	кар бороону	kar boroonu
nevasca (f)	бурганак	burganak

208. Los ruidos. Los sonidos

silencio (m)	жымжырттык	dʒımdʒırttık
sonido (m)	добуш	dobuʃ
ruido (m)	ызы-чуу	ızı-tʃuu
hacer ruido	чуулдоо	tʃuuldoo
ruidoso (adj)	дуулдаган	duuldagan
alto (adv)	катуу	katuu
fuerte (~ voz)	катуу	katuu
constante (ruido, etc.)	үзгүлтүксүз	yzgyltyksyz

grito (m)	кыйкырык	kıjkırık
gritar (vi)	кыйкыруу	kıjkıruu
susurro (m)	шыбыр	ʃıbır
susurrar (vi, vt)	шыбырап айтуу	ʃıbırap ajtuu

| ladrido (m) | үрүү | yryy |
| ladrar (vi) | үрүү | yryy |

gemido (m)	онтоо	ontoo
gemir (vi)	онтоо	ontoo
tos (f)	жөтөл	dʒøtøl
toser (vi)	жөтөлүү	dʒøtølyy

silbido (m)	ышкырык	ıʃkırık
silbar (vi)	ышкыруу	ıʃkıruu
llamada (f) (golpes)	такылдатуу	takıldatuu
golpear (la puerta)	такылдатуу	takıldatuu

| crepitar (vi) | чыртылдоо | tʃırtıldoo |
| crepitación (f) | чыртылдоо | tʃırtıldoo |

sirena (f)	сирена	sirena
pito (m) (de la fábrica)	гудок	gudok
pitar (un tren, etc.)	гудок чалуу	gudok tʃaluu
bocinazo (m)	сигнал	signal
tocar la bocina	сигнал басуу	signal basuu

209. El invierno

invierno (m)	кыш	kıʃ
de invierno (adj)	кышкы	kıʃkı
en invierno	кышында	kıʃında

nieve (f)	кар	kar
está nevando	кар жаап жатат	kar dʒaap dʒatat
nevada (f)	кар жаашы	kar dʒaaʃı
montón (m) de nieve	күрткү	kyrtky

copo (m) de nieve	кар учкуну	kar utʃkunu
bola (f) de nieve	томолоктолгон кар	tomoloktolgon kar
monigote (m) de nieve	кар адам	kar adam
carámbano (m)	тоңгон муз	toŋgon muz

diciembre (m)	декабрь	dekabrʲ
enero (m)	январь	janvarʲ
febrero (m)	февраль	fevralʲ

| helada (f) | аяз | ajaz |
| helado (~a noche) | аяздуу | ajazduu |

bajo cero (adv)	нольдон төмөн	nolʲdon tømøn
primeras heladas (f pl)	үшүк	yʃyk
escarcha (f)	кыроо	kıroo
frío (m)	суук	suuk

hace frío	суук	suuk
abrigo (m) de piel	тон	ton
manoplas (f pl)	мээлей	meelej
enfermarse (vr)	ооруп калуу	oorup kaluu
resfriado (m)	суук тийүү	suuk tijyy
resfriarse (vr)	суук тийгизип алуу	suuk tijgizip aluu
hielo (m)	муз	muz
hielo (m) negro	кара тоңголок	kara toŋgolok
helarse (el lago, etc.)	тоңуп калуу	toŋup kaluu
bloque (m) de hielo	муздун чоң сыныгы	muzdun tʃoŋ sınıgı
esquís (m pl)	чаңгы	tʃaŋgı
esquiador (m)	чаңычы	tʃaŋıtʃı
esquiar (vi)	чаңгы тебүү	tʃaŋgı tebyy
patinar (vi)	коньки тебүү	konʲki tebyy

La fauna

210. Los mamíferos. Los predadores

carnívoro (m)	жырткыч	dʒɪrtkɪtʃ
tigre (m)	жолборс	dʒolbors
león (m)	арстан	arstan
lobo (m)	карышкыр	karɪʃkɪr
zorro (m)	түлкү	tylky
jaguar (m)	ягуар	jaguar
leopardo (m)	леопард	leopard
guepardo (m)	гепард	gepard
pantera (f)	пантера	pantera
puma (f)	пума	puma
leopardo (m) de las nieves	илбирс	ilbirs
lince (m)	сүлөөсүн	syløøsyn
coyote (m)	койот	kojot
chacal (m)	чөө	tʃøø
hiena (f)	гиена	giena

211. Los animales salvajes

animal (m)	жаныбар	dʒanɪbar
bestia (f)	жапайы жаныбар	dʒapajɪ dʒanɪbar
ardilla (f)	тыйын чычкан	tijɪn tʃɪtʃkan
erizo (m)	кирпичечен	kirpitʃetʃen
liebre (f)	коен	koen
conejo (m)	коен	koen
tejón (m)	кашкулак	kaʃkulak
mapache (m)	енот	enot
hámster (m)	хомяк	χomʲak
marmota (f)	суур	suur
topo (m)	момолой	momoloj
ratón (m)	чычкан	tʃɪtʃkan
rata (f)	келемиш	kelemiʃ
murciélago (m)	жарганат	dʒarganat
armiño (m)	арс чычкан	ars tʃɪtʃkan
cebellina (f)	киш	kiʃ
marta (f)	суусар	suusar
comadreja (f)	ласка	laska
visón (m)	норка	norka

| castor (m) | кемчет | kemtʃet |
| nutria (f) | кундуз | kunduz |

caballo (m)	жылкы	dʒɪlkɪ
alce (m)	багыш	bagɪʃ
ciervo (m)	бугу	bugu
camello (m)	төө	tøø

bisonte (m)	бизон	bizon
uro (m)	зубр	zubr
búfalo (m)	буйвол	bujvol

cebra (f)	зебра	zebra
antílope (m)	антилопа	antilopa
corzo (m)	элик	elik
gamo (m)	лань	lanʲ
gamuza (f)	жейрен	dʒejren
jabalí (m)	каман	kaman

ballena (f)	кит	kit
foca (f)	тюлень	tʉlenʲ
morsa (f)	морж	mordʒ
oso (m) marino	деңиз мышыгы	deŋiz mɪʃɪgɪ
delfín (m)	дельфин	delʲfin

oso (m)	аюу	ajʉu
oso (m) blanco	ак аюу	ak ajʉu
panda (f)	панда	panda

mono (m)	маймыл	majmɪl
chimpancé (m)	шимпанзе	ʃimpanze
orangután (m)	орангутанг	orangutang
gorila (m)	горилла	gorilla
macaco (m)	макака	makaka
gibón (m)	гиббон	gibbon

elefante (m)	пил	pil
rinoceronte (m)	керик	kerik
jirafa (f)	жираф	dʒiraf
hipopótamo (m)	бегемот	begemot

| canguro (m) | кенгуру | kenguru |
| koala (f) | коала | koala |

mangosta (f)	мангуст	mangust
chinchilla (f)	шиншилла	ʃinʃilla
mofeta (f)	скунс	skuns
espín (m)	чүткөр	tʃytkør

212. Los animales domésticos

gata (f)	ургаачы мышык	urgaatʃɪ mɪʃɪk
gato (m)	эркек мышык	erkek mɪʃɪk
perro (m)	ит	it

caballo (m)	жылкы	ʤılkı
garañón (m)	айгыр	ajgır
yegua (f)	бээ	bee

vaca (f)	уй	uj
toro (m)	бука	buka
buey (m)	өгүз	øgyz

oveja (f)	кой	koj
carnero (m)	кочкор	koʧkor
cabra (f)	эчки	eʧki
cabrón (m)	теке	teke

| asno (m) | эшек | eʃek |
| mulo (m) | качыр | kaʧır |

cerdo (m)	чочко	ʧoʧko
cerdito (m)	торопой	toropoj
conejo (m)	коен	koen

| gallina (f) | тоок | took |
| gallo (m) | короз | koroz |

pato (m)	өрдөк	ørdøk
ánade (m)	эркек өрдөк	erkek ørdøk
ganso (m)	каз	kaz

| pavo (m) | күрп | kyrp |
| pava (f) | ургаачы күрп | urgaaʧı kyrp |

animales (m pl) domésticos	үй жаныбарлары	yj ʤanıbarları
domesticado (adj)	колго үйрөтүлгөн	kolgo yjrøtylgøn
domesticar (vt)	колго үйрөтүү	kolgo yjrøtyy
criar (vt)	өстүрүү	østyryy

granja (f)	ферма	ferma
aves (f pl) de corral	үй канаттулары	yj kanattuları
ganado (m)	мал	mal
rebaño (m)	бада	bada

caballeriza (f)	аткана	atkana
porqueriza (f)	чочкокана	ʧoʧkokana
vaquería (f)	уйкана	ujkana
conejal (m)	коенкана	koenkana
gallinero (m)	тоокана	tookana

213. Los perros. Las razas de perros

perro (m)	ит	it
perro (m) pastor	овчарка	ovʧarka
pastor (m) alemán	немис овчаркасы	nemis ovʧarkası
caniche (m), poodle (m)	пудель	pudelʲ
teckel (m)	такса	taksa
buldog (m)	бульдог	bulʲdog

bóxer (m)	боксёр	boksʲor
mastín (m) inglés	мастиф	mastif
rottweiler (m)	ротвейлер	rotvejler
dóberman (m)	доберман	doberman

basset hound (m)	бассет	basset
Bobtail (m)	бобтейл	bobtejl
dálmata (m)	далматинец	dalmatinets
cocker spaniel (m)	кокер-спаниэль	koker-spanielʲ

Terranova (m)	ньюфаундленд	njᵿfaundlend
san bernardo (m)	сенбернар	senbernar

husky (m)	хаски	χaski
chow chow (m)	чау-чау	tʃau-tʃau
pomerania (m)	шпиц	ʃpits
pug (m), carlino (m)	мопс	mops

214. Los sonidos de los animales

ladrido (m)	үрүү	yryy
ladrar (vi)	үрүү	yryy
maullar (vi)	миёлоо	mijoloo
ronronear (vi)	мырылдоо	mırıldoo

mugir (vi)	маароо	maaroo
bramar (toro)	өкүрүү	økyryy
rugir (vi)	ырылдоо	ırıldoo

aullido (m)	уулуу	uuluu
aullar (vi)	уулуу	uuluu
gañir (vi)	кыңшылоо	kıŋʃiloo

balar (vi)	маароо	maaroo
gruñir (cerdo)	коркулдоо	korkuldoo
chillar (vi)	чаңыруу	tʃaŋıruu

croar (vi)	чардоо	tʃardoo
zumbar (vi)	зыңылдоо	zıŋıldoo
chirriar (vi)	чырылдоо	tʃırıldoo

215. Los animales jóvenes

cría (f)	жаныбарлардын баласы	dʒanıbarlardın balası
gatito (m)	мышыктын баласы	mıʃiktın balası
ratoncillo (m)	чычкандын баласы	tʃitʃkandın balası
cachorro (m)	күчүк	kytʃyk

cría (f) de liebre	бөжөк	bødʒøk
conejito (m)	бөжөк	bødʒøk
lobato (m)	бөлтүрүк	bøltyryk
cría (f) de zorro	түлкү баласы	tylky balası

osito (m)	мамалак	mamalak
cachorro (m) de león	арстан баласы	arstan balası
cachorro (m) de tigre	жолборс баласы	dʒolbors balası
elefantino (m)	пилдин баласы	pildin balası

cerdito (m)	торопой	toropoj
ternero (m)	музоо	muzoo
cabrito (m)	улак	ulak
cordero (m)	козу	kozu
cervato (m)	бугунун музоосу	bugunun muzoosu
cría (f) de camello	бото	boto

| serpezuela (f) | жылан баласы | dʒılan balası |
| ranita (f) | бака баласы | baka balası |

pajarillo (m)	балапан	balapan
pollo (m)	балапан	balapan
patito (m)	өрдөктүн баласы	ørdøktyn balası

216. Los pájaros

pájaro (m)	куш	kuʃ
paloma (f)	көгүчкөн	køgytʃkøn
gorrión (m)	таранчы	tarantʃı
paro (m)	синица	sinitsa
cotorra (f)	сагызган	sagızgan

cuervo (m)	кузгун	kuzgun
corneja (f)	карга	karga
chova (f)	таан	taan
grajo (m)	чаркарга	tʃarkarga

pato (m)	өрдөк	ørdøk
ganso (m)	каз	kaz
faisán (m)	кыргоол	kırgool

águila (f)	бүркүт	byrkyt
azor (m)	ителги	itelgi
halcón (m)	шумкар	ʃumkar
buitre (m)	жору	dʒoru
cóndor (m)	кондор	kondor

cisne (m)	аккуу	akkuu
grulla (f)	турна	turna
cigüeña (f)	илегилек	ilegilek

loro (m), papagayo (m)	тотукуш	totukuʃ
colibrí (m)	колибри	kolibri
pavo (m) real	тоос	toos

avestruz (m)	төө куш	tøø kuʃ
garza (f)	көк кытан	køk kıtan
flamenco (m)	фламинго	flamingo
pelícano (m)	биргазан	birgazan

| ruiseñor (m) | булбул | bulbul |
| golondrina (f) | чабалекей | ʧabalekej |

tordo (m)	таркылдак	tarkıldak
zorzal (m)	сайрагыч таркылдак	sajragıʧ tarkıldak
mirlo (m)	кара таңдай таркылдак	kara taŋdaj tarkıldak

vencejo (m)	кардыгач	kardıgaʧ
alondra (f)	торгой	torgoj
codorniz (f)	бөдөнө	bødønø

pico (m)	тоңкулдак	toŋkuldak
cuco (m)	күкүк	kykyk
lechuza (f)	мыкый үкү	mıkij yky
búho (m)	үкү	yky
urogallo (m)	керең кур	kereŋ kur
gallo lira (m)	кара кур	kara kur
perdiz (f)	кекилик	kekilik

estornino (m)	чыйырчык	ʧıjırʧık
canario (m)	канарейка	kanarejka
ortega (f)	токой чили	tokoj ʧili
pinzón (m)	зяблик	zʲablik
camachuelo (m)	снегирь	snegirʲ

gaviota (f)	ак чардак	ak ʧardak
albatros (m)	альбатрос	alʲbatros
pingüino (m)	пингвин	pingvin

217. Los pájaros. El canto y los sonidos

cantar (vi)	сайроо	sajroo
gritar, llamar (vi)	кыйкыруу	kıjkıruu
cantar (el gallo)	"күкирику" деп кыйкыруу	kykiriky' dep kıjkıruu
quiquiriquí (m)	күкирику	kykiriky

cloquear (vi)	какылдоо	kakıldoo
graznar (vi)	каркылдоо	karkıldoo
graznar, parpar (vi)	бакылдоо	bakıldoo
piar (vi)	чыйылдоо	ʧıjıldoo
gorjear (vi)	чырылдоо	ʧırıldoo

218. Los peces. Los animales marinos

brema (f)	лещ	leʧ
carpa (f)	карп	karp
perca (f)	окунь	okunʲ
siluro (m)	жаян	dʒajan
lucio (m)	чортон	ʧorton

| salmón (m) | лосось | lososʲ |
| esturión (m) | осётр | osʲotr |

arenque (m)	сельдь	selʲdʲ
salmón (m) del Atlántico	сёмга	sʲomga
caballa (f)	скумбрия	skumbrija
lenguado (m)	камбала	kambala

lucioperca (m)	судак	sudak
bacalao (m)	треска	treska
atún (m)	тунец	tunets
trucha (f)	форель	forelʲ

anguila (f)	угорь	ugorʲ
tembladera (f)	скат	skat
morena (f)	мурена	murena
piraña (f)	пиранья	piranja

tiburón (m)	акула	akula
delfín (m)	дельфин	delʲfin
ballena (f)	кит	kit

centolla (f)	краб	krab
medusa (f)	медуза	meduza
pulpo (m)	сегиз бут	segiz but

estrella (f) de mar	деңиз жылдызы	deŋiz dʒıldızı
erizo (m) de mar	деңиз кирписи	deŋiz kirpisi
caballito (m) de mar	деңиз тайы	deŋiz tajı

ostra (f)	устрица	ustritsa
camarón (m)	креветка	krevetka
bogavante (m)	омар	omar
langosta (f)	лангуст	langust

219. Los anfibios. Los reptiles

serpiente (f)	жылан	dʒılan
venenoso (adj)	уулуу	uuluu

víbora (f)	кара чаар жылан	kara tʃaar dʒılan
cobra (f)	кобра	kobra
pitón (m)	питон	piton
boa (f)	удав	udav

culebra (f)	сары жылан	sarı dʒılan
serpiente (m) de cascabel	шакылдак жылан	ʃakıldak dʒılan
anaconda (f)	анаконда	anakonda

lagarto (f)	кескелдирик	keskeldirik
iguana (f)	игуана	iguana
varano (m)	эчкемер	etʃkemer
salamandra (f)	саламандра	salamandra
camaleón (m)	хамелеон	χameleon
escorpión (m)	чаян	tʃajan
tortuga (f)	ташбака	taʃbaka
rana (f)	бака	baka

| sapo (m) | курбака | kurbaka |
| cocodrilo (m) | крокодил | krokodil |

220. Los insectos

insecto (m)	курт-кумурска	kurt-kumurska
mariposa (f)	көпөлөк	køpøløk
hormiga (f)	кумурска	kumurska
mosca (f)	чымын	tʃımın
mosquito (m) (picadura de ~)	чиркей	tʃirkej
escarabajo (m)	коңуз	koŋuz

avispa (f)	аары	aarı
abeja (f)	бал аары	bal aarı
abejorro (m)	жапан аары	dʒapan aarı
moscardón (m)	көгөөн	køgøøn

| araña (f) | жөргөмүш | dʒørgømyʃ |
| telaraña (f) | желе | dʒele |

libélula (f)	ийнелик	ijnelik
saltamontes (m)	чегиртке	tʃegirtke
mariposa (f) nocturna	көпөлөк	køpøløk

cucaracha (f)	таракан	tarakan
garrapata (f)	кене	kene
pulga (f)	бүргө	byrgø
mosca (f) negra	майда чымын	majda tʃımın

langosta (f)	чегиртке	tʃegirtke
caracol (m)	үлүл	ylyl
grillo (m)	кара чегиртке	kara tʃegirtke
luciérnaga (f)	жалтырак коңуз	dʒaltırak koŋuz
mariquita (f)	айланкөчөк	ajlankøtʃøk
escarabajo (m) sanjuanero	саратан коңуз	saratan koŋuz

sanguijuela (f)	сүлүк	sylyk
oruga (f)	каз таман	kaz taman
gusano (m)	жер курту	dʒer kurtu
larva (f)	курт	kurt

221. Los animales. Las partes del cuerpo

pico (m)	тумшук	tumʃuk
alas (f pl)	канаттар	kanattar
pata (f)	чеңгел	tʃeŋgel
plumaje (m)	куштун жүнү	kuʃtun dʒyny
pluma (f)	канат	kanat
penacho (m)	көкүлчө	køkyltʃø

| branquias (f pl) | бакалоор | bakaloor |
| huevas (f pl) | балык уругу | balık urugu |

larva (f)	курт	kurt
aleta (f)	сүзгүч	syzgytʃ
escamas (f pl)	кабырчык	kabırtʃık

colmillo (m)	азуу тиш	azuu tiʃ
garra (f), pata (f)	таман	taman
hocico (m)	тумшук	tumʃuk
boca (f)	ооз	ooz
cola (f)	куйрук	kujruk
bigotes (m pl)	мурут	murut

casco (m) (pezuña)	туяк	tujak
cuerno (m)	мүйүз	myjyz

caparazón (m)	калканч	kalkantʃ
concha (f) (de moluscos)	үлүл кабыгы	ylyl kabıgı
cáscara (f) (de huevo)	кабык	kabık

pelo (m) (de perro)	жүн	dʒyn
piel (f) (de vaca, etc.)	тери	teri

222. Las costumbres de los animales

volar (vi)	учуу	utʃuu
dar vueltas	айлануу	ajlanuu

echar a volar	учуп кетүү	utʃup ketyy
batir las alas	канаттарын кагуу	kanattarın kaguu

picotear (vt)	чукуу	tʃukuu
empollar (vt)	жумуртка басуу	dʒumurtka basuu

salir del cascarón	жумурткадан чыгуу	dʒumurtkadan tʃıguu
hacer el nido	уя токуу	uja tokuu

reptar (serpiente)	сойлоо	sojloo
picar (vt)	чагуу	tʃaguu
morder (animal)	каап алуу	kaap aluu

olfatear (vt)	жыттоо	dʒıttoo
ladrar (vi)	үрүү	yryy
sisear (culebra)	ышкыруу	ıʃkıruu

asustar (vt)	коркутуу	korkutuu
atacar (vt)	тап берүү	tap beryy

roer (vt)	кемирүү	kemiryy
arañar (vt)	тытуу	tıtuu
esconderse (vr)	жашынуу	dʒaʃınuu

jugar (gatitos, etc.)	ойноо	ojnoo
cazar (vi, vt)	аңчылык кылуу	aŋtʃılık kıluu
hibernar (vi)	чээнге кирүү	tʃeenge kiryy
extinguirse (vr)	кырылуу	kırıluu

223. Los animales. El hábitat

| hábitat (m) | жашоо чөйрөсү | ʤaʃoo ʧøjrøsy |
| migración (f) | миграция | migratsija |

montaña (f)	тоо	too
arrecife (m)	риф	rif
roca (f)	зоока	zooka

bosque (m)	токой	tokoj
jungla (f)	джунгли	ʤungli
sabana (f)	саванна	savanna
tundra (f)	тундра	tundra

estepa (f)	талаа	talaa
desierto (m)	чөл	ʧøl
oasis (m)	оазис	oazis

mar (m)	деңиз	deŋiz
lago (m)	көл	køl
océano (m)	мухит	muχit

pantano (m)	саз	saz
de agua dulce (adj)	тузсуз суулу көл	tuzsuz suulu køl
estanque (m)	жасалма көлмө	ʤasalma kølmø
río (m)	дарыя	darija

cubil (m)	ийин	ijin
nido (m)	уя	uja
agujero (m)	көңдөй	køŋdøj
madriguera (f)	ийин	ijin
hormiguero (m)	кумурска уюгу	kumurska ujʉgu

224. El cuidado de los animales

| zoo (m) | зоопарк | zoopark |
| reserva (f) natural | корук | koruk |

club (m) de criadores	питомник	pitomnik
jaula (f) al aire libre	вольер	voljer
jaula (f)	капас	kapas
perrera (f)	иттин кепеси	ittin kepesi

palomar (m)	кептеркана	kepterkana
acuario (m)	аквариум	akvarium
delfinario (m)	дельфинарий	delʲfinarij

criar (~ animales)	багуу	baguu
crías (f pl)	тукум	tukum
domesticar (vt)	колго үйрөтүү	kolgo yjrøtyy
adiestrar (~ animales)	үйрөтүү	yjrøtyy
pienso (m), comida (f)	жем, чөп	ʤem, ʧøp
dar de comer	жем берүү	ʤem beryy

tienda (f) de animales	зоодукөн	zoodykøn
bozal (m) de perro	тумшук кап	tumʃuk kap
collar (m)	ит каргысы	it kargısı
nombre (m) (de perro, etc.)	лакап ат	lakap at
pedigrí (m)	мал теги	mal tegi

225. Los animales. Miscelánea

manada (f) (de lobos)	үйүр	yjyr
bandada (f) (de pájaros)	топ	top
banco (m) de peces	топ	top
caballada (f)	үйүр	yjyr
macho (m)	эркек	erkek
hembra (f)	ургаачы	urgaatʃı
hambriento (adj)	ачка	atʃka
salvaje (adj)	жапайы	dʒapajı
peligroso (adj)	коркунучтуу	korkunutʃtuu

226. Los caballos

caballo (m)	жылкы	dʒılkı
raza (f)	тукум	tukum
potro (m)	кулун	kulun
yegua (f)	бээ	bee
caballo mustang (m)	мустанг	mustang
poni (m)	пони	poni
caballo (m) de tiro	жүк ташуучу ат	dʒyk taʃuutʃu at
crin (f)	жал	dʒal
cola (f)	куйрук	kujruk
casco (m) (pezuña)	туяк	tujak
herradura (f)	така	taka
herrar (vt)	такалоо	takaloo
herrero (m)	темирчи	temirtʃi
silla (f)	ээр	eer
estribo (m)	үзөнгү	yzøngy
bridón (m)	жүгөн	dʒygøn
riendas (f pl)	тизгин	tizgin
fusta (f)	камчы	kamtʃı
jinete (m)	чабандес	tʃabandes
ensillar (vt)	ээр токуу	eer tokuu
montar al caballo	ээрге отуруу	eerge oturuu
galope (m)	текирең-таскак	tekireŋ-taskak
ir al galope	таскактатуу	taskaktatuu

trote (m)	таскак	taskak
al trote (adv)	таскактап	taskaktap
ir al trote, trotar (vi)	таскактатуу	taskaktatuu
caballo (m) de carreras	күлүк ат	kylyk at
carreras (f pl)	ат чабыш	at ʧabıʃ
caballeriza (f)	аткана	atkana
dar de comer	жем берүү	ʤem beryy
heno (m)	чөп	ʧøp
dar de beber	сугаруу	sugaruu
limpiar (el caballo)	тазалоо	tazaloo
carro (m)	араба	araba
pastar (vi)	оттоо	ottoo
relinchar (vi)	кишенөө	kiʃenøø
cocear (vi)	тээп жиберүү	teep dʒiberyy

La flora

227. Los árboles

árbol (m)	дарак	darak
foliáceo (adj)	жалбырактуу	dʒalbıraktuu
conífero (adj)	ийне жалбырактуулар	ijne dʒalbıraktuular
de hoja perenne	дайым жашыл	dajım dʒaʃıl
manzano (m)	алма бак	alma bak
peral (m)	алмурут бак	almurut bak
cerezo (m)	гилас	gilas
guindo (m)	алча	altʃa
ciruelo (m)	кара өрүк	kara øryk
abedul (m)	ак кайың	ak kajıŋ
roble (m)	эмен	emen
tilo (m)	жөкө дарак	dʒøkø darak
pobo (m)	бай терек	baj terek
arce (m)	клён	klʲon
picea (m)	кара карагай	kara karagaj
pino (m)	карагай	karagaj
alerce (m)	лиственница	listvennitsa
abeto (m)	пихта	piχta
cedro (m)	кедр	kedr
álamo (m)	терек	terek
serbal (m)	четин	tʃetin
sauce (m)	мажүрүм тал	madʒyrym tal
aliso (m)	ольха	olʲχa
haya (f)	бук	buk
olmo (m)	кара жыгач	kara dʒıgatʃ
fresno (m)	ясень	jasenʲ
castaño (m)	каштан	kaʃtan
magnolia (f)	магнолия	magnolija
palmera (f)	пальма	palʲma
ciprés (m)	кипарис	kiparis
mangle (m)	мангро дарагы	mangro daragı
baobab (m)	баобаб	baobab
eucalipto (m)	эвкалипт	evkalipt
secoya (f)	секвойя	sekvoja

228. Los arbustos

mata (f)	бадал	badal
arbusto (m)	бадал	badal

vid (f)	жүзүм	dʒyzym
viñedo (m)	жүзүмдүк	dʒyzymdyk
frambueso (m)	дан куурай	dan kuuraj
grosella (f) negra	кара карагат	kara karagat
grosellero (f) rojo	кызыл карагат	kızıl karagat
grosellero (m) espinoso	крыжовник	krıdʒovnik
acacia (f)	акация	akatsija
berberís (m)	бөрү карагат	børy karagat
jazmín (m)	жасмин	dʒasmin
enebro (m)	кара арча	kara artʃa
rosal (m)	роза бадалы	roza badalı
escaramujo (m)	ит мурун	it murun

229. Los hongos

seta (f)	козу карын	kozu karın
seta (f) comestible	желе турган козу карын	dʒele turgan kozu karın
seta (f) venenosa	уулуу козу карын	uuluu kozu karın
sombrerete (m)	козу карындын телпеги	kozu karındın telpegi
estipe (m)	аякчасы	ajaktʃası
seta calabaza (f)	ак козу карын	ak kozu karın
boleto (m) castaño	подосиновик	podosinovik
boleto (m) áspero	подберёзовик	podber'ozovik
rebozuelo (m)	лисичка	lisitʃka
rúsula (f)	сыроежка	sıroedʒka
colmenilla (f)	сморчок	smortʃok
matamoscas (m)	мухомор	muχomor
oronja (f) verde	поганка	poganka

230. Las frutas. Las bayas

fruto (m)	мөмө-жемиш	mømø-dʒemiʃ
frutos (m pl)	мөмө-жемиш	mømø-dʒemiʃ
manzana (f)	алма	alma
pera (f)	алмурут	almurut
ciruela (f)	кара өрүк	kara øryk
fresa (f)	кулпунай	kulpunaj
guinda (f)	алча	altʃa
cereza (f)	гилас	gilas
uva (f)	жүзүм	dʒyzym
frambuesa (f)	дан куурай	dan kuuraj
grosella (f) negra	кара карагат	kara karagat
grosella (f) roja	кызыл карагат	kızıl karagat
grosella (f) espinosa	крыжовник	krıdʒovnik

arándano (m) agrio	клюква	klukva
naranja (f)	апельсин	apelʲsin
mandarina (f)	мандарин	mandarin
ananás (m)	ананас	ananas
banana (f)	банан	banan
dátil (m)	курма	kurma

limón (m)	лимон	limon
albaricoque (m)	өрүк	øryk
melocotón (m)	шабдаалы	ʃabdaalı
kiwi (m)	киви	kivi
pomelo (m)	грейпфрут	grejpfrut

baya (f)	жер жемиш	dʒer dʒemiʃ
bayas (f pl)	жер жемиштер	dʒer dʒemiʃter
arándano (m) rojo	брусника	brusnika
fresa (f) silvestre	кызылгат	kızılgat
arándano (m)	кара моюл	kara mojul

231. Las flores. Las plantas

| flor (f) | гүл | gyl |
| ramo (m) de flores | десте | deste |

rosa (f)	роза	roza
tulipán (m)	жоогазын	dʒoogazın
clavel (m)	гвоздика	gvozdika
gladiolo (m)	гладиолус	gladiolus

aciano (m)	ботокөз	botokøz
campanilla (f)	коңгуроо гүл	koŋguroo gyl
diente (m) de león	каакым-кукум	kaakım-kukum
manzanilla (f)	ромашка	romaʃka

áloe (m)	алоэ	aloe
cacto (m)	кактус	kaktus
ficus (m)	фикус	fikus

azucena (f)	лилия	lilija
geranio (m)	герань	geranʲ
jacinto (m)	гиацинт	giatsint

mimosa (f)	мимоза	mimoza
narciso (m)	нарцисс	nartsiss
capuchina (f)	настурция	nasturtsija

orquídea (f)	орхидея	orχideja
peonía (f)	пион	pion
violeta (f)	бинапша	binapʃa

trinitaria (f)	алагүл	alagyl
nomeolvides (f)	незабудка	nezabudka
margarita (f)	маргаритка	margaritka
amapola (f)	кызгалдак	kızgaldak

cáñamo (m)	наша	naʃa
menta (f)	жалбыз	dʒalbız
muguete (m)	ландыш	landıʃ
campanilla (f) de las nieves	байчечекей	bajtʃetʃekej
ortiga (f)	чалкан	tʃalkan
acedera (f)	ат кулак	at kulak
nenúfar (m)	чөмүч баш	tʃømytʃ baʃ
helecho (m)	папоротник	paporotnik
liquen (m)	лишайник	liʃajnik
invernadero (m) tropical	күнөскана	kynøskana
césped (m)	газон	gazon
macizo (m) de flores	клумба	klumba
planta (f)	өсүмдүк	øsymdyk
hierba (f)	чөп	tʃøp
hoja (f) de hierba	бир тал чөп	bir tal tʃøp
hoja (f)	жалбырак	dʒalbırak
pétalo (m)	гүлдүн желекчеси	gyldyn dʒelektʃesi
tallo (m)	сабак	sabak
tubérculo (m)	жемиш тамыр	dʒemiʃ tamır
retoño (m)	өсмө	øsmø
espina (f)	тикен	tiken
florecer (vi)	гүлдөө	gyldøø
marchitarse (vr)	соолуу	sooluu
olor (m)	жыт	dʒıt
cortar (vt)	кесүү	kesyy
coger (una flor)	үзүү	yzyy

232. Los cereales, los granos

grano (m)	дан	dan
cereales (m pl) (plantas)	дан эгиндери	dan eginderi
espiga (f)	машак	maʃak
trigo (m)	буудай	buudaj
centeno (m)	кара буудай	kara buudaj
avena (f)	сулу	sulu
mijo (m)	таруу	taruu
cebada (f)	арпа	arpa
maíz (m)	жүгөрү	dʒygøry
arroz (m)	күрүч	kyrytʃ
alforfón (m)	гречиха	gretʃiχa
guisante (m)	нокот	nokot
fréjol (m)	төө буурчак	tøø buurtʃak
soya (f)	соя	soja
lenteja (f)	жасмык	dʒasmık
habas (f pl)	буурчак	buurtʃak

233. Los vegetales. Las verduras

legumbres (f pl)	жашылча	ʤaʃɪltʃa
verduras (f pl)	көк чөп	køk tʃøp
tomate (m)	помидор	pomidor
pepino (m)	бадыраң	badıraŋ
zanahoria (f)	сабиз	sabiz
patata (f)	картошка	kartoʃka
cebolla (f)	пияз	pijaz
ajo (m)	сарымсак	sarımsak
col (f)	капуста	kapusta
coliflor (f)	гүлдүү капуста	gyldyy kapusta
col (f) de Bruselas	брюссель капустасы	brʉsselˈ kapustası
brócoli (m)	брокколи капустасы	brokkoli kapustası
remolacha (f)	кызылча	kızıltʃa
berenjena (f)	баклажан	baklaʤan
calabacín (m)	кабачок	kabatʃok
calabaza (f)	ашкабак	aʃkabak
nabo (m)	шалгам	ʃalgam
perejil (m)	петрушка	petruʃka
eneldo (m)	укроп	ukrop
lechuga (f)	салат	salat
apio (m)	сельдерей	selˈderej
espárrago (m)	спаржа	sparʤa
espinaca (f)	шпинат	ʃpinat
guisante (m)	нокот	nokot
habas (f pl)	буурчак	buurtʃak
maíz (m)	жүгөрү	ʤygøry
fréjol (m)	төө буурчак	tøø buurtʃak
pimentón (m)	калемпир	kalempir
rábano (m)	шалгам	ʃalgam
alcachofa (f)	артишок	artiʃok

GEOGRAFÍA REGIONAL

Los países. Las nacionalidades

234. Europa occidental

Europa (f)	Европа	evropa
Unión (f) Europea	Европа Биримдиги	evropa birimdigi
europeo (m)	европалык	evropalık
europeo (adj)	европалык	evropalık
Austria (f)	Австрия	avstrija
austriaco (m)	австриялык	avstrijalık
austriaca (f)	австриялык аял	avstrijalık ajal
austriaco (adj)	австриялык	avstrijalık
Gran Bretaña (f)	Улуу Британия	uluu britanija
Inglaterra (f)	Англия	anglija
inglés (m)	англичан	anglitʃan
inglesa (f)	англичан аял	anglitʃan ajal
inglés (adj)	англиялык	anglijalık
Bélgica (f)	Бельгия	belʲgija
belga (m)	бельгиялык	belʲgijalık
belga (f)	бельгиялык аял	belʲgijalık ajal
belga (adj)	бельгиялык	belʲgijalık
Alemania (f)	Германия	germanija
alemán (m)	немис	nemis
alemana (f)	немис аял	nemis ajal
alemán (adj)	Германиялык	germanijalık
Países Bajos (m pl)	Нидерланддар	niderlanddar
Holanda (f)	Голландия	gollandija
holandés (m)	голландиялык	gollandijalık
holandesa (f)	голландиялык аял	gollandijalık ajal
holandés (adj)	голландиялык	gollandijalık
Grecia (f)	Греция	gretsija
griego (m)	грек	grek
griega (f)	грек аял	grek ajal
griego (adj)	грециялык	gretsijalık
Dinamarca (f)	Дания	danija
danés (m)	даниялык	danijalık
danesa (f)	даниялык аял	danijalık ajal
danés (adj)	даниялык	danijalık
Irlanda (f)	Ирландия	irlandija
irlandés (m)	ирландиялык	irlandijalık

| irlandesa (f) | ирланд аял | irland ajal |
| irlandés (adj) | ирландиялык | irlandijalık |

Islandia (f)	Исландия	islandija
islandés (m)	исландиялык	islandijalık
islandesa (f)	исланд аял	island ajal
islandés (adj)	исландиялык	islandijalık

España (f)	Испания	ispanija
español (m)	испаниялык	ispanijalık
española (f)	испан аял	ispan ajal
español (adj)	испаниялык	ispanijalık

Italia (f)	Италия	italija
italiano (m)	итальялык	italjalık
italiana (f)	итальялык аял	italjalık ajal
italiano (adj)	итальялык	italjalık

Chipre (m)	Кипр	kipr
chipriota (m)	кипрлик	kiprlik
chipriota (f)	кипрлик аял	kiprlik ajal
chipriota (adj)	кипрлик	kiprlik

Malta (f)	Мальта	malʲta
maltés (m)	мальталык	malʲtalık
maltesa (f)	мальталык аял	malʲtalık ajal
maltés (adj)	мальталык	malʲtalık

Noruega (f)	Норвегия	norvegija
noruego (m)	норвегиялык	norvegijalık
noruega (f)	норвегиялык аял	norvegijalık ajal
noruego (adj)	норвегиялык	norvegijalık

Portugal (f)	Португалия	portugalija
portugués (m)	португал	portugal
portuguesa (f)	португал аял	portugal ajal
portugués (adj)	португалиялык	portugalijalık

Finlandia (f)	Финляндия	finlʲandija
finlandés (m)	финн	finn
finlandesa (f)	финн аял	finn ajal
finlandés (adj)	финляндиялык	finlʲandijalık

Francia (f)	Франция	frantsija
francés (m)	француз	frantsuz
francesa (f)	француз аял	frantsuz ajal
francés (adj)	француз	frantsuz

Suecia (f)	Швеция	ʃvetsija
sueco (m)	швед	ʃved
sueca (f)	швед аял	ʃved ajal
sueco (adj)	швед	ʃved

Suiza (f)	Швейцария	ʃvejtsarija
suizo (m)	швейцариялык	ʃvejtsarijalık
suiza (f)	швейцар аял	ʃvejtsar ajal

suizo (adj)	швейцариялык	ʃvejʦarijalık
Escocia (f)	Шотландия	ʃotlandija
escocés (m)	шотландиялык	ʃotlandijalık
escocesa (f)	шотланд аял	ʃotland ajal
escocés (adj)	шотландиялык	ʃotlandijalık

Vaticano (m)	Ватикан	vatikan
Liechtenstein (m)	Лихтенштейн	liχtenʃtejn
Luxemburgo (m)	Люксембург	lʉksemburg
Mónaco (m)	Монако	monako

235. Europa central y oriental

Albania (f)	Албания	albanija
albanés (m)	албан	alban
albanesa (f)	албаниялык аял	albanijalık ajal
albanés (adj)	албаниялык	albanijalık

Bulgaria (f)	Болгария	bolgarija
búlgaro (m)	болгар	bolgar
búlgara (f)	болгар аял	bolgar ajal
búlgaro (adj)	болгар	bolgar

Hungría (f)	Венгрия	vengrija
húngaro (m)	венгр	vengr
húngara (f)	венгр аял	vengr ajal
húngaro (adj)	венгр	vengr

Letonia (f)	Латвия	latvija
letón (m)	латыш	latıʃ
letona (f)	латыш аял	latıʃ ajal
letón (adj)	латвиялык	latvijalık

Lituania (f)	Литва	litva
lituano (m)	литвалык	litvalık
lituana (f)	литвалык аял	litvalık ajal
lituano (adj)	литвалык	litvalık

Polonia (f)	Польша	polʲʃa
polaco (m)	поляк	polʲak
polaca (f)	поляк аял	polʲak ajal
polaco (adj)	польшалык	polʲʃalık

Rumania (f)	Румыния	rumınija
rumano (m)	румын	rumın
rumana (f)	румын аял	rumın ajal
rumano (adj)	румын	rumın

Serbia (f)	Сербия	serbija
serbio (m)	серб	serb
serbia (f)	серб аял	serb ajal
serbio (adj)	сербиялык	serbijalık
Eslovaquia (f)	Словакия	slovakija
eslovaco (m)	словак	slovak

eslovaca (f)	словак аял	slovak ajal
eslovaco (adj)	словакиялык	slovakijalık
Croacia (f)	Хорватия	χorvatija
croata (m)	хорват	χorvat
croata (f)	хорват аял	χorvat ajal
croata (adj)	хорватиялык	χorvatijalık
Chequia (f)	Чехия	ʧeχija
checo (m)	чех	ʧeχ
checa (f)	чех аял	ʧeχ ajal
checo (adj)	чех	ʧeχ
Estonia (f)	Эстония	estonija
estonio (m)	эстон	eston
estonia (f)	эстон аял	eston ajal
estonio (adj)	эстониялык	estonijalık
Bosnia y Herzegovina	Босния жана	bosnija dʒana
Macedonia	Македония	makedonija
Eslovenia	Словения	slovenija
Montenegro (m)	Черногория	ʧernogorija

236. Los países de la antes Unión Soviética

Azerbaidzhán (m)	Азербайжан	azerbajdʒan
azerbaidzhano (m)	азербайжан	azerbajdʒan
azerbaidzhana (f)	азербайжан аял	azerbajdʒan ajal
azerbaidzhano (adj)	азербайжан	azerbajdʒan
Armenia (f)	Армения	armenija
armenio (m)	армян	armʲan
armenia (f)	армян аял	armʲan ajal
armenio (adj)	армениялык	armenijalık
Bielorrusia (f)	Беларусь	belarusʲ
bielorruso (m)	белорус	belorus
bielorrusa (f)	белорус аял	belorus ajal
bielorruso (adj)	белорус	belorus
Georgia (f)	Грузия	gruzija
georgiano (m)	грузин	gruzin
georgiana (f)	грузин аял	gruzin ajal
georgiano (adj)	грузин	gruzin
Kazajstán (m)	Казакстан	kazakstan
kazajo (m)	казак	kazak
kazaja (f)	казак аял	kazak ajal
kazajo (adj)	казак	kazak
Kirguizistán (m)	Кыргызстан	kırgızstan
kirguís (m)	кыргыз	kırgız
kirguisa (f)	кыргыз аял	kırgız ajal
kirguís (adj)	кыргыз	kırgız

Moldavia (f)	Молдова	moldova
moldavo (m)	молдаван	moldavan
moldava (f)	молдаван аял	moldavan ajal
moldavo (adj)	молдовалык	moldovalık
Rusia (f)	Россия	rossija
ruso (m)	орус	orus
rusa (f)	орус аял	orus ajal
ruso (adj)	орус	orus
Tayikistán (m)	Тажикистан	tadʒikistan
tayiko (m)	тажик	tadʒik
tayika (f)	тажик аял	tadʒik ajal
tayiko (adj)	тажик	tadʒik
Turkmenia (f)	Туркмения	turkmenija
turkmeno (m)	түркмөн	tyrkmөn
turkmena (f)	түркмөн аял	tyrkmөn ajal
turkmeno (adj)	түркмөн	tyrkmөn
Uzbekistán (m)	Өзбекистан	øzbekistan
uzbeko (m)	өзбек	øzbek
uzbeka (f)	өзбек аял	øzbek ajal
uzbeko (adj)	өзбек	øzbek
Ucrania (f)	Украина	ukraina
ucraniano (m)	украин	ukrain
ucraniana (f)	украин аял	ukrain ajal
ucraniano (adj)	украиналык	ukrainalık

237. Asia

Asia (f)	Азия	azija
asiático (adj)	азиаттык	aziattık
Vietnam (m)	Вьетнам	vjetnam
vietnamita (m)	вьетнамдык	vjetnamdık
vietnamita (f)	вьетнам аял	vjetnam ajal
vietnamita (adj)	вьетнамдык	vjetnamdık
India (f)	Индия	indija
indio (m)	индиялык	indijalık
india (f)	индиялык аял	indijalık ajal
indio (adj)	индиялык	indijalık
Israel (m)	Израиль	izrailʲ
israelí (m)	израильдик	izrailʲdik
israelí (f)	израильдик аял	izrailʲdik ajal
israelí (adj)	израильдик	izrailʲdik
hebreo (m)	еврей	evrej
hebrea (f)	еврей аял	evrej ajal
hebreo (adj)	еврей	evrej
China (f)	Кытай	kıtaj

chino (m)	кытай	kıtaj
china (f)	кытай аял	kıtaj ajal
chino (adj)	кытай	kıtaj

coreano (m)	кореялык	korejalık
coreana (f)	кореялык аял	korejalık ajal
coreano (adj)	кореялык	korejalık

Líbano (m)	Ливан	livan
libanés (m)	ливан	livan
libanesa (f)	ливан аял	livan ajal
libanés (adj)	ливандык	livandık

Mongolia (f)	Монголия	mongolija
mongol (m)	монгол	mongol
mongola (f)	монгол аял	mongol ajal
mongol (adj)	монгол	mongol

Malasia (f)	Малазия	malazija
malayo (m)	малазиялык	malazijalık
malaya (f)	малазиялык аял	malazijalık ajal
malayo (adj)	малазиялык	malazijalık

Pakistán (m)	Пакистан	pakistan
pakistaní (m)	пакистандык	pakistandık
pakistaní (f)	пакистан аял	pakistan ajal
pakistaní (adj)	пакистан	pakistan

Arabia (f) Saudita	Сауд Аравиясы	saud aravijası
árabe (m)	араб	arab
árabe (f)	араб аял	arab ajal
árabe (adj)	араб	arab

Tailandia (f)	Таиланд	tailand
tailandés (m)	таиландык	tailandık
tailandesa (f)	таиландык аял	tailandık ajal
tailandés (adj)	таиланд	tailand

Taiwán (m)	Тайвань	tajvanʲ
taiwanés (m)	тайвандык	tajvandık
taiwanesa (f)	тайвандык аял	tajvandık ajal
taiwanés (adj)	тайван	tajvan

Turquía (f)	Түркия	tyrkija
turco (m)	түрк	tyrk
turca (f)	түрк аял	tyrk ajal
turco (adj)	түрк	tyrk

Japón (m)	Япония	japonija
japonés (m)	япондук	japonduk
japonesa (f)	япондук аял	japonduk ajal
japonés (adj)	япондук	japonduk

Afganistán (m)	Ооганстан	ooganstan
Bangladesh (m)	Бангладеш	bangladeʃ
Indonesia (f)	Индонезия	indonezija

Jordania (f)	Иордания	iordanija
Irak (m)	Ирак	irak
Irán (m)	Иран	iran
Camboya (f)	Камбожа	kambodʒa
Kuwait (m)	Кувейт	kuvejt

Laos (m)	Лаос	laos
Myanmar (m)	Мьянма	mjanma
Nepal (m)	Непал	nepal
Emiratos (m pl) Árabes Unidos	Бириккен Араб Эмираттары	birikken arab emirattarı

Siria (f)	Сирия	sirija
Palestina (f)	Палестина	palestina
Corea (f) del Sur	Түштүк Корея	tyʃtyk koreja
Corea (f) del Norte	Түндүк Корея	tundyk koreja

238. América del Norte

Estados Unidos de América (m pl)	Америка Кошмо Штаттары	amerika koʃmo ʃtattarı
americano (m)	америкалык	amerikalık
americana (f)	америкалык аял	amerikalık ajal
americano (adj)	америкалык	amerikalık

Canadá (f)	Канада	kanada
canadiense (m)	канадалык	kanadalık
canadiense (f)	канадалык аял	kanadalık ajal
canadiense (adj)	канадалык	kanadalık

Méjico (m)	Мексика	meksika
mejicano (m)	мексикалык	meksikalık
mejicana (f)	мексикалык аял	meksikalık ajal
mejicano (adj)	мексикалык	meksikalık

239. Centroamérica y Sudamérica

Argentina (f)	Аргентина	argentina
argentino (m)	аргентиналык	argentinalık
argentina (f)	аргентиналык аял	argentinalık ajal
argentino (adj)	аргентиналык	argentinalık

Brasil (f)	Бразилия	brazilija
brasileño (m)	бразилиялык	brazilijalık
brasileña (f)	бразилиялык аял	brazilijalık ajal
brasileño (adj)	бразилиялык	brazilijalık

Colombia (f)	Колумбия	kolumbija
colombiano (m)	колумбиялык	kolumbijalık
colombiana (f)	колумбиялык аял	kolumbijalık ajal
colombiano (adj)	колумбиялык	kolumbijalık
Cuba (f)	Куба	kuba

cubano (m)	кубалык	kubalık
cubana (f)	кубалык аял	kubalık ajal
cubano (adj)	кубалык	kubalık

Chile (m)	Чили	tʃili
chileno (m)	чилилик	tʃililik
chilena (f)	чилилик аял	tʃililik ajal
chileno (adj)	чилилик	tʃililik

Bolivia (f)	Боливия	bolivija
Venezuela (f)	Венесуэла	venesuela
Paraguay (m)	Парагвай	paragvaj
Perú (m)	Перу	peru
Surinam (m)	Суринам	surinam
Uruguay (m)	Уругвай	urugvaj
Ecuador (m)	Эквадор	ekvador

Islas (f pl) Bahamas	Багам аралдары	bagam araldarı
Haití (m)	Гаити	gaiti
República (f) Dominicana	Доминикан Республикасы	dominikan respublikası
Panamá (f)	Панама	panama
Jamaica (f)	Ямайка	jamajka

240. África

Egipto (m)	Египет	egipet
egipcio (m)	египтик мырза	egiptik mırza
egipcia (f)	египтик аял	egiptik ajal
egipcio (adj)	египеттик	egipettik

Marruecos (m)	Марокко	marokko
marroquí (m)	марокколук	marokkoluk
marroquí (f)	марокколук аял	marokkoluk ajal
marroquí (adj)	марокколук	marokkoluk

Túnez (m)	Тунис	tunis
tunecino (m)	тунистик	tunistik
tunecina (f)	тунистик аял	tunistik ajal
tunecino (adj)	тунистик	tunistik

Ghana (f)	Гана	gana
Zanzíbar (m)	Занзибар	zanzibar
Kenia (f)	Кения	kenija
Libia (f)	Ливия	livija
Madagascar (m)	Мадагаскар	madagaskar

Namibia (f)	Намибия	namibija
Senegal	Сенегал	senegal
Tanzania (f)	Танзания	tanzanija
República (f) Sudafricana	ТАР	tar

africano (m)	африкалык	afrikalık
africana (f)	африкалык аял	afrikalık ajal
africano (adj)	африкалык	afrikalık

241. Australia. Oceanía

Australia (f)	Австралия	avstralija
australiano (m)	австралиялык	avstralijalık
australiana (f)	австралиялык аял	avstralijalık ajal
australiano (adj)	австралиялык	avstralijalık
Nueva Zelanda (f)	Жаңы Зеландия	dʒaŋı zelandija
neocelandés (m)	жаңы зеландиялык	dʒaŋı zelandijalık
neocelandesa (f)	жаңы зеландиялык аял	dʒaŋı zelandijalık ajal
neocelandés (adj)	жаңы зеландиялык	dʒaŋı zelandijalık
Tasmania (f)	Тасмания	tasmanija
Polinesia (f) Francesa	Француз Полинезиясы	frantsuz polinezijası

242. Las ciudades

Ámsterdam	Амстердам	amsterdam
Ankara	Анкара	ankara
Atenas	Афина	afina
Bagdad	Багдад	bagdad
Bangkok	Бангкок	bangkok
Barcelona	Барселона	barselona
Beirut	Бейрут	bejrut
Berlín	Берлин	berlin
Bombay	Бомбей	bombej
Bonn	Бонн	bonn
Bratislava	Братислава	bratislava
Bruselas	Брюссель	brusselʲ
Bucarest	Бухарест	buχarest
Budapest	Будапешт	budapeʃt
Burdeos	Бордо	bordo
El Cairo	Каир	kair
Calcuta	Калькутта	kalʲkutta
Chicago	Чикаго	tʃikago
Copenhague	Копенгаген	kopengagen
Dar-es-Salam	Дар-эс-Салам	dar-es-salam
Delhi	Дели	deli
Dubai	Дубай	dubaj
Dublín	Дублин	dublin
Dusseldorf	Дюссельдорф	dusselʲdorf
Estambul	Стамбул	stambul
Estocolmo	Стокгольм	stokgolʲm
Florencia	Флоренция	florentsija
Fráncfort del Meno	Франкфурт	frankfurt
Ginebra	Женева	dʒeneva
La Habana	Гавана	gavana
Hamburgo	Гамбург	gamburg

Hanói	Ханой	χanoj
La Haya	Гаага	gaaga
Helsinki	Хельсинки	χelʲsinki
Hiroshima	Хиросима	χirosima
Hong Kong (m)	Гонконг	gonkong

Jerusalén	Иерусалим	ierusalim
Kiev	Киев	kiev
Kuala Lumpur	Куала-Лумпур	kuala-lumpur

Lisboa	Лиссабон	lissabon
Londres	Лондон	london
Los Ángeles	Лос-Анджелес	los-andʒeles
Lyon	Лион	lion

Madrid	Мадрид	madrid
Marsella	Марсель	marselʲ
Méjico	Мехико	meχiko
Miami	Майями	majami
Montreal	Монреаль	monrealʲ
Moscú	Москва	moskva
Munich	Мюнхен	munχen

Nairobi	Найроби	najrobi
Nápoles	Неаполь	neapolʲ
Niza	Ницца	nitstsa
Nueva York	Нью-Йорк	nju-jork

Oslo	Осло	oslo
Ottawa	Оттава	ottava
París	Париж	paridʒ
Pekín	Пекин	pekin
Praga	Прага	praga

Río de Janeiro	Рио-де-Жанейро	rio-de-dʒanejro
Roma	Рим	rim
San Petersburgo	Санкт-Петербург	sankt-peterburg
Seúl	Сеул	seul
Shanghái	Шанхай	ʃanχaj
Singapur	Сингапур	singapur
Sydney	Сидней	sidnej

Taipei	Тайпей	tajpej
Tokio	Токио	tokio
Toronto	Торонто	toronto
Varsovia	Варшава	varʃava
Venecia	Венеция	venetsija
Viena	Вена	vena
Washington	Вашингтон	waʃington

243. La política. El gobierno. Unidad 1

| política (f) | саясат | sajasat |
| político (adj) | саясий | sajasij |

político (m)	саясатчы	sajasattʃı
Estado (m)	мамлекет	mamleket
ciudadano (m)	жаран	dӡaran
ciudadanía (f)	жарандык	dӡarandık
escudo (m) nacional	улуттук герб	uluttuk gerb
himno (m) nacional	мамлекеттик гимн	mamlekettik gimn
gobierno (m)	өкмөт	økmøt
jefe (m) de estado	мамлекет башчысы	mamleket baʃtʃısı
parlamento (m)	парламент	parlament
partido (m)	партия	partija
capitalismo (m)	капитализм	kapitalizm
capitalista (adj)	капиталистик	kapitalistik
socialismo (m)	социализм	sotsializm
socialista (adj)	социалистик	sotsialistik
comunismo (m)	коммунизм	kommunizm
comunista (adj)	коммунистик	kommunistik
comunista (m)	коммунист	kommunist
democracia (f)	демократия	demokratija
demócrata (m)	демократ	demokrat
democrático (adj)	демократиялык	demokratijalık
partido (m) democrático	демократиялык партия	demokratijalık partija
liberal (m)	либерал	liberal
liberal (adj)	либералдык	liberaldık
conservador (m)	консерватор	konservator
conservador (adj)	консервативдик	konservativdik
república (f)	республика	respublika
republicano (m)	республикачы	respublikatʃı
partido (m) republicano	республикалык	respublikalık
elecciones (f pl)	шайлоо	ʃajloo
elegir (vi)	шайлоо	ʃajloo
elector (m)	шайлоочу	ʃajlootʃu
campaña (f) electoral	шайлоо кампаниясы	ʃajloo kampanijası
votación (f)	добуш	dobuʃ
votar (vi)	добуш берүү	dobuʃ beryy
derecho (m) a voto	добуш берүү укугу	dobuʃ beryy ukugu
candidato (m)	талапкер	talapker
presentar su candidatura	талапкерлигин көрсөтүү	talapkerligin kørsøtyy
campaña (f)	кампания	kampanija
de oposición (adj)	оппозициялык	oppozitsijalık
oposición (f)	оппозиция	oppozitsija
visita (f)	визит	vizit
visita (f) oficial	расмий визит	rasmij vizit

internacional (adj)	эл аралык	el aralık
negociaciones (f pl)	сүйлөшүүлөр	syjløʃyylør
negociar (vi)	сүйлөшүүлөр жүргүзүү	syjløʃyylør dʒyrgyzyy

244. La política. El gobierno. Unidad 2

sociedad (f)	коом	koom
constitución (f)	конституция	konstitutsija
poder (m)	бийлик	bijlik
corrupción (f)	коррупция	korruptsija
ley (f)	мыйзам	mıjzam
legal (adj)	мыйзамдуу	mıjzamduu
justicia (f)	адилеттик	adilettik
justo (adj)	адилеттүү	adilettyy
comité (m)	комитет	komitet
proyecto (m) de ley	мыйзам долбоору	mıjzam dolbooru
presupuesto (m)	бюджет	bʉdʒet
política (f)	саясат	sajasat
reforma (f)	реформа	reforma
radical (adj)	радикалдуу	radikalduu
potencia (f) (~ militar, etc.)	күч	kytʃ
poderoso (adj)	кудуреттүү	kudurettyy
partidario (m)	жактоочу	dʒaktootʃu
influencia (f)	таасир	taasir
régimen (m)	түзүм	tyzym
conflicto (m)	чыр-чатак	tʃır-tʃatak
complot (m)	заговор	zagovor
provocación (f)	айгак аракети	ajgak araketi
derrocar (al régimen)	кулатуу	kulatuu
derrocamiento (m)	кулатуу	kulatuu
revolución (f)	ыңкылап	ıŋkılap
golpe (m) de estado	төңкөрүш	tøŋkøryʃ
golpe (m) militar	аскердик төңкөрүш	askerdik tøŋkøryʃ
crisis (m)	каатчылык	kaattʃılık
recesión (f) económica	экономикалык төмөндөө	ekonomikalık tømøndøø
manifestante (m)	демонстрант	demonstrant
manifestación (f)	демонстрация	demonstratsija
ley (m) marcial	согуш абалында	soguʃ abalında
base (f) militar	аскер базасы	asker bazası
estabilidad (f)	туруктуулук	turuktuuluk
estable (adj)	туруктуу	turuktuu
explotación (f)	эзүү	ezyy
explotar (vt)	эзүү	ezyy
racismo (m)	расизм	rasizm

racista (m)	расист	rasist
fascismo (m)	фашизм	faʃizm
fascista (m)	фашист	faʃist

245. Los países. Miscelánea

extranjero (m)	чет өлкөлүк	ʧet ølkølyk
extranjero (adj)	чет өлкөлүк	ʧet ølkølyk
en el extranjero	чет өлкөдө	ʧet ølkødø

emigrante (m)	эмигрант	emigrant
emigración (f)	эмиграция	emigratsija
emigrar (vi)	башка өлкөгө көчүү	baʃka ølkøgø køʧyy

Oeste (m)	Батыш	batıʃ
Este (m)	Чыгыш	ʧıgıʃ
Extremo Oriente (m)	Алыскы Чыгыш	alıskı ʧıgıʃ
civilización (f)	цивилизация	tsıvilizatsija
humanidad (f)	адамзат	adamzat
mundo (m)	аалам	aalam
paz (f)	тынчтык	tınʧtık
mundial (adj)	дүйнөлүк	dyjnølyk

patria (f)	мекен	meken
pueblo (m)	эл	el
población (f)	калк	kalk
gente (f)	адамдар	adamdar
nación (f)	улут	ulut
generación (f)	муун	muun
territorio (m)	аймак	ajmak
región (m)	регион	region
estado (m) (parte de un país)	штат	ʃtat

tradición (f)	салт	salt
costumbre (f)	үрп-адат	yrp-adat
ecología (f)	экология	ekologija

indio (m)	индеец	indeets
gitano (m)	цыган	tsıgan
gitana (f)	цыган аял	tsıgan ajal
gitano (adj)	цыгандык	tsıgandık

imperio (m)	империя	imperija
colonia (f)	колония	kolonija
esclavitud (f)	кулчулук	kulʧuluk
invasión (f)	басып келүү	basıp kelyy
hambruna (f)	ачарчылык	atʃarʧılık

246. Grupos religiosos principales. Las confesiones

religión (f)	дин	din
religioso (adj)	диний	dinij

creencia (f)	диний ишеним	dinij iʃenim
creer (en Dios)	ишенүү	iʃenyy
creyente (m)	динчил	dintʃil
ateísmo (m)	атеизм	ateizm
ateo (m)	атеист	ateist
cristianismo (m)	Христианчылык	χristiantʃılık
cristiano (m)	христиан	χristian
cristiano (adj)	христиандык	χristiandık
catolicismo (m)	Католицизм	katolitsizm
católico (m)	католик	katolik
católico (adj)	католиктер	katolikter
protestantismo (m)	Протестантизм	protestantizm
Iglesia (f) Protestante	Протестанттык чиркөө	protestanttık tʃirkøø
protestante (m)	протестанттар	protestanttar
Ortodoxia (f)	Православие	pravoslavie
Iglesia (f) Ortodoxa	Православдык чиркөө	pravoslavdık tʃirkøø
ortodoxo (m)	православдык	pravoslavdık
Presbiterianismo (m)	Пресвитерианчылык	presviteriantʃılık
Iglesia (f) Presbiteriana	Пресвитериандык чиркөө	presviteriandık tʃirkøø
presbiteriano (m)	пресвитериандык	presviteriandık
Iglesia (f) Luterana	Лютерандык чиркөө	lʉterandık tʃirkøø
luterano (m)	лютерандык	lʉterandık
Iglesia (f) Bautista	Баптизм	baptizm
bautista (m)	баптист	baptist
Iglesia (f) Anglicana	Англикан чиркөөсү	anglikan tʃirkøøsy
anglicano (m)	англикан	anglikan
mormonismo (m)	Мормондук	mormonduk
mormón (m)	мормон	mormon
judaísmo (m)	Иудаизм	iudaizm
judío (m)	иудей	iudej
Budismo (m)	Буддизм	buddizm
budista (m)	буддист	buddist
Hinduismo (m)	Индуизм	induizm
hinduista (m)	индуист	induist
Islam (m)	Ислам	islam
musulmán (m)	мусулман	musulman
musulmán (adj)	мусулмандык	musulmandık
chiísmo (m)	Шиизм	ʃiizm
chiita (m)	шиит	ʃiit
sunismo (m)	Суннизм	sunnizm
suní (m, f)	суннит	sunnit

247. Las religiones. Los sacerdotes

sacerdote (m)	поп	pop
Papa (m)	Рим Папасы	rim papası
monje (m)	кечил	ketʃil
monja (f)	кечил аял	ketʃil ajal
pastor (m)	пастор	pastor
abad (m)	аббат	abbat
vicario (m)	викарий	vikarij
obispo (m)	епископ	episkop
cardenal (m)	кардинал	kardinal
predicador (m)	диний үгүттөөчү	dinij ygyttøøtʃy
prédica (f)	үгүт	ygyt
parroquianos (m pl)	чиркөө коомунун мүчөлөрү	tʃirkøø koomunun mytʃøløry
creyente (m)	динчил	dintʃil
ateo (m)	атеист	ateist

248. La fé. El cristianismo. El islamismo

Adán	Адам ата	adam ata
Eva	Обо эне	obo ene
Dios (m)	Кудай	kudaj
Señor (m)	Алла талаа	alla talaa
el Todopoderoso	Кудуреттүү	kudurettyy
pecado (m)	күнөө	kynøø
pecar (vi)	күнөө кылуу	kynøø kıluu
pecador (m)	күнөөкөр	kynøøkør
pecadora (f)	күнөөкөр аял	kynøøkør ajal
infierno (m)	тозок	tozok
paraíso (m)	бейиш	bejiʃ
Jesús	Иса	isa
Jesucristo (m)	Иса Пайгамбар	isa pajgambar
Espíritu (m) Santo	Ыйык Рух	ıjık ruχ
el Salvador	Куткаруучу	kutkaruutʃu
la Virgen María	Бүбү Мариям	byby marijam
diablo (m)	Шайтан	ʃajtan
diabólico (adj)	шайтан	ʃajtan
Satán (m)	Шайтан	ʃajtan
satánico (adj)	шайтандык	ʃajtandık
ángel (m)	периште	periʃte
ángel (m) custodio	сактагыч периште	saktagıtʃ periʃte

angelical (adj)	периште	periſte
apóstol (m)	апостол	apostol
arcángel (m)	архангель	arχangelⁱ
anticristo (m)	антихрист	antiχrist

Iglesia (f)	Чиркее	tʃirkøø
Biblia (f)	библия	biblija
bíblico (adj)	библиялык	biblijalık

Antiguo Testamento (m)	Эзелки осуят	ezelki osujat
Nuevo Testamento (m)	Жаңы осуят	dʒaŋı osujat
Evangelio (m)	Евангелие	evangelie
Sagrada Escritura (f)	Ыйык	ijık
cielo (m)	Жаннат	dʒannat

mandamiento (m)	парз	parz
profeta (m)	пайгамбар	pajgambar
profecía (f)	пайгамбар сөзу	pajgambar søzy

Alá	Аллах	allaχ
Mahoma	Мухаммед	muχammed
Corán (m)	Куран	kuran

mezquita (f)	мечит	metʃit
mulá (m), mullah (m)	мулла	mulla
oración (f)	дуба	duba
orar (vi)	дуба кылуу	duba kıluu

peregrinación (f)	зыярат	zıjarat
peregrino (m)	зыяратчы	zıjarattʃı
La Meca	Мекке	mekke

iglesia (f)	чиркее	tʃirkøø
templo (m)	ибадаткана	ibadatkana
catedral (f)	чоң чиркее	tʃoŋ tʃirkøø
gótico (adj)	готикалуу	gotikaluu
sinagoga (f)	синагога	sinagoga
mezquita (f)	мечит	metʃit

capilla (f)	кичинекей чиркее	kitʃinekej tʃirkøø
abadía (f)	аббаттык	abbattık
monasterio (m)	монастырь	monastırⁱ

campana (f)	коңгуроо	konguroo
campanario (m)	коңгуроо мунарасы	konguroo munarası
sonar (vi)	коңгуроо кагуу	konguroo kaguu

cruz (f)	крест	krest
cúpula (f)	купол	kupol
icono (m)	икона	ikona

alma (f)	жан	dʒan
destino (m)	тагдыр	tagdır
maldad (f)	жамандык	dʒamandık
bien (m)	жакшылык	dʒakʃılık
vampiro (m)	кан соргуч	kan sorgutʃ

bruja (f)	жез тумшук	ʤez tumʃuk
demonio (m)	шайтан	ʃajtan
espíritu (m)	арбак	arbak

| redención (f) | күнөөнү жуу | kynøøny ʤuu |
| redimir (vt) | күнөөнү жуу | kynøøny ʤuu |

culto (m), misa (f)	ибадат	ibadat
decir misa	ибадат кылуу	ibadat kıluu
confesión (f)	сыр төгүү	sır tøgyy
confesarse (vr)	сыр төгүү	sır tøgyy

santo (m)	ыйык	ıjık
sagrado (adj)	ыйык	ıjık
agua (f) santa	ыйык суу	ıjık suu

rito (m)	диний ырым-жырым	dinij ırım-ʤırım
ritual (adj)	диний ырым-жырым	dinij ırım-ʤırım
sacrificio (m)	курмандык	kurmandık

superstición (f)	ырым-жырым	ırım-ʤırım
supersticioso (adj)	ырымчыл	ırımtʃıl
vida (f) de ultratumba	тиги дүйнө	tigi dyjnø
vida (f) eterna	түбөлүк жашоо	tybølyk ʤaʃoo

MISCELÁNEA

249. Varias palabras útiles

alto (m) (descanso)	токтотуу	toktotuu
ayuda (f)	жардам	dʒardam
balance (m)	теңдем	teŋdem
barrera (f)	тоскоолдук	toskoolduk
base (f) (~ científica)	түп	typ
categoría (f)	категория	kategorija
causa (f)	себеп	sebep
coincidencia (f)	дал келгендик	dal kelgendik
comienzo (m) (principio)	башталыш	baʃtalıʃ
comparación (f)	салыштырма	salıʃtırma
compensación (f)	ордун толтуруу	ordun tolturuu
confortable (adj)	ынгайлуу	ıngajluu
cosa (f) (objeto)	буюм	bujɥm
crecimiento (m)	өсүү	øsyy
desarrollo (m)	өнүгүү	ønygyy
diferencia (f)	айырма	ajırma
efecto (m)	таасир	taasir
ejemplo (m)	мисал	misal
elección (f)	тандоо	tandoo
elemento (m)	элемент	element
error (m)	ката	kata
esfuerzo (m)	күч аракет	kytʃ araket
estándar (adj)	стандарттуу	standarttuu
estándar (m)	стандарт	standart
estilo (m)	стиль	stilʲ
fin (m)	бүтүү	bytyy
fondo (m) (color de ~)	фон	fon
forma (f) (contorno)	тариз	tariz
frecuente (adj)	бат-бат	bat-bat
grado (m) (en mayor ~)	даража	daradʒa
hecho (m)	далил	dalil
ideal (m)	идеал	ideal
laberinto (m)	лабиринт	labirint
modo (m) (de otro ~)	ыкма	ıkma
momento (m)	учур	utʃur
objeto (m)	объект	obʰjekt
obstáculo (m)	тоскоолдук	toskoolduk
original (m)	түпнуска	typnuska
parte (f)	бөлүгү	bølygy

partícula (f)	бөлүкчө	bølyktʃø
pausa (f)	тыныгуу	tınıguu
posición (f)	позиция	pozitsija
principio (m) (tener por ~)	усул	usul
problema (m)	көйгөй	køjgøj

proceso (m)	жараян	dʒarajan
progreso (m)	өнүгүү	ønygyy
propiedad (f) (cualidad)	касиет	kasiet
reacción (f)	реакция	reaktsija

riesgo (m)	тобокел	tobokel
secreto (m)	сыр	sır
serie (f)	катар	katar
sistema (m)	тутум	tutum
situación (f)	кырдаал	kırdaal

solución (f)	чечүү	tʃetʃyy
tabla (f) (~ de multiplicar)	жадыбал	dʒadıbal
tempo (m) (ritmo)	темп	temp
término (m)	атоо	atoo

tipo (m) (~ de deportes)	түр	tyr
tipo (m) (no es mi ~)	түр	tyr
turno (m) (esperar su ~)	кезек	kezek
urgente (adj)	шашылыш	ʃaʃılıʃ

urgentemente	шашылыш	ʃaʃılıʃ
utilidad (f)	пайда	pajda
variante (f)	вариант	variant
verdad (f)	чындык	tʃındık
zona (f)	алкак	alkak

250. Los modificadores. Los adjetivos. Unidad 1

abierto (adj)	ачык	atʃık
adicional (adj)	кошумча	koʃumtʃa
agradable (~ voz)	жагымдуу	dʒagımduu
agradecido (adj)	ыраазы	ıraazı

agrio (sabor ~)	кычкыл	kıtʃkıl
agudo (adj)	курч	kurtʃ
alegre (adj)	кунак	kuunak
amargo (adj)	ачуу	atʃuu

amplio (~a habitación)	кең	keŋ
ancho (camino ~)	кең	keŋ
antiguo (adj)	байыркы	bajırkı
apretado (falda ~a)	тар	tar

arriesgado (adj)	тобокелдүү	tobokeldyy
artificial (adj)	жасалма	dʒasalma
azucarado (adj)	таттуу	tattuu
bajo (voz ~a)	акырын	akırın

barato (adj)	арзан	arzan
bello (hermoso)	сулуу	suluu
blando (adj)	жумшак	dʒumʃak
bronceado (adj)	күнгө күйгөн	kyngø kyjgøn
bueno (de buen corazón)	боорукер	booruker
bueno (un libro, etc.)	жакшы	dʒakʃı
caliente (adj)	ысык	ısık
calmo, tranquilo	тынч	tıntʃ
cansado (adj)	чарчаңкы	tʃartʃaŋkı
cariñoso (un padre ~)	камкор	kamkor
caro (adj)	кымбат	kımbat
central (adj)	борбордук	borborduk
cerrado (adj)	жабык	dʒabık
ciego (adj)	сокур	sokur
civil (derecho ~)	жарандык	dʒarandık
clandestino (adj)	жашыруун	dʒaʃıruun
claro (color)	ачык	atʃık
claro (explicación, etc.)	түшүнүктүү	tyʃynyktyy
compatible (adj)	сыйышкыч	sijıʃkıtʃ
congelado (pescado ~)	тоңдурулган	toŋdurulgan
conjunto (decisión ~a)	бирге	birge
considerable (adj)	мааниллүү	maanilyy
contento (adj)	курсант	kursant
continuo (adj)	узак	uzak
continuo (incesante)	үзгүлтүксүз	yzgyltyksyz
conveniente (apto)	жарактуу	dʒaraktuu
correcto (adj)	туура	tuura
cortés (adj)	сылык	sılık
corto (adj)	кыска	kıska
crudo (huevos ~s)	чийки	tʃijki
de atrás (adj)	арткы	artkı
de corta duración (adj)	кыска мөөнөттүү	kıska møønøttyy
de segunda mano	мурдагы	murdagı
delgado (adj)	арык	arık
demasiado magro	арык	arık
denso (~a niebla)	кою	kojɵu
derecho (adj)	оң	oŋ
diferente (adj)	ар кандай	ar kandaj
difícil (decisión)	оор	oor
difícil (problema ~)	кыйын	kıjın
distante (adj)	алыс	alıs
dulce (agua ~)	тузсуз	tuzsuz
duro (material, etc.)	катуу	katuu
el más alto	жогорку	dʒogorku
el más importante	эң мааниллүү	eŋ maanilyy
el más próximo	эң жакынкы	eŋ dʒakınkı
enfermo (adj)	оорулуу	ooruluu

enorme (adj)	зор	zor
entero (adj)	бүтүн	bytyn
especial (adj)	атайын	atajın
espeso (niebla ~a)	коюу	kojuu
estrecho (calle, etc.)	кууш	kuuʃ
exacto (adj)	так	tak
excelente (adj)	мыкты	mıktı
excesivo (adj)	ашыкча	aʃıktʃa
exterior (adj)	тышкы	tıʃkı
extranjero (adj)	чет өлкөлүк	tʃet ølkølyk
fácil (adj)	женил	dʒenil
fatigoso (adj)	чарчатуучу	tʃartʃatuutʃu
feliz (adj)	бактылуу	baktıluu
fértil (la tierra ~)	түшүмдүү	tyʃymdyy
frágil (florero, etc.)	морт	mort
fresco (está ~ hoy)	салкын	salkın
fresco (pan, etc.)	жаңы	dʒaŋı
frío (bebida ~a, etc.)	муздак, суук	muzdak, suuk
fuerte (~ voz)	катуу	katuu
fuerte (adj)	күчтүү	kytʃtyy
grande (en dimensiones)	чоң	tʃoŋ
graso (alimento ~)	майлуу	majluu
gratis (adj)	акысыз	akısız
grueso (muro, etc.)	калың	kalıŋ
hambriento (adj)	ачка	atʃka
hermoso (~ palacio)	укмуштай	ukmuʃtaj
hostil (adj)	кастык	kastık
húmedo (adj)	нымдуу	nımduu
igual, idéntico (adj)	окшош	okʃoʃ
importante (adj)	маанилүү	maanilyy
imposible (adj)	мүмкүн эмес	mymkyn emes
imprescindible (adj)	керектүү	kerektyy
indescifrable (adj)	түшүнүксүз	tyʃynyksyz
infantil (adj)	балдар	baldar
inmóvil (adj)	кыймылсыз	kıjmılsız
insignificante (adj)	арзыбаган	arzıbagan
inteligente (adj)	акылдуу	akılduu
interior (adj)	ички	itʃki
izquierdo (adj)	сол	sol
joven (adj)	жаш	dʒaʃ

251. Los modificadores. Los adjetivos. Unidad 2

largo (camino)	узак	uzak
legal (adj)	мыйзамдуу	mıjzamduu
lejano (adj)	алыс	alıs

libre (acceso ~)	эркин	erkin
ligero (un metal ~)	жеңил	dʒeŋil
limitado (adj)	чектелген	tʃektelgen
limpio (camisa ~)	таза	taza
líquido (adj)	суюк	sujɯk
liso (piel, pelo, etc.)	жылма	dʒɯlma
lleno (adj)	толо	tolo
maduro (fruto, etc.)	бышкан	bɯʃkan
malo (adj)	жаман	dʒaman
mas próximo	жакынкы	dʒakɯnkɯ
mate (sin brillo)	жалтырабаган	dʒaltɯrabagan
meticuloso (adj)	тыкан	tɯkan
miope (adj)	алыстан көрө албоо	alɯstan kørø alboo
misterioso (adj)	сырдуу	sɯrduu
mojado (adj)	суу	suu
moreno (adj)	кара тору	kara toru
muerto (adj)	өлүк	ølyk
natal (país ~)	өз	øz
necesario (adj)	керектүү	kerektyy
negativo (adj)	терс	ters
negligente (adj)	шалаакы	ʃalaakɯ
nervioso (adj)	тынчы кеткен	tɯntʃɯ ketken
no difícil (adj)	анчейин оор эмес	antʃejin oor emes
no muy grande (adj)	анчейин эмес	antʃejin emes
normal (adj)	кадимки	kadimki
nuevo (adj)	жаңы	dʒaŋɯ
obligatorio (adj)	милдеттүү	mildettyy
opuesto (adj)	карама-каршы	karama-karʃɯ
ordinario (adj)	жөнөкөй	dʒønøkøj
original (inusual)	бөтөнчө	bøtøntʃø
oscuro (cuarto ~)	караңгы	karaŋgɯ
pasado (tiempo ~)	өтүп кеткен	øtyp ketken
peligroso (adj)	коркунучтуу	korkunutʃtuu
pequeño (adj)	кичине	kitʃine
perfecto (adj)	сонун	sonun
permanente (adj)	туруктуу	turuktuu
personal (adj)	жекелик	dʒekelik
pesado (adj)	оор	oor
plano (pantalla ~a)	жалпак	dʒalpak
plano (superficie ~a)	тегиз	tegiz
pobre (adj)	кедей	kedej
indigente (adj)	кедей	kedej
poco claro (adj)	ачык эмес	atʃɯk emes
poco profundo (adj)	тайыз	tajɯz
posible (adj)	мүмкүн	mymkyn
precedente (adj)	мурунку	murunku
presente (momento ~)	учурда	utʃurda

principal (~ idea)	негизги	negizgi
principal (la entrada ~)	негизги	negizgi
privado (avión ~)	жеке	dʒeke
probable (adj)	ыктымал	ıktımal
próximo (cercano)	жакын	dʒakın
público (adj)	коомдук	koomduk
puntual (adj)	так	tak
rápido (adj)	тез	tez
raro (adj)	сейрек	sejrek
recto (línea ~a)	түз	tyz
sabroso (adj)	даамдуу	daamduu
salado (adj)	туздуу	tuzduu
satisfecho (cliente)	ыраазы	ıraazı
seco (adj)	кургак	kurgak
seguro (no peligroso)	коопсуз	koopsuz
siguiente (avión, etc.)	кийинки	kijinki
similar (adj)	окшош	okʃoʃ
simpático, amable (adj)	сүйкүмдүү	syjkymdyy
simple (adj)	жөнөкөй	dʒønøkøj
sin experiencia (adj)	тажрыйбасыз	tadʒrıjbasız
sin nubes (adj)	булутсуз	bulutsuz
soleado (un día ~)	күн ачык	kyn atʃık
sólido (~a pared)	бекем	bekem
sombrío (adj)	караңгы	karaŋgı
sucio (no limpio)	кир	kir
templado (adj)	жылуу	dʒıluu
tenue (una ~ luz)	күңүрт	kyŋyrt
tierno (afectuoso)	назик	nazik
tonto (adj)	акылсыз	akılsız
tranquilo (adj)	тынч	tıntʃ
transparente (adj)	тунук	tunuk
triste (adj)	муңдуу	muŋduu
triste (mirada ~)	кайгылуу	kajgıluu
último (~a oportunidad)	акыркы	akırkı
último (~a vez)	мурунку	murunku
único (excepcional)	окшоштугу жок	okʃoʃtugu dʒok
vacío (vaso medio ~)	бош	boʃ
vario (adj)	түрлүү	tyrlyy
vecino (casa ~a)	коңшу	koŋʃu
viejo (casa ~a)	эски	eski

LOS 500 VERBOS PRINCIPALES

252. Los verbos A-C

abandonar (vt)	таштап кетүү	taʃtap ketyy
abrazar (vt)	кучакташуу	kutʃaktaʃuu
abrir (vt)	ачуу	atʃuu
aburrirse (vr)	зеригүү	zerigyy
acariciar (~ el cabello)	сылоо	sıloo
acercarse (vr)	жакындоо	dʒakındoo
acompañar (vt)	жолдоо	dʒoldoo
aconsejar (vt)	кеңеш берүү	keŋeʃ beryy
actuar (vi)	аракет кылуу	araket kıluu
acusar (vt)	айыптоо	ajıptoo
adiestrar (~ animales)	үйрөтүү	yjrøtyy
adivinar (vt)	жандырмагын табуу	dʒandırmagın tabuu
admirar (vt)	суктануу	suktanuu
adular (vt)	жасакерденүү	dʒasakerdenyy
advertir (avisar)	эскертүү	eskertyy
afeitarse (vr)	кырынуу	kırınuu
afirmar (vt)	сөзүнө туруу	søzynø turuu
agitar (la mano)	жаңсоо	dʒaŋsoo
agradecer (vt)	ыраазычылык билдирүү	ıraazıtʃılık bildiryy
ahogarse (vr)	чөгүү	tʃøgyy
aislar (al enfermo, etc.)	бөлүп коюу	bølyp kojʉu
alabarse (vr)	мактануу	maktanuu
alimentar (vt)	тамак берүү	tamak beryy
almorzar (vi)	түштөнүү	tyʃtønyy
alquilar (~ una casa)	батирге алуу	batirge aluu
alquilar (barco, etc.)	жалдап алуу	dʒaldap aluu
aludir (vi)	кыйытып айтуу	kıjıtıp aytuu
alumbrar (vt)	жарык кылуу	dʒarık kıluu
amarrar (vt)	келип токтоо	kelip toktoo
amenazar (vt)	коркутуу	korkutuu
amputar (vt)	кесип таштоо	kesip taʃtoo
añadir (vt)	кошуу	koʃuu
anotar (vt)	белгилөө	belgiløø
anular (vt)	жокко чыгаруу	dʒokko tʃigaruu
apagar (~ la luz)	өчүрүү	øtʃyryy
aparecer (vi)	көрүнүү	kørynyy
aplastar (insecto, etc.)	тебелөө	tebeløø
aplaudir (vi, vt)	кол чабуу	kol tʃabuu

apoyar (la decisión)	колдоо	koldoo
apresurar (vt)	шаштыруу	ʃaʃtıruu
apuntar a ...	мээлөө	meelөø
arañar (vt)	тытуу	tıtuu
arrancar (vt)	үзүп алуу	yzyp aluu

arrepentirse (vr)	өкүнүү	økynyy
arriesgar (vt)	тобокелге салуу	tobokelge saluu
asistir (vt)	жардам берүү	dʒardam beryy
aspirar (~ a algo)	умтулуу	umtuluu

atacar (mil.)	кол салуу	kol saluu
atar (cautivo)	байлоо	bajloo
atar a ...	байлоо	bajloo
aumentar (vt)	чоңойтуу	tʃoŋojtuu
aumentarse (vr)	көбөйүү	købøjyy

autorizar (vt)	уруксат берүү	uruksat beryy
avanzarse (vr)	илгерилөө	ilgeriløø
avistar (vt)	байкоо	bajkoo
ayudar (vt)	жардам берүү	dʒardam beryy

bajar (vt)	түшүрүү	tyʃyryy
bañar (~ al bebé)	сууга түшүрүү	suuga tyʃyryy
bañarse (vr)	сууга түшүү	suuga tyʃyy
beber (vi, vt)	ичүү	itʃyy
borrar (vt)	өчүрүү	øtʃyryy

brillar (vi)	жаркырап туруу	dʒarkırap turuu
bromear (vi)	тамашалоо	tamaʃaloo
bucear (vi)	сүңгүү	syŋgyy
burlarse (vr)	шылдыңдоо	ʃıldıŋdoo

buscar (vt)	... издөө	... izdøø
calentar (vt)	ысытуу	ısıtuu
callarse (no decir nada)	унчукпоо	untʃukpoo
calmar (vt)	тынчтандыруу	tıntʃtandıruu
cambiar (de opinión)	өзгөртүү	øzgørtyy

cambiar (vt)	өзгөртүү	øzgørtyy
cansar (vt)	чарчатуу	tʃartʃatuu
cargar (camión, etc.)	жүктөө	dʒyktøø
cargar (pistola)	октоо	oktoo
casarse (con una mujer)	аял алуу	ajal aluu

castigar (vt)	жазалоо	dʒazaloo
cavar (fosa, etc.)	казуу	kazuu
cazar (vi, vt)	анчылык кылуу	antʃılık kıluu
ceder (vi, vt)	жол берүү	dʒol beryy

cegar (deslumbrar)	көздү уялтуу	køzdy ujaltuu
cenar (vi)	кечки тамакты ичүү	ketʃki tamaktı itʃyy
cerrar (vt)	жабуу	dʒabuu
cesar (vt)	токтотуу	toktotuu
citar (vt)	сөзүн келтирүү	søzyn keltiryy
coger (flores, etc.)	үзүү	yzyy

coger (pelota, etc.)	кармоо	karmoo
colaborar (vi)	кызматташуу	kızmattaʃuu
colgar (vt)	илүү	ilyy
colocar (poner)	жайгаштыруу	dʒajgaʃtıruu
combatir (vi)	согушуу	soguʃuu
comenzar (vt)	баштоо	baʃtoo
comer (vi, vt)	тамактануу	tamaktanuu
comparar (vt)	салыштыруу	salıʃtıruu
compensar (vt)	ордун толтуруу	ordun tolturuu
competir (vi)	атаандашуу	ataandaʃuu
compilar (~ una lista)	түзүү	tyzyy
complicar (vt)	татаалдантуу	tataaldantuu
componer (música)	чыгаруу	tʃıgaruu
comportarse (vr)	алып жүрүү	alıp dʒyryy
comprar (vt)	сатып алуу	satıp aluu
comprender (vt)	түшүнүү	tyʃynyy
comprometer (vt)	беделин түшүрүү	bedelin tyʃyryy
comunicar (algo a algn)	билдирүү	bildiryy
concentrarse (vr)	оюн топтоо	ojʉn toptoo
condecorar (vt)	сыйлоо	sıjloo
conducir el coche	айдоо	ajdoo
confesar (un crimen)	моюнга алуу	mojʉnga aluu
confiar (vt)	ишенүү	iʃenyy
confundir (vt)	адаштыруу	adaʃtıruu
conocer (~ a alguien)	таануу	taanuu
consultar (a un médico)	кеңешүү	keŋeʃyy
contagiar (vt)	жуктуруу	dʒukturuu
contagiarse (de …)	жуктуруп алуу	dʒukturup aluu
contar (dinero, etc.)	эсептөө	eseptøø
contar (una historia)	айтып берүү	ajtıp beryy
contar con …	… ишенүү	… iʃenyy
continuar (vt)	улантуу	ulantuu
contratar (~ a un abogado)	жалдоо	dʒaldoo
controlar (vt)	көзөмөлдөө	køzømøldøø
convencer (vt)	ишендирүү	iʃendiryy
convencerse (vr)	катуу ишенген	katuu iʃengen
coordinar (vt)	ыңтайга келтирүү	ıŋtajga keltiryy
corregir (un error)	түзөтүү	tyzøtyy
correr (vi)	чуркоо	tʃurkoo
cortar (un dedo, etc.)	кесип алуу	kesip aluu
costar (vt)	туруу	turuu
crear (vt)	жаратуу	dʒaratuu
creer (vt)	ишенүү	iʃenyy
cultivar (plantas)	өстүрүү	østyryy
curar (vt)	дарылоо	darıloo

253. Los verbos D-E

dar (algo a alguien)	берүү	beryy
darse prisa	шашуу	ʃaʃuu
darse un baño	жуунуу	dʒuunuu
datar de ...	күн боюнча	kyn bojuntʃa
deber (v aux)	тийиш	tijiʃ
decidir (vt)	чечүү	tʃetʃyy
decir (vt)	айтуу	ajtuu
decorar (para la fiesta)	кооздоо	koozdoo
dedicar (vt)	арноо	arnoo
defender (vt)	коргоо	korgoo
defenderse (vr)	коргонуу	korgonuu
dejar caer	түшүрүп алуу	tyʃyryp aluu
dejar de hablar	унчукпоо	untʃukpoo
denunciar (vt)	чагым кылуу	tʃagɯm kɯluu
depender de ...	... көзүн кароо	... køzyn karoo
derramar (líquido)	төгүп алуу	tøgyp aluu
desamarrar (vt)	жөнөө	dʒønøø
desaparecer (vi)	жоголуп кетүү	dʒogolup ketyy
desatar (vt)	чечип алуу	tʃetʃip aluu
desayunar (vi)	эртең менен тамактануу	erteŋ menen tamaktanuu
descansar (vi)	эс алуу	es aluu
descender (vi)	ылдый түшүү	ɯldɯj tyʃyy
descubrir (tierras nuevas)	таап ачуу	taap atʃuu
desear (vt)	каалоо	kaaloo
desparramarse (azúcar)	чачылуу	tʃatʃɯluu
despedir (olor)	таратуу	taratuu
despegar (el avión)	учуп чыгуу	utʃup tʃɯguu
despertar (vt)	ойготуу	ojgotuu
despreciar (vt)	киши катарына албоо	kiʃi katarɯna alboo
destruir (~ las pruebas)	жок кылуу	dʒok kɯluu
devolver (paquete, etc.)	артка жөнөтүү	artka dʒønøtyy
diferenciarse (vr)	айырмалануу	ajɯrmalanuu
difundir (panfletos)	таратуу	taratuu
dirigir (administrar)	башкаруу	baʃkaruu
dirigirse (~ al jurado)	кайрылуу	kajrɯluu
disculpar (vt)	кечирүү	ketʃiryy
disculparse (vr)	кечирим суроо	ketʃirim suroo
discutir (vt)	талкуулоо	talkuuloo
disminuir (vt)	кичирейтүү	kitʃirejtyy
distribuir (comida, agua)	таркатуу	tarkatuu
divertirse (vr)	көңүл ачуу	køŋyl atʃuu
dividir (~ 7 entre 5)	бөлүү	bølyy
doblar (p.ej. capital)	эки эселөө	eki eseløø

| dudar (vt) | күмөн саноо | kymøn sanoo |
| elevarse (alzarse) | көтөрүлүү | køtørylyy |

eliminar (obstáculo)	жок кылуу	dʒok kıluu
emerger (submarino)	калкып чыгуу	kalkıp tʃıguu
empaquetar (vt)	ороо	oroo
emplear (utilizar)	пайдалануу	pajdalanuu

emprender (~ acciones)	чара көрүү	tʃara køryy
empujar (vt)	түртүү	tyrtyy
enamorarse (de ...)	сүйүп калуу	syjyp kaluu
encabezar (vt)	баш болуу	baʃ boluu

encaminar (vt)	багыттоо	bagıttoo
encender (hoguera)	от жагуу	ot dʒaguu
encender (radio, etc.)	жүргүзүү	dʒyrgyzyy
encontrar (hallar)	таап алуу	taap aluu

enfadar (vt)	ачуусун келтирүү	atʃuusun keltiryy
enfadarse (con ...)	ачуулануу	atʃuulanuu
engañar (vi, vt)	алдоо	aldoo
enrojecer (vi)	кызаруу	kızaruu

enseñar (vi, vt)	окутуу	okutuu
ensuciarse (vr)	булгап алуу	bulgap aluu
entrar (vi)	кирүү	kiryy
entrenar (vt)	машыктыруу	maʃıktıruu

entrenarse (vr)	машыгуу	maʃıguu
entretener (vt)	көңүл көтөрүү	køŋyl køtøryy
enviar (carta, etc.)	жөнөтүү	dʒønøtyy
envidiar (vt)	көрө албоо	kørø alboo

equipar (vt)	жабдуу	dʒabduu
equivocarse (vr)	ката кетирүү	kata ketiryy
escoger (vt)	тандоо	tandoo
esconder (vt)	жашыруу	dʒaʃıruu
escribir (vt)	жазуу	dʒazuu

escuchar (vt)	угуу	uguu
escuchar a hurtadillas	аңдып тыңшоо	aŋdıp tıŋʃoo
escupir (vi)	түкүрүү	tykyryy
esperar (aguardar)	күтүү	kytyy

esperar (anticipar)	күтүү	kytyy
esperar (tener esperanza)	үмүттөнүү	ymyttønyy
estar (~ sobre la mesa)	жатуу	dʒatuu

estar acostado	жатуу	dʒatuu
estar basado (en ...)	негиз кылуу	negiz kıluu
estar cansado	чарчоо	tʃartʃoo
estar conservado	сакталуу	saktaluu
estar de acuerdo	макул болуу	makul boluu

| estar en guerra | согушуу | soguʃuu |
| estar perplejo | башы маң болуу | baʃı maŋ boluu |

estar sentado	отуруу	oturuu
estremecerse (vr)	селт этүү	selt etyy
estudiar (vt)	окуу	okuu

evitar (peligro, etc.)	качуу	katʃuu
examinar (propuesta)	карап чыгуу	karap tʃıguu
excluir (vt)	чыгаруу	tʃıgaruu
exigir (vt)	талап кылуу	talap kıluu

existir (vi)	чыгуу	tʃıguu
explicar (vt)	түшүндүрүү	tyʃyndyryy
expresar (vt)	сөз менен айтып берүү	søz menen ajtıp beryy
expulsar (ahuyentar)	кубалап салуу	kubalap saluu

254. Los verbos F-M

facilitar (vt)	жеңилдентүү	dʒeŋildentyy
faltar (a las clases)	калтыруу	kaltıruu
fascinar (vt)	өзүнө тартуу	øzynø tartuu
felicitar (vt)	куттуктоо	kuttuktoo

firmar (~ el contrato)	кол коюу	kol kojʉu
formar (vt)	түзүү	tyzyy
fortalecer (vt)	чындоо	tʃındoo
forzar (obligar)	мажбурлоо	madʒburloo

fotografiar (vt)	сүрөткө тартуу	syrøtkø tartuu
garantizar (vt)	кепилдик берүү	kepildik beryy
girar (~ a la izquierda)	бурулуу	buruluu
golpear (la puerta)	такылдатуу	takıldatuu

gritar (vi)	кыйкыруу	kıjkıruu
guardar (cartas, etc.)	сактоо	saktoo
gustar (el tenis, etc.)	сүйүү	syjyy
gustar (vi)	жактыруу	dʒaktıruu
habitar (vi, vt)	жашоо	dʒaʃoo

hablar con ...	... менен сүйлөшүү	... menen syjløʃyy
hacer (vt)	жасоо	dʒasoo
hacer conocimiento	таанышуу	taanıʃuu
hacer copias	көбөйтүү	købøjtyy

hacer la limpieza	жыйnaштыруу	dʒıjnaʃtıruu
hacer una conclusión	тыянак чыгаруу	tıjanak tʃıgaruu
hacerse (vr)	болуу	boluu
hachear (vt)	чаап таштоо	tʃaap taʃtoo
heredar (vt)	мураска ээ болуу	muraska ee boluu

imaginarse (vr)	элестетүү	elestetyy
imitar (vt)	тууроо	tuuroo
importar (vt)	импорттоо	importtoo
indignarse (vr)	нааразы болуу	naarazı boluu
influir (vt)	таасир этүү	taasir etyy
informar (vt)	маалымат берүү	maalımat beryy

informarse (vr)	билүү	bilyy
inquietar (vt)	көңүлүн бөлүү	køŋylyn bølyy
inquietarse (vr)	сарсанаа болуу	sarsanaa boluu
inscribir (en la lista)	жазып коюу	dʒazɯp kodʒʉu
insertar (~ la llave)	коюу	kojʉu
insistir (vi)	көшөрүү	køʃøryy
inspirar (vt)	шыктандыруу	ʃɯktandɯruu
instruir (enseñar)	үйрөтүү	yjrøtyy
insultar (vt)	кордоо	kordoo
intentar (vt)	аракет кылуу	araket kɯluu
intercambiar (vt)	алмашуу	almaʃuu
interesar (vt)	кызыктыруу	kɯzɯktɯruu
interesarse (vr)	... кызыгуу	... kɯzɯguu
interpretar (actuar)	ойноо	ojnoo
intervenir (vi)	кийлигишүү	kijligiʃyy
inventar (máquina, etc.)	ойлоп табуу	ojlop tabuu
invitar (vt)	чакыруу	tʃakɯruu
ir (~ en taxi)	жүрүү	dʒyryy
ir (a pie)	басуу	basuu
irritar (vt)	кыжырын келтирүү	kɯdʒɯrɯn keltiryy
irritarse (vr)	кыжырлануу	kɯdʒɯrlanuu
irse a la cama	уйкуга кетүү	ujkuga ketyy
jugar (divertirse)	ойноо	ojnoo
lanzar (comenzar)	жандыруу	dʒandɯruu
lavar (vt)	жуу	dʒuu
lavar la ropa	кир жуу	kir dʒuu
leer (vi, vt)	окуу	okuu
levantarse (de la cama)	туруу	turuu
liberar (ciudad, etc.)	бошотуу	boʃotuu
librarse de ...	... кутулуу	... kutuluu
limitar (vt)	чектөө	tʃektøø
limpiar (~ el horno)	тазалоо	tazaloo
limpiar (zapatos, etc.)	тазалоо	tazaloo
llamar (le llamamos ...)	атоо	atoo
llamar (por ayuda)	чакыруу	tʃakɯruu
llamar (vt)	чакыруу	tʃakɯruu
llegar (~ al Polo Norte)	жетүү	dʒetyy
llegar (tren)	келүү	kelyy
llenar (p.ej. botella)	толтуруу	tolturuu
llevarse (~ consigo)	алып кетүү	alɯp ketyy
llorar (vi)	ыйлоо	ɯjloo
lograr (un objetivo)	жетүү	dʒetyy
luchar (combatir)	согушуу	soguʃuu
luchar (sport)	күрөшүү	kyrøʃyy
mantener (la paz)	сактоо	saktoo
marcar (en el mapa, etc.)	белгилөө	belgiløø

matar (vt)	өлтүрүү	øltyryy
memorizar (vt)	эстеп калуу	estep kaluu
mencionar (vt)	айтып өтүү	ajtıp øtyy
mentir (vi)	калп айтуу	kalp ajtuu
merecer (vt)	акылуу болуу	akıluu boluu
mezclar (vt)	аралаштыруу	aralaʃtıruu
mirar (vi, vt)	көрүү	køryy
mirar a hurtadillas	шыкалоо	ʃıkaloo
molestar (vt)	тынчын алуу	tıntʃın aluu
mostrar (~ el camino)	көрсөтүү	kørsøtyy
mostrar (demostrar)	көрсөтүү	kørsøtyy
mover (el sofá, etc.)	ордунан жылдыруу	ordunan dʒıldıruu
multiplicar (mat)	көбөйтүү	købøjtyy

255. Los verbos N-R

nadar (vi)	сүзүү	syzyy
negar (rechazar)	баш тартуу	baʃ tartuu
negar (vt)	тануу, төгүндөө	tanuu, tøgyndøø
negociar (vi)	сүйлөшүүлөр жүргүзүү	syjløʃyylør dʒyrgyzyy
nombrar (designar)	дайындоо	dajındoo
notar (divisar)	байкоо	bajkoo
obedecer (vi, vt)	баш ийүү	baʃ ijyy
objetar (vt)	каршы болуу	karʃı boluu
observar (vt)	байкоо	bajkoo
ofender (vt)	көңүлгө тийүү	kønylgø tijyy
oír (vt)	угуу	uguu
oler (despedir olores)	жыттануу	dʒıttanuu
oler (percibir olores)	жыттоо	dʒıttoo
olvidar (dejar)	калтыруу	kaltıruu
olvidar (vt)	унутуу	unutuu
omitir (vt)	калтырып кетүү	kaltırıp ketyy
orar (vi)	дуба кылуу	duba kıluu
ordenar (mil.)	буйрук кылуу	bujruk kıluu
organizar (concierto, etc.)	уюштуруу	ujuʃturuu
osar (vi)	батынып баруу	batınıp baruu
pagar (vi, vt)	төлөө	tøløø
pararse (vr)	токтоо	toktoo
parecerse (vr)	окшош болуу	okʃoʃ boluu
participar (vi)	катышуу	katıʃuu
partir (~ a Londres)	кетүү	ketyy
pasar (~ el pueblo)	өтүп кетүү	øtup ketyy
pecar (vi)	күнөө кылуу	kynøø kıluu
pedir (ayuda, etc.)	суроо	suroo
pedir (en restaurante)	буйрутма кылуу	bujrutma kıluu
pegar (golpear)	уруу	uruu

peinarse (vr)	тарануу	taranuu
pelear (vi)	мушташуу	muʃtaʃuu
penetrar (vt)	жылжып кирүү	dʒɯldʒɯp kiryy
pensar (creer)	ойлоо	ojloo
pensar (vi, vt)	ойлонуу	ojlonuu
perder (paraguas, etc.)	жоготуу	dʒogotuu
perdonar (vt)	кечирүү	ketʃiryy
permitir (vt)	уруксат берүү	uruksat beryy
pertenecer a ...	таандык болуу	taandɯk boluu
pesar (tener peso)	... салмакта болуу	... salmakta boluu
pescar (vi)	балык улоо	balɯk uloo
planchar (vi, vt)	үтүктөө	ytyktøø
planear (vt)	пландаштыруу	plandaʃtɯruu
poder (v aux)	жасай алуу	dʒasaj aluu
poner (colocar)	коюу	kojʉu
poner en orden	иретке келтирүү	iretke keltiryy
poseer (vt)	ээ болуу	ee boluu
predominar (vi)	үстөмдүк кылуу	ystømdyk kɯluu
preferir (vt)	артык көрүү	artɯk køryy
preocuparse (vr)	толкундануу	tolkundanuu
preparar (la cena)	даярдоо	dajardoo
preparar (vt)	даярдоо	dajardoo
presentar (~ a sus padres)	тааныштыруу	taanɯʃtɯruu
presentar (vt) (persona)	тааныштыруу	taanɯʃtɯruu
presentar un informe	билдирүү	bildiryy
prestar (vt)	карызга акча алуу	karɯzga aktʃa aluu
prever (vt)	алдын ала билүү	aldɯn ala bilyy
privar (vt)	ажыратуу	adʒɯratuu
probar (una teoría, etc.)	далилдөө	dalildøø
prohibir (vt)	тыюу салуу	tɯjʉu saluu
prometer (vt)	убада берүү	ubada beryy
pronunciar (vt)	айтуу	ajtuu
proponer (vt)	сунуштоо	sunuʃtoo
proteger (la naturaleza)	коргоо	korgoo
protestar (vi, vt)	нааразычылык билдирүү	naarazɯtʃɯlɯk bildiryy
provocar (vt)	көкүтүү	køkytyy
proyectar (~ un edificio)	түзүлүшүн берүү	tyzylyʃyn beryy
publicitar (vt)	жарнамалоо	dʒarnamaloo
quedar (una ropa, etc.)	ылайык келүү	ɯlajɯk kelyy
quejarse (vr)	арызданууу	arɯzdanuu
quemar (vt)	күйгүзүү	kyjgyzyy
querer (amar)	сүйүү	syjyy
querer (desear)	каалоо	kaaloo
quitar (~ una mancha)	кетирүү	ketiryy
quitar (cuadro de la pared)	алып таштоо	alɯp taʃtoo
quitar (retirar)	катып коюу	katɯp kojʉu

| rajarse (vr) | жарака кетүү | dʒaraka ketyy |
| realizar (vt) | ишке ашыруу | iʃke aʃıruu |

recomendar (vt)	сунуштоо	sunuʃtoo
reconocer (admitir)	моюнга алуу	mojunga aluu
reconocer (una voz, etc.)	таануу	taanuu
recordar (tener en mente)	унутпоо	unutpoo

recordar algo a algn	... эстетүү	... estetyy
recordarse (vr)	эстөө	estøø
recuperarse (vr)	сакаюу	sakajuu
reflexionar (vi)	ойлонуу	ojlonuu
regañar (vt)	урушуу	uruʃuu

regar (plantas)	сугаруу	sugaruu
regresar (~ a la ciudad)	кайтып келүү	kajtıp kelyy
rehacer (vt)	кайра жасатуу	kajra dʒasatuu
reírse (vr)	күлүү	kylyy

reparar (arreglar)	оңдоо	oŋdoo
repetir (vt)	кайталоо	kajtaloo
reprochar (vt)	жемелөө	dʒemeløø
reservar (~ una mesa)	камдык буйрутмалоо	kamdık bujrutmaloo

resolver (~ el problema)	чечүү	tʃetʃyy
resolver (~ la discusión)	чечүү	tʃetʃyy
respirar (vi)	дем алуу	dem aluu
responder (vi, vt)	жооп берүү	dʒoop beryy

retener (impedir)	кармап туруу	karmap turuu
robar (vt)	уурдоо	uurdoo
romper (mueble, etc.)	сындыруу	sındıruu
romperse (la cuerda)	үзүлүү	yzylyy

256. Los verbos S-V

saber (~ algo mas)	билүү	bilyy
sacudir (agitar)	силкилдетүү	silkildetyy
salir (libro)	жарык көрүү	dʒarık køryy
salir (vi)	чыгуу	tʃıguu

saludar (vt)	саламдашуу	salamdaʃuu
salvar (vt)	куткаруу	kutkaruu
satisfacer (vt)	жактыруу	dʒaktıruu
secar (ropa, pelo)	кургатуу	kurgatuu

seguir ...	... ээрчүү	... eertʃyy
seleccionar (vt)	ылгоо	ılgoo
sembrar (semillas)	себүү	sebyy
sentarse (vr)	отуруу	oturuu

sentenciar (vt)	өкүм чыгаруу	økym tʃıgaruu
sentir (peligro, etc.)	сезүү	sezyy
ser causa de ...	... себеп болуу	... sebep boluu

ser indispensable	зарыл болуу	zarıl boluu
ser necesario	керек болуу	kerek boluu
ser suficiente	жетиштүү болуу	dʒetiʃtyy boluu
ser, estar (vi)	болуу	boluu
servir (~ a los clientes)	тейлөө	tejløø
significar (querer decir)	билдирүү	bildiryy
significar (vt)	маанини билдирүү	maanini bildiryy
simplificar (vt)	жөнөкөйлөтүү	dʒønøkøjløtyy
sobreestimar (vt)	ашыра баалоо	aʃıra baaloo
sofocar (un incendio)	өчүрүү	øtʃyryy
soñar (durmiendo)	түш көрүү	tyʃ køryy
soñar (fantasear)	кыялдануу	kıjaldanuu
sonreír (vi)	жылмаюу	dʒılmadʒʉu
soplar (viento)	үйлөө	yjløø
soportar (~ el dolor)	чыдоо	tʃıdoo
sorprender (vt)	таң калтыруу	taŋ kaltıruu
sorprenderse (vr)	таң калуу	taŋ kaluu
sospechar (vt)	күмөн саноо	kymøn sanoo
subestimar (vt)	баалабоо	baalaboo
subrayar (vt)	баса белгилөө	basa belgiløø
sufrir (dolores, etc.)	кайгыруу	kajgıruu
suplicar (vt)	өтүнүү	øtynyy
suponer (vt)	божомолдоо	bodʒomoldoo
suspirar (vi)	дем алуу	dem aluu
temblar (de frío)	калтыроо	kaltıroo
tener (vt)	бар болуу	bar boluu
tener miedo	коркуу	korkuu
terminar (vt)	бүтүрүү	bytyryy
tirar (cuerda)	тартуу	tartuu
tirar (disparar)	атуу	atuu
tirar (piedras, etc.)	ыргытуу	ırgıtuu
tocar (con la mano)	тийүү	tijyy
tomar (vt)	алуу	aluu
tomar nota	кагазга түшүрүү	kagazga tyʃyryy
trabajar (vi)	иштөө	iʃtøø
traducir (vt)	которуу	kotoruu
traer (un recuerdo, etc.)	алып келүү	alıp kelyy
transformar (vt)	башка түргө айлантуу	baʃka tyrgø ajlantuu
tratar (de hacer algo)	аракет кылуу	araket kıluu
unir (vt)	бириктирүү	biriktiryy
unirse (~ al grupo)	кошулуу	koʃuluu
usar (la cuchara, etc.)	пайдалануу	pajdalanuu
vacunar (vt)	эмдөө	emdøø
vender (vt)	сатуу	satuu
vengar (vt)	өч алуу	øtʃ aluu

| verter (agua, vino) | куюу | kujɐu |
| vivir (vi) | жашоо | dʒaʃoo |

volar (pájaro, avión)	учуу	utʃuu
volver (~ fondo arriba)	оодаруу	oodaruu
volverse de espaldas	жүз буруу	dʒyz buruu
votar (vi)	добуш берүү	dobuʃ beryy

www.ingramcontent.com/pod-product-compliance
Lightning Source LLC
Chambersburg PA
CBHW071327090426
42738CB00012B/2811